职业教育课程改革规划新教材

实用语文

（阅读与欣赏）

主　编　杨燕珠　苏　琳

参　编　胡燕玲　林　勤　董闻闻　高婉馨　毛晓玉

陈　蕾　黎杏玲　唐铭培　吴颖怡　曾小瑜

机械工业出版社

本书以完成具体工作、学习任务为教学着眼点，运用任务驱动教学理念，开发学生学习自主性和合作性；体例设计新颖，职业特色突出，评价体系合理，重视群体交流。在保证各专业学生提高必备的阅读与欣赏能力的前提下，力求使自身教学的重点、难点辐射到不同专业、岗位乃至工种，与各专业的知识与技能教学相通相接，促进学生综合能力的发展。

本书可作为中职中专学生语文类课程分项教材，也可作为相关能力培训授课用书。

图书在版编目（CIP）数据

实用语文．阅读与欣赏/杨燕珠，苏琳主编．—北京：机械工业出版社，2011.9（2012.7 重印）
职业教育课程改革规划新教材
ISBN 978-7-111-35157-3

Ⅰ．①实… Ⅱ．①杨… ②苏… Ⅲ．①阅读课—高等职业教育—教材
Ⅳ．①H19

中国版本图书馆 CIP 数据核字（2011）第 178738 号

机械工业出版社（北京市百万庄大街 22 号 邮政编码 100037）
策划编辑：宋 华 责任编辑：冯 铁
封面设计：王伟光 责任印制：乔 宇
三河市宏达印刷有限公司印刷
2012 年 7 月第 1 版第 2 次印刷
184mm×260mm · 10.25 印张 · 279 千字
3001—6000 册
标准书号：ISBN 978-7-111-35157-3
定价：22.00 元

凡购本书，如有缺页、倒页、脱页，由本社发行部调换

电话服务
社服务中心：(010) 88361066
销售一部：(010) 68326294
销售二部：(010) 88379649
读者购书热线：(010) 88379203

网络服务
门户网：http://www.cmpbook.com
教材网：http://www.cmpedu.com

封面无防伪标均为盗版

前　　言

2009 年 12 月 21 日，胡锦涛总书记到珠海市高级技工学校视察时，对围拢在身边的学生语重心长地说："没有一流的技工，就没有一流的产品。现在我国技术工人特别是高级技工非常匮乏，希望同学们刻苦学习文化科学知识，潜心钻研专业技能，努力成为高素质技能型人才。"

胡总书记关于新时期技能人才对国家经济发展具有重要作用的讲话精神，极大地鼓舞了肩负培养高素质技能型人才的职业院校广大教职工。

职业教育培养的是社会经济发展中面向生产、管理、服务一线的技能型人才，重点培养其动手能力。然而，新时期对技能人才的综合素质要求也大大提高了。语文学科是职业院校各专业学生的必修文化基础课，它在保证各专业学生掌握必备的语文基础知识、形成通用职业能力的前提下，还应力求使自身教学的重点、难点辐射到不同专业、岗位乃至工种，与各专业的知识与技能教学相通相接，成为促进学生专业能力发展的推进器、形成就业能力的大基石。

本书运用职业任务驱动教学模式，凸现"以适应职业工作为核心目标，以完成工作任务为教学着眼点，运用任务驱动作为教学方法"之亮点，以学生成功就业为根本目标，为提升学生的职业素养奠定基础。

➘ 本书特点

1．体例设计新颖

遵循教学过程中循环往复、螺旋上升的认知规律，按照职业任务驱动教学思路设置了"任务阐述"、"对号入座"、"知识云梯"、"范文学习"、"实训工场"、"小链接"和"自我盘点"等环节，图文并茂，符合学生的心理和爱好，能激发其学习兴趣，使课堂教学的平衡态势向有利于教学的方向发展。

2．职业特色突出

针对学生的学习兴趣和将来的职业岗位要求设置任务、提供范文；模拟职业情景设计活动项目、组织实践活动，帮助学生解决实际问题。

3．评价体系创新

提倡多元化评价模式，加大过程性评价力度，推动学生身心的全面发展。在任务完成过程中设置了"任务书"和"任务完成评价表"，自评、互评和师评相结合，对学生学习、沟通、合作以及潜在能力进行全方位客观评价，体现了评价主体多元化、多层面的创新，保护了学生的求知欲和自信心。

4．重视群体交流

关注学生的情感体验和交流愿望，通过任务的完成过程实现对所授知识的建构或探究，最终实现学习方式的转变。通过模拟情境完成任务，促使学生在教师的服务性指导下，以小组为单位，通过分工、合作，自主运用所学知识去解决工作、生活中的实际问题，并将学习得失整理成文字，学习方式由被动接受到自主、合作、探究，使"授人以渔"的教学目标得以实现。

本书各部分学时安排详见"学时分配参考表"。

本书由杨燕珠、苏琳担任主编，由胡燕玲、林勤、董闻闻、高婉馨、毛晓玉、陈蕾、黎杏玲、唐铭培、吴颖怡和曾小瑜担任参编。

本书中部分文字和图片摘自网络。无法确定其出处和原作者，在此一并叩谢！为方便教师教学，列出"学时分配表"如下。仅供参考。

学时分配表

（单位：学时）

<table>
<tr><th colspan="3">章 节 内 容</th><th>总 学 时</th><th>讲 授</th><th>综 练</th></tr>
<tr><td rowspan="14">阅读与欣赏</td><td rowspan="8">基础模块</td><td>任务一 认读和运用汉语字词句</td><td>4</td><td>2</td><td>2</td></tr>
<tr><td>任务二 掌握普通话朗读方法</td><td>6</td><td>4</td><td>2</td></tr>
<tr><td>任务三 辨识常见修辞手法</td><td>4</td><td>2</td><td>2</td></tr>
<tr><td>任务四 掌握一般阅读方式（一）</td><td>2</td><td>1</td><td>1</td></tr>
<tr><td>任务五 掌握一般阅读方式（二）</td><td>2</td><td>1</td><td>1</td></tr>
<tr><td>任务六 了解四种文学样式的特点</td><td>4</td><td>2</td><td>2</td></tr>
<tr><td>任务七 诵读文言文作品</td><td>4</td><td>2</td><td>2</td></tr>
<tr><td>任务八 欣赏广告作品</td><td>2</td><td>1</td><td>1</td></tr>
<tr><td rowspan="6">拓展模块</td><td>任务一 理解和使用成语</td><td>4</td><td>2</td><td>2</td></tr>
<tr><td>任务二 进一步掌握阅读方法</td><td>4</td><td>2</td><td>2</td></tr>
<tr><td>任务三 提高阅读理解的能力</td><td>4</td><td>2</td><td>2</td></tr>
<tr><td>任务四 欣赏四种文学样式的方法</td><td>4</td><td>2</td><td>2</td></tr>
<tr><td>任务五 欣赏文言文作品</td><td>4</td><td>2</td><td>2</td></tr>
<tr><td>任务六 欣赏动漫作品</td><td>2</td><td>1</td><td>1</td></tr>
<tr><td colspan="3">小 计</td><td>50</td><td>26</td><td>24</td></tr>
</table>

由于编者经验和水平有限，书中难免存在不妥之处，欢迎广大读者不吝指正，我们将不胜感激。

编 者

目　　录

基础模块

☆ 任务一　认读和运用汉语字词句

☆ 任务二　掌握普通话朗读方法

☆ 任务三　辨识常见修辞手法

☆ 任务四　掌握一般阅读方式（一）

☆ 任务五　掌握一般阅读方式（二）

☆ 任务六　了解四种文学样式的特点

☆ 任务七　诵读文言文作品

☆ 任务八　欣赏广告作品

任务一 认读和运用汉语字词句

任务阐述

正确书写、使用常用汉字，区分常用的形近字、同音字；恰当理解、使用词语和拟造句子。

对号入座

读一读，笑一笑，改一改

★ 汤老师问他为什么舞弊，他沉没了。

★ 有一天下了一场大雨，我在塘里掉鱼。

★ 她长着爪子脸。

★ 春天，光秃秃的树干萌发了新牙。

★ 他上课不是做小动作，就是叉嘴。

★ 老年人在公园里有说有笑断练身体。

★ 一块小石头砸到了男孩的头，他真捣霉呀！

★ 在郊区，我看见牛奶在吃草。

★ 我喜欢足球，想当手门员。

★ 只要你下定绝心，一定会成功的。

★ 野猪火冒三杖，咬了他一口。

★ 乌龟赛跑赢了，每天有人来取金，忙死了。

★ 手被夹出血了，只好用窗口贴贴上。

★ 某老外想办个聚会，可是他的单身宿舍不够大，于是便向老张借场地："Hi，老张，我要办聚会，可是家室太小，想借令堂一用！"

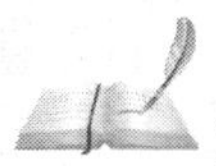

知识云梯

认读和运用汉语字词句

一、正确书写汉字

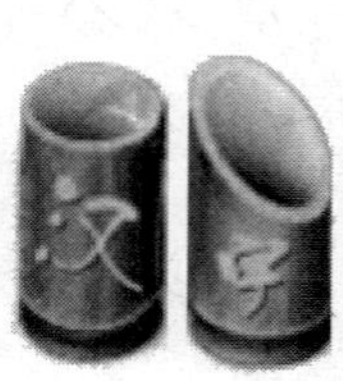

汉字是形、音、义三位一体的文字，因此，我们在平时的学习中就要从这三个方面辨析字形，正确书写和使用汉字。如果写的字笔画不对，写得不成字或将这个字写成了另外一个字，就成了错别字。

1．认准字形，区别形近字

有些汉字形体相似，虽然不过多一笔、少一笔，甚至笔画略有长短之别，但都有区别意义的作用。你能区分“末”和“未”、“己”和“已”、“夭”和“天”、“戊”和“戌”、“曰”和“日”、“炙”和“灸”吗？我们要注意比较，把握细微差别。

2．读准字音，区分形近字

有些形近字，读音不同，意义有别。如狭隘的“隘”读 ài，溢水的“溢”读 yì，蜕变的“蜕”读 tuì 不读 tuō。读准字音，就不会写错字形了。

3．弄清字义，区分形近字

汉字90%以上是形声字，许多形近字都有共同的声旁，区别只在形旁。如“赡”字形旁为“贝”（与钱财有关），“瞻”字形旁为“目”（与眼睛有关），抓住形旁弄清其表示的意义，自然就难混淆了。

以下是一些常用错别字（括号里的是正确的）：

按（安）装　甘败（拜）下风　自抱（暴）自弃　针贬（砭）　泊（舶）来品　脉博（搏）　松驰（弛）　一愁（筹）莫展　穿（川）流不息　精萃（粹）　重迭（叠）　渡（度）假村　防（妨）碍　幅（辐）射　一幅（副）对联　天翻地复（覆）　言简意骇（赅）　气慨（概）　一股（鼓）作气　悬梁刺骨（股）　粗旷（犷）　食不裹（果）腹　震憾（撼）　凑和（合）　侯（候）车室　迫不急（及）待　既（即）使　一如继（既）往　草管（菅）人命　娇（矫）揉造作　挖墙角（脚）　一诺千斤（金）　不径（胫）而走　峻（竣）工　不落巢（窠）臼　烩（脍）炙人口　打腊（蜡）　死皮癞（赖）脸　兰（蓝）天白云　鼎立（力）相助　再接再励（厉）　老俩（两）口　黄梁（粱）美梦　了（瞭）望　水笼（龙）头　杀戳（戮）　痉孪（挛）　美仑（轮）美奂　罗（啰）嗦　蛛丝蚂（马）迹　委糜（靡）不振　沉缅（湎）　名（明）信片　默（墨）守成规　大姆（拇）指　沤（呕）心沥血　凭（平）添　出奇（其）不意　修茸（葺）　亲（青）睐　磬（罄）竹难书　入场卷（券）　声名雀（鹊）起　发韧（轫）　搔（瘙）痒　欣尝（赏）　谈笑风声（生）　人情事（世）故

二、准确运用词语

任何一个句子，即通常所说出来的每一句话，都是用一个一个词来构成的。词是代表一定意义、具有固定语音形式、可以独立运用的最小的语言单位。如在“安徽/的/黄山/和/九华山/美/吗？”中，共有七个词。

1．词

根据词的语法特征，可把词分为实词和虚词两大类。

		分　类	举　例
实词	在句中充当句子成分	1．名词：表示人或事物的词	鲁迅、去年、前头
		2．动词：表动作、行为、心理或存在、变化的词	开始、担心、能、下去
		3．形容词：表示性质、状态的词	平坦、疲惫、暖和
		4．数词：表示数目的词。数词连用或加上别的词，可表示序数、分数、倍数、概数	万、第一、三成
		5．量词：表示计算单位的词	对、公里、场、秒
		6．代词：在句中起代替、指示作用的词	我们、人家、那里
虚词	不能在句中充当句子成分，但对句子的构成起重要的语法辅助作用	1．介词：用在名词、代词或名词短语前面，组成介词词组，表时间、处所、对象、方式等意义的词	自从、随着、为了、朝、关于、按照、比、除了
		2．连词：连接词、短语、分句和句子的词	与、以及、所以、无论
		3．助词：附着在词、短语或句子上，表附加意义	的、得、过、吧
		4．副词：限制、修饰动词、形容词，表示程度、范围、时间、语气的词	越发、尤其、一律、曾经、是否、亲自、难道
		5．叹词：表示感叹和呼唤应答的词	哎哟、哈哈、哎

2. 短语

短语又称“词组”，是两个或两个以上的词按照一定的语法规则组成的结构单位。根据短语内部两个词的语法结构关系划分，可以分为 13 种结构类型。它们是：

主谓短语：主谓短语由主语和谓语两部分构成，主语在前，谓语在后。两部分的关系是陈述和被陈述的关系。如：他写、国家富强、今天星期一、明天晴天、鲁迅绍兴人等。

主谓短语之间往往可以加进“是不是”，其结构性质不变。如：今天星期一——今天是不是星期一。

动宾短语：动宾短语也是由两部分组成，前后两部分是支配关系，前一部分为动语（动语又称“述语”，它是用来指称跟宾语依存共现成分的句法成分），后一部分为宾语。动宾短语中间往往可以加进“了、着、过”，短语性质不变。如：洗衣服——洗着（了、过）衣服。

偏正短语：偏正短语包含两个部分，前一部分是限制说明后一部分的，有时也可以进行描写性的说明，其实也是一种限制。如：（中国）工人、（长长的）桌子。

联合短语：联合短语不只包含两部分，可以更多，且没有主次之分，是平等的语法关系，往往可以加“和、并、并且、而”等连词。如：解放军和知识分子、去还是不去。

连谓短语：由两个谓词性成分组合在一起所形成，彼此并不构成主谓、动宾、偏正、中补的关系、联合等关系，连谓短语里的两个谓词性词语之间也没有语音停顿。连谓短语是汉语的一种很有特点的句法形式。如：起床/穿上衣服/点上灯/出去/开门、闭着眼睛/休息。

兼语短语：是一个动宾短语套上一个主谓短语的复杂短语。如：在“叫你去”中，“你”兼做“叫”的宾语和“去”的主语，因此叫“兼语”。兼语短语里的两个动词不属于一个主体，而是分别属于两个不同的主体。再如：希望你帮我一把。

同位短语：由两个或两个部分组成，各部分都共同指一个人或一件事物。如：工会主席老王、首都北京、星期五那天。

方位短语：由方位词附着在别的词语后面构成。方位词可分为单纯方位词和复合方位词。如：左、右、东面、上头、大树下、去教室以前、改革开放以后。

量词短语：由量词和数词或指示代词等构成，其句法作用相当于名词或动词等。如：一个、两张、五把、三次。

“的”字短语：由结构助词“的”附着在别的词语后面构成，其句法作用相当于名词。如：他的、小李的、吃的、捡破烂儿的、抱小孩儿的。

介词短语：由介词附着在别的词语的前面构成，在句子里常做定语、状语、补语。如：把他（请来）、被大家（选为班长）、对语法（的兴趣）、关于这个问题（的解决办法）。

“所”字短语：由助词“所”附着在别的词语前面构成，其句法作用相当于名词。如：所见、所闻、所发明、所创造。

比况短语：由比况助词“似的”、“般”、“一样”等附着在别的词语后面构成，其句法作用相当于形容词。如：蝴蝶似的（花瓣儿）、雷鸣般（的掌声）、老虎一样（凶猛）、苹果似的（脸蛋儿）。

三、恰当拟造句子

句子是我们在日常生活中交流思想、表达情感的基本语言单位。如果一个句子读起来不那么顺畅，不符合语言逻辑，意思不那么清晰，那它就是病句。在拟造句子时要做到“字从文顺”，合乎语法规范。

1. 勿用词不当

本来用这个词可以准确表达意思，如果错用了别的词，结果就会令人费解。例如：

李明在老师和同学的帮助下，仅仅半年，就能够用英文交谈了，而且说得相当流利。（“英文”应为“英语”）

如果把褒义词和贬义词混淆，虽然意思差不多，但所表达的情感却会大相径庭。例如：

他那认真刻苦的学习精神，值得我们每个同学效尤。（“效尤”虽然有“向某某学”的意思，但却是“明知别人的行为是错误的而照样去做”，是贬义，用在这里不合适，应改为“学习”）

如果所用关联词与分句间的实际关系不符，或者是两个不同的关联词混用，则更会显得莫名其妙。

前者如：即使今天雨下得很大，同学们也都来少年宫参加活动。（句子本身是转折关系，但所用关联词为假设关系，改用“尽管……还是……”就行了）

后者如：只要虚心向他人求教，你才能学会这门技术。（“只有”应该和“才”连用，“只要”和“就”连用）

2. 勿成分残缺

主语、谓语和宾语的残缺，会使句子不完整，影响原意的正确表达。例如：

通过这次活动，使大家受益匪浅。（“活动”和“大家”都不是主语，“通过这次活动”只是一个状语，“使”的前面缺少一个主语。可以去掉“通过”，把“这次活动”变成主语，或者去掉“使”，把“大家”变成主语）

又如：我校要改善办学条件等一系列工作。（“改善”前面加“开展”，作为句子的谓语）

再如：我们要学习雷锋为人民服务。（在句末应加上宾语“的精神”）

3. 勿语序不当

例如：工艺美术专业的每一位学生将来都希望自己成为一个出色的美术家。（不是“将来”“希望”，而是“希望”“将来”，两词顺序颠倒）

又如：新的班委会健全并建立了一系列班级管理制度。（先“建立”然后才能逐步“健全”，顺序颠倒，不合情理）

4. 勿表达有歧义

如果句子用不同的读法、不同的理解，可以有两种不同的含义，具体说话人想表达哪种意思就很难确定。例如：校长、副校长和其他学校领导出席了这届春运会。（这里的“其他学校领导”就有歧义：到底是本学校的除校长、副校长外的其他领导，还是其他兄弟学校来助兴的领导？可以在“和”后面加“本校”）

范文学习

一　狼　蛛

让·亨利·法布尔

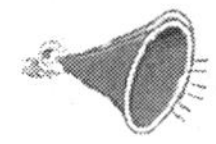

阅读提示

让·亨利·法布尔（1823—1915），法国博物学家、昆虫学家、科普作家，以《昆虫记》

一书留名后世，雨果称他为“昆虫世界的荷马”。本文文字简洁优美，故事情节兼具科学性和趣味性，值得一读。

蜘蛛有一个很坏的名声：大多数人都认为它是一种可怕的动物，一看到它就想把它一脚踩死，这可能和蜘蛛狰狞的外表有关。不过一个仔细的观察家会知道，它是一个十分勤奋的劳动者，是一个天才的纺织家，也是一个狡猾的猎人，并且在其他方面也很有意思。所以，即使不从科学的角度看，蜘蛛也是一种值得研究的动物。但大家都说它有毒，这便是它最大的罪名，也是大家都惧怕它的原因。不错，它的确有两颗毒牙，可以立刻置它的猎物于死地。如果仅从这一点出发，我们的确可以说它是可怕的动物。可是毒死一只小虫子和谋害一个人是两件迥然不同的事情。不管蜘蛛能怎样迅速地结束一只小虫子的生命，对于人类来说，都不会有比蚊子的一刺更可怕的后果了。所以，我可以大胆地说，大部分的蜘蛛都是无辜的，它们莫名其妙地被冤枉了。

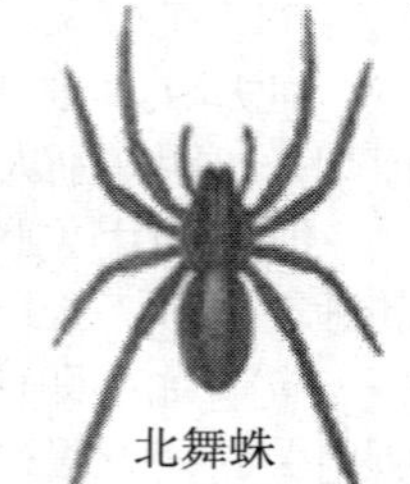
北舞蛛

狼蛛的卵袋

假如你听到这可怕的狼蛛怎样爱护自己的家庭的故事，你一定会在惊异之余改变对它的看法。

在八月的一个清晨，我发现一只狼蛛在地上织一个丝网，大小和一个手掌差不多。这个网很粗糙，样子也不美观，但是很坚固。这就是它将要工作的场所，这网能使它的巢和沙地隔绝。在这网上，它用最好的白丝织成一片大约有一个硬币大小的席子。它把席子的边缘加厚，直到这席子变成一个碗的形状，周围圈着一条又宽又平的边。它在这网里产了卵，再用丝把它们盖好，这样我们从外面看，只看到一个圆球放在一条丝毯上。

然后它就用腿把那些攀在圆席上的丝一根根抽去，然后把圆席卷上来，盖在球上，然后它再用牙齿拉，用扫帚般的腿扫，直到它把藏卵的袋从丝网上拉下来为止，这可是一项费神费力的工作。

这袋子是个白色的丝球，摸上去又软又黏，大小像一颗樱桃。如果你仔细观察，那么你会发现在袋的中央有一圈水平的折痕，那里面可以插一根针而不至于把袋子刺破。这条折纹就是那圆席的边。圆席包住了袋子的下半部，上半部是小狼蛛出来的地方。除了母狼蛛在产好卵后铺的丝以外，再也没有别的遮蔽物了。袋子里除了卵以外，也没有别的东西，不像条纹蜘蛛那样，里面衬着柔软的垫褥和绒毛。狼蛛不必担心气候对卵的影响，因为在冬天来临之前，狼蛛的卵早已孵化了。

母蛛整个早晨都在忙着编织袋子。现在它累了。它紧紧抱着它那宝贝小球，静静地休息着，生怕一不留神就把宝贝丢了。第二天早晨，我再看到它的时候，它已经把这小球挂到它身后的丝囊上了。

差不多有三个多星期，它总是拖着那沉重的袋子。不管是爬到洞口的矮墙上的时候，还是在遭到了危险急急退入地洞的时候，或者是在地面上散步的时候，它从来不肯放下它的宝贝的小袋。如果有什么意外的事情使这个小袋子脱离它的怀抱，它会立刻疯狂地扑上去，紧紧地抱住它，并准备好反击那抢它宝贝的敌人。接着它很快地把小球挂到丝囊上，很不安地带着它匆匆离开这个是非之地。

在夏天将要结束的那几天里，每天早晨，太阳已经把土地烤得很热的时候，狼蛛就要带着它的小球从洞底爬出洞口，静静地趴着。初夏的时候，它们也常常在太阳高挂的时候爬到洞口，沐浴着阳光小睡。不过现在，它们这么做完全是为了另外一个目的。以前狼蛛爬到洞口的阳光里是为了自己，它躺在矮墙上，前半身伸出洞外，后半身藏在洞里。它让太阳光照到眼睛上，而身体仍在黑暗中；现在它带着小球，晒太阳的姿势刚好相反：前半身在洞里，后半身在洞外。它用后腿把装着卵的白球举到洞口，轻轻地转动着它，让每一部分都能受到阳光的沐浴。这样足足晒了半天，直到太阳落山。它的耐心实在令人感动，而且它不是一天两天这样做，而是在三四个星期内天天这样做。鸟类把胸伏在卵上，它的胸能像火炉一样供给卵充分的热量；狼蛛把它的卵放在太阳底下，直接利用这个天然的大火炉。

小蛛的飞逸

到三月底的时候，母蛛就常常蹲在洞口的矮墙上。这是小蛛们与母亲告别的时候了。做母亲的仿佛早已料到这么一天，完全任凭它们自由地离去。对于小蛛们以后的命运，它再也不需要负责了。

在一个天气很好的日子里，它们决定在那天最热的一段时间里分离。小蛛们三五成群地爬下母亲的身体，看上去丝毫没有依依惜别之情。它们在地上爬了一会儿后，便用惊人的速度爬到我的实验室里的架子上。它们的母亲喜欢住在地下，它们却喜欢往高处爬。架子上恰好有一个竖起来的环，它们就顺着环很快地爬了上去。就在这上面，它们快活地纺着丝，搓着疏松的绳子。它们的腿不住地往空中伸展，我知道这是什么意思：它们还想往上爬，孩子长大了，一心想走四方闯天下，离家越远越好。

于是我又在环上插了一根树枝。它们立刻又爬了上去，一直爬到树枝的梢上。在那里，它们又放出丝来，攀在周围的东西上，搭成吊桥。它们就在吊桥上来来去去，忙碌地奔波着，看它们的样子似乎还不满足，还想一个劲儿往上爬。

我又在架子上插了一根几尺高的芦梗，顶端还伸展着细枝。那些小蛛立刻又迫不及待地爬了上去，一直到达细枝的梢上。在那儿，它们又乐此不疲地放出丝、搭成吊桥。不过这次的丝很长很细，几乎是飘浮在空中的，轻轻吹口气就能把它吹得剧烈地抖动起来，所以那些小蛛在微风中好像在空中跳舞一般。这种丝我们平时很难看见，除非刚好有阳光照在丝上，才能隐隐约约看到它。

忽然一阵微风把丝吹断了。断了的一头在空中飘扬着。再看这些小蛛，它们吊在丝上荡来荡去，等着风停；如果风大的话，可能把它们吹到很远的地方，使它们重新登陆到一个陌生的地方。

这种情形又要维持好多天。如果在阴天，它们会保持静止，动都不想动，因为没有阳光供给能量，它们不能随心所欲地活动。

最后，这个庞大的大家庭消失了。这些小蛛纷纷被飘浮的丝带到各个地方。原来背着一群孩子的荣耀的母蛛变成了孤老。一下子失去那么多孩子，它看来似乎并不悲痛。它更加精神焕发地到处觅食，因为这时候它背上再也没有厚厚的负担了，轻松了不少，反而显得年轻了。不久以后它就要做祖母，以后还要做曾祖母，因为一只狼蛛可以活上好几年呢。

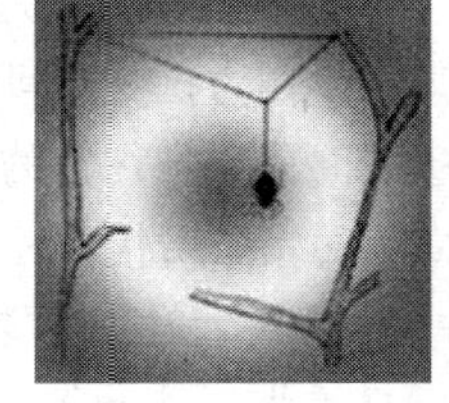

从这一家狼蛛中，我们可以看到，有一种本能，很快地赋予小蛛，不久又很快地而且是永远地消失。那就是攀高的本能。它们的母亲不知道自己的孩子曾有这样的本事，孩子们自己不久以后也会彻底地忘记。它们到了陆地上，做了许多天流浪儿之后，便要开始挖洞了。这时候，它们中间谁也不会梦想爬上一棵草梗的顶端。可那刚刚离开母蛛的小蛛的确是那样迅速、那样容易地爬到高处，在它生命的转折之处，它曾是一个满怀激情的攀登大师。我们现在知道了它这样做的目的：在很高的地方，它可以攀一根长长的丝。那根长丝在空中飘荡着，风一吹，就能使它们飘荡到远方去。我们人类有飞机，它们也有它们的飞行工具。在需要的时候，它替自己制造这种工具，等到旅行结束，它也就把它忘记了。

思考

1）请用一句话对文章中你最感兴趣的内容进行简要概括。
2）谈谈你对狼蛛的印象，请用五个以上的形容词来表达感受。
3）请写一段话，准确叙述某一个情形或情节。

二 腊 梅

余秋雨

阅读提示

余秋雨，1946年8月23日出生于浙江省余姚县桥头镇。当代著名文化学者、戏剧理论家、散文家。前上海戏剧学院院长。阅读本文，要深刻体会描写人物心理变化及腊梅的语句，感受作者从自然事物中汲取的精神力量。

人真是奇怪，蜗居斗室时，满脑都是纵横千里的遐想，而当我在写各地名山大川游历记的时候，倒反而常常有一些静定的小点在眼前隐约，也许是一位偶然路遇的老人，也许是一只老是停在我身边赶也赶不走的小鸟，也许是一个让我打了一次瞌睡的草垛。有时也未必是旅途中遇到的，而是走到哪儿都会浮现出来的记忆亮点，一闪一闪的，使飘飘忽忽的人生线络落下了几个针脚。

是的，如果说人生是一条一划而过的线，那么，具有留存价值的只能是一些点。把那些枯萎的长线头省略掉吧，只记着那几个点，实在也够富足的了。

为此，我要在我的游记集中破例写一枝花。它是一枝腊梅，地处不远，就在上海西郊的一个病院里。

它就是我在茫茫行程中经常明灭于心间的一个宁静光点。

步履再矫健的人也会有生病的时候，住医院对一个旅行者来说可能是心理反差最大的一件事。要体力没体力，要空间没空间，在局促和无奈中等待着，不知何时能跨出人生的下一步。看来天道酬勤，也罚勤。你们往常的脚步太洒脱了，就驱赶到这个小院里停驻一些时日，一张一弛。不管你愿意不愿意，习惯不习惯。

那次我住的医院原是一位外国富商的私人宅邸。院子里树木不少，可惜已是冬天，都凋零了。平日看惯了山水秀色，两眼全是饥渴，成天在树丛间寻找绿色。但是，看到的只是土褐色的交错，只是一簇簇相同式样的病房服在反复转圈，越看心越烦。病人偶尔停步攀谈几句，三句不离病，出于礼貌又不敢互相多问。只有两个病人一有机会就高声谈笑，护士说，他们得的是绝症。他们的开朗很受人尊敬，但谁都知道，这里有一种很下力气的精神支撑。他们的谈笑很少有人倾听，因为大家拿不出那么多安慰的反应、勉强的笑声。常常是护士陪着他们散步，大家远远地看着背影。病人都喜欢早睡早起，天蒙蒙亮，院子里已挤满了人。大家赶紧在那里做深呼吸，动动手脚，生怕天亮透，看清那光秃秃的树枝和病恹恹的面容。只有这时，一切都将醒未醒，空气又冷又清爽，张口开鼻，抢得一角影影绰绰的清晨。

一天又一天，就这么过去了。突然有一天清晨，大家都觉得空气中有点异样，惊恐四顾，发现院子一角已簇拥着一群人。连忙走过去，踮脚一看，人群中间是一枝腊梅，淡淡的晨曦映着刚长出的嫩黄花瓣。赶近过去的人还在口中念叨着它的名字，一到它身边都不再作声，一种高雅淡洁的清香已把大家全都慑住。故意吸口气去嗅，闻不到什么，不嗅时却满鼻都是，一下子染透身心。

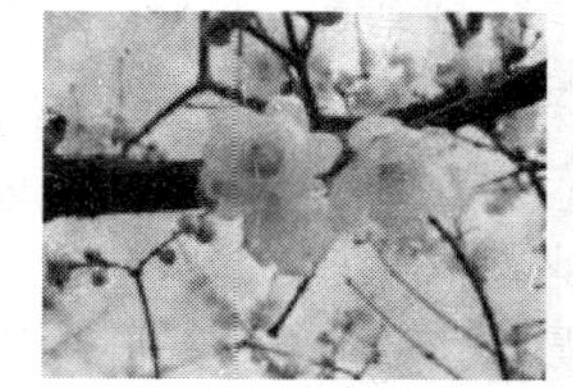

花，仅仅是一枝刚开的花，但在这儿，是沙漠驼铃，是荒山凉亭，是久旱见雨，是久雨放晴。病友们看了一会儿，慢慢侧身，把位置让给挤在后面的人，自己在院子里踱了两圈，又在这儿停下，在人群背后耐心等待。从此，病院散步，全成了一圈一圈以腊梅为中心的圆弧线。

住院病人多少都有一点神经质。天地狭小，身心脆弱，想住了什么事怎么也排遣不开。听人说，许多住院病人都会与热情姣好的护士产生一点情感牵连，这不能全然责怪病人们逢场作戏，而是一种脆弱心态的自然投射。待他们出院，身心恢复正常，一切也就成为过眼烟云。现在，所有病人的情感都投射在腊梅上了，带着一种超常的执迷。与我同病房的两个病友，一早醒来就说闻到了腊梅的香气，有一位甚至说他简直是被香气熏醒的，而事实上我们的病房离腊梅不近，至少隔着四五十米。

依我看来，这枝腊梅确也当得起病人们的执迷。各种杂树乱枝在它身边让开了，它大模大样地站在一片空地间，让人们可以看清它的全部姿态。枝干虬曲苍劲，黑黑地缠满了岁月的皱纹，光看这枝干，好像早就枯死，只在这里伸展着一个悲怆的历史造型。实在难于想象，就在这样的枝干顶端，猛地一下涌出了那么多鲜活的生命。花瓣黄得不夹一丝混浊，轻得没有质地，只剩片片色影，娇怯而透明。整个院子不再有其他色彩，好像叶落枝黄地闹了一个秋天，天寒地冻地闹了一个冬天，全是在为这枝腊梅铺垫。梅瓣在寒风中微微颤动，这种颤动能把整个铅蓝色的天空摇撼。病人们不再厌恶冬天，在腊梅跟前，大家全部懂了，天底下的至色至香，只能与清寒相伴随。这里的美学概念只剩下一个词：冷艳。

它每天都要增加几朵，于是，计算花朵和花蕾，成了各个病房的一件大事。争论是经常发生的，争执不下了就一起到花枝前仔细数点。这种情况有时发生在夜里，病人们甚至会披衣起床，在寒夜月色下把头埋在花枝间。月光下的腊梅尤显圣洁，四周暗暗的，唯有晶莹的花瓣与明月遥遥相对。清香和夜气一拌和，浓入心魄。

有一天早晨起来，天气奇寒，推窗一看，大雪纷飞，整个院子一片银白。腊梅变得更醒目了，袅袅婷婷地兀自站立着，被银白世界烘托成仙风道骨，气韵翩然。几个年轻的病人要冒雪赶去观看，被护士们阻止了。护士低声说，都是病人，哪能受得住这般风寒？还不快回！

站在底楼檐廊和二楼阳台上的病人，都柔情柔意地看着腊梅。有人说，这么大的雪一定打落了好些花瓣；有人不同意，说大雪只会催开更多的蓓蕾。这番争论终于感动了一位护士，她自告奋勇要冒雪去数点。这位护士年轻苗条，刚迈出去，一身白衣便消融在大雪之间。她步履轻巧地走到腊梅前，捋了捋头发，便低头仰头细数起来。她一定学过一点舞蹈，数花时的身段让人联想到《天女散花》。最后，她终于直起身来向大楼微微一笑，冲着大雪报出一个数字，惹得楼上楼下的病人全都欢呼起来。数字证明，承受了一夜大雪，腊梅反而增加了许多朵，没有凋残。

这个月底，医院让病人评选优秀护士，这位冒雪数花的护士得了全票。

过不了几天，突然下起了大雨，上海的冬天一般不下这么大的雨，所有的病人又一下子拥到了檐廊、阳台前。谁都明白，我们的腊梅这下真的遭了难。几个眼尖的，分明已看到花枝地下的片片花瓣。雨越来越大，有些花瓣已冲到檐下，病人们忧愁满面地仰头看天，声声惋叹。就在这时，一个清脆的声音在耳边响起“我去架伞!”

这是另一位护士的声音，冒雪数梅的护士今天没上班。这位护士虽然身材颀长，却还有点孩子气，手上夹把红绸伞，眸子四下一转。人们像遇到救星一样，默默看着她，忘记了道谢。有一位病人突然阻止了她，说红伞太刺眼，与腊梅不太搭配。护士噘嘴一笑，转身回到办公室，拿出来一把黄绸伞。病人中又有人反对，说黄色对黄色会把腊梅盖住。好在护士们用的伞色彩繁多，最后终于挑定了一把紫绸伞。

护士穿着乳白色雨靴，打着紫伞来到花前，拿一根绳子把伞捆扎在枝干上。等她捆好，另一位护士打着伞前去接应，两个姑娘互搂着肩膀回来。

春天来了，腊梅终于凋谢。病人一批批出院了，出院前都到腊梅树前看一会儿。各种树木都绽出了绿芽，地上的青草也开始抖擞起来，病人的面色和眼神都渐渐明朗。不久，这儿有许多鲜花都要开放，蜜蜂和蝴蝶也会穿墙进来。

病房最难捱的是冬天，冬天，我们有过一枝腊梅。

这时，腊梅又萎谢躲避了，斑驳苍老，若枯枝然。

几个病人在打赌：“今年冬天，我要死缠活缠闯进来，再看一回腊梅!”

护士说：“你们不会再回来了，我们也不希望健康人来胡调。健康了，赶路是正经。这腊梅，只开给病人看。”

说罢，微微红了点脸。

➘ 思考

1）反复诵读文中描写腊梅的文字，找出表现腊梅形态、颜色和质地特征的句子。

2）你能否从文章的首尾找到点明主旨的语句？谈谈你的理解。

3）请写一段话，详细表达自己的某种复杂心情，内容自定。

小链接

“看得懂听不懂”的文章——《施氏食狮》

石室诗士施氏，嗜狮，誓食十狮。施氏时时适市视狮。十时，适十狮适市。是时，适施氏适市。氏视是十狮，恃矢势，使是十狮逝世。氏拾是十狮尸，适石室。石室湿，氏使侍拭石室。石室拭，氏始试食是十狮。食时，始识是十狮，实十石狮尸。试释是事。

——你能将上文的意思正确翻译出来吗？

“比”对“北”说：夫妻一场，何必闹离婚呢！

“巾”对“币”说：戴上博士帽，就身价百倍了。

“臣”对“巨”说：和你一样的面积，我却有三室两厅。

“晶”对“品”说：你家难道没装修？

“茜”对“晒”说：出太阳了，咋不戴顶草帽？

“办”对“为”说：平衡才是硬道理！

“兵”对“丘”说：看看战争有多残酷，两条腿都炸飞了！

"占"对"点"说：买小轿车了？
"日"对"曰"说：该减肥了。
"土"对"丑"说：别以为披肩发就好看，其实骨子里还是老土。
"人"对"从"说：你怎么还没去做分离手术？
"寸"对"过"说：老爷子，买躺椅了？
"由"对"甲"说：这样练一指禅挺累吧？
"叉"对"又"说：什么时候整的容啊？脸上那颗痣呢？

任务二　掌握普通话朗读方法

任务阐述

能用比较标准的普通话朗读文章，做到发音清晰，音量适中，富有感情。

对号入座

读一读，笑一笑，改一改

★"煲冬瓜"——普通话
★"西习"——四十
★"蓝侣"——男女
★"花四季"——跨世纪
★"大虾"——大侠
★"雷电"显示——来电显示
★"那力"——拉力
★"班讲"——班长
★"活象"——佛像
★"黄医生"——王医生
★"谁滚了"——水开了
★"森林"色——深蓝色

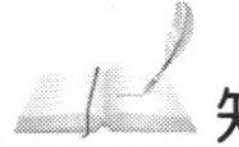

知识云梯

掌握普通话朗读方法

一、"汉语拼音"和"普通话"的由来

汉语拼音是中华人民共和国的汉字拉丁化方案，于1955—1957年研究制定。该拼音方案主要用于汉语普通话读音的标注，作为汉字的一种普通话音标，是一种辅助汉字读音的工具。

在中国古代，由于没有标准的汉语拼音方案，人们在教学生字时，常使用两个常见的字进行"相切"得出这个生字的读音，如"东"（都笼切）。这个方法显然太烦琐，而且不易读准。是谁发明了汉语拼音呢？说来有趣，是一个外国人。公元1610年，法国有个叫金尼格莱的传教士来到了中国。他在1626年写了《西中儒耳目资》，书中首次准确地用拉丁拼音字母记录了汉字的读音。在中国文人的帮助下，他编写了中国第一部拉丁化拼音字字汇。

“普通话”这个词早在清末就出现了。1902 年，学者吴汝纶去日本考察，日本人曾向他建议中国应该推行国语教育来统一语言，在谈话中就曾提到“普通话”这一名称。新中国成立后，1955 年召开的“全国文字改革会议”和“现代汉语规范问题学术会议”，将汉民族共同语的名称正式定为“普通话”。1956 年 2 月 6 日，国务院发出关于推广普通话的指示，把普通话定义为“以北京语音为标准音，以北方话为基础方言，以典范的现代白话文著作为语法规范的现代汉民族共同语。”其中，“普通”二字的含义是“普遍”和“共通”。

二、朗读的要求

朗读和说话不同，朗读要求运用普通话把书面语言清晰、响亮、富有感情地读出来，是一项口头语言的艺术。

（一）注重日常积累

首先，要注意普通话和方言的语音差异。比如粤方言中没有卷舌音、儿化音，这些规律都需要自己去总结。其次，一字多音是容易产生误读的重要原因之一，我们必须十分注意多音字的读音，多查字典和词典，加强记忆、反复练习。最后，还要注意由字形相近或由偏旁类推引起的误读。所谓“秀才认字读半边”，闹出笑话，就是指的这种误读。

（二）把握作品基调

根据不同文体，不同题材，不同语言风格，以及不同听众对象等因素，来确定朗读的基调。对于抒情性作品，应着重熟悉其抒情线索和感情格调。对于叙事作品，应着重熟悉作品的情节与人物性格。对于论述文，需要通过逐段分析理解，抓住中心论点和各分论点，明确文章的论据和论述方法，或者抓住文章的说明次序和说明方法。对整个作品的朗读方案应有总体考虑，例如作品的高潮在什么地方，怎么安排快慢、高低、重音和停顿等。

总之，只有在透彻理解的基础上，掌握不同作品的特点，熟悉作品的具体内容，才能产生深切的内心感受，从而掌握作品的情调与节奏，准确地把握不同的朗读方法，正确地表现作品的思想感情。

三、朗读的方法和技巧

一次成功的朗读活动，需要在符合普通话语音规范的基础上，通过恰当的朗读方式来实现。反之，缺乏朗读技巧的错误的朗读方法会破坏作品原有的美感，减损文本的艺术性。所以在朗读中，我们必须要掌握正确的方法和技巧。

1. 控制呼吸

朗读一般采用“胸腹式呼吸法”。我们可以进行缓慢而均匀的呼吸训练，学会自如地控制呼吸，因为这样发出来的音坚实有力，音质优美，而且传送得较远。有的人在朗读时呼吸显得急促，甚至上气不接下气，这就是因为他不能自如地控制自己的呼吸。

2. 正确发音

朗读者的嗓音应该是柔和、动听和富于表现力的。为此，要注意保护嗓子，提高自己对嗓音的控制和调节能力，朗读时不要自始至终高声大叫。此外，还要注意调节共鸣，这是使音色柔和、响亮、动听的重要技巧。人们发声的时候，气流通过声门，振动声带发出音波，经过口腔或鼻腔的共鸣，形成不同的音色。改变口腔或鼻腔的条件，音色就会大不相同。例如舌位靠前，共鸣腔浅，可使声音清脆；舌位靠后，共鸣腔深，可使声音洪亮刚强。

3．练好吐字

首先要熟练地掌握常用词语的标准音，其次要力求克服发音含糊的毛病。朗读跟平时说话不同，要使每个音节都让听众听清楚，发音就一定要到位。平时多练习绕口令就是为了练好吐字的基本功。

4．巧定停顿

朗读时，短句可按书面标点停顿。长句结构比较复杂，句中如果没有标点符号，但为了表达清楚意思，中途也可以作些短暂的停顿。如果停顿不当就会破坏句子的结构，这就叫读破句，是朗读的大忌。正确的停顿有以下三种类型：

1）标点符号停顿。标点符号的停顿规律一般是：句号、问号、感叹号、省略号的停顿时间略长于分号、破折号、连接号；分号、破折号、连接号的停顿时间又长于逗号、冒号；逗号、冒号的停顿时间又长于顿号、间隔号。以上停顿，也不是绝对的。有时为表达感情的需要，在没有标点符号的地方也可以停顿，在有标点符号的地方也可以不停顿。

2）语法停顿。语法停顿往往是为了突出句子中主语、谓语、宾语、定语、状语或补语而作的短暂停顿。学习语法有助于我们在朗读中正确地停顿断句，不读破句，正确地表达作品的思想内容。

3）感情停顿。感情停顿根据感情或心理的需要决定停与不停，完全不受书面标点和句子语法关系的制约。它的特点是声断而情不断，也就是声断情连。

5．重视重音

朗读时句子中需要强调的重要字词或短语，甚至某个音节，叫重音。“重”是指“重要”，而不是“加重”。

6．变换语速

语速的快慢在一篇作品中并不是一成不变的。朗读的语速需与文本的情境相适应，根据思想内容、故事情节、人物个性、环境背景、感情语气、语言特色来处理，适时变换语速。

7．注意语调

疑问句、反问句、短促的命令句子或者是在表示愤怒、紧张、警告、号召的句子里多使用高升调，朗读时，注意前低后高、语气上扬。在感叹句、祈使句或表示坚决、自信、赞扬、祝愿等感情的句子里一般用降抑调，朗读时，注意调子逐渐由高降低，末字低而短。曲折调用于表示特殊的感情，如讽刺、讥笑、夸张、强调、双关、特别惊异等句子里，朗读时由高而低后高，把句子中某些特殊的音节特别加重、加高或拖长，形成一种升降曲折的变化。平直调一般多在叙述、说明或表示迟疑、思索、冷淡、追忆、悼念等句子里使用，朗读时始终平直舒缓，没有显著的高低变化。

四、朗读的常见错误

念字式的“朗读”。只是照章念字，照字读音。朗读活动变成单纯的念字，一字一顿，只简单地将音节读出来。这种方式呆板，更无从谈起语言的感情色彩。

念经式的“朗读”。朗读时声音小而速度偏快，仿佛寺庙中的和尚诵经的声音。这种方式发声含糊，频率细碎，缺乏顿连、重音和语调的起伏，声音缺乏变化，感情由于频率过快而无法很好地得到表达。

八股式“朗读”。朗读脱离文本具体内容，一味只从声音上刻意追求，而且腔调固定，节奏僵化，千篇一律，呆板单调，缺乏生气。这种方式是对朗读文本疏于研究，固守简单的朗读经验和朗读模式的表现。

表演式“朗读”。朗读时过分夸张，忽略了朗读者在朗读中的独特身份。这种朗读方法混淆了朗读与表演的区别。

朗读有利于提高语言的规范化。普通话，即现代标准汉语，是现代汉民族共同语，是全国各民族之间进行交流的工具。随着经济文化的发展，社会对普及普通话的需求日益迫切。“全国推广普通话”，营造良好的语言环境，有利于消除语言隔阂；有利于促进人员交流，促进社会交往；有利于维护国家统一，增强中华民族凝聚力；对社会主义经济、政治、文化建设和社会发展具有重要意义。

范文学习

匆匆

朱自清

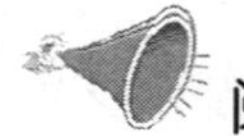

阅读提示

朱自清（1898—1948），原名自华，号秋实，字佩弦。现代著名作家、学者、民主战士。本文紧扣“匆匆”二字，细腻地刻画了时间流逝的踪迹，表达了作者对时光流逝的无奈和惋惜。围绕“匆匆”展开叙述，先写日子一去不复返的特点；再写自己八千多个日子来去匆匆和稍纵即逝，作者思绪万千，由景及人，叹息不已。最后，作者发出内心的感叹。

燕子去了，有再来的时候；杨柳枯了，有再青的时候；桃花谢了，有再开的时候。但是，聪明的，你告诉我，我们的日子为什么一去不复返呢？——是有人偷了他们罢：那是谁？又藏在何处呢？是他们自己逃走了罢：现在又到了哪里呢？

去的尽管去了，来的尽管来着；去来的中间，又怎样地匆匆呢？早上我起来的时候，小屋里射进两三方斜斜的太阳。太阳他有脚啊，轻轻悄悄地挪移了；我也茫茫然跟着旋转。于是——洗手的时候，日子从水盆里过去；吃饭的时候，日子从饭碗里过去；默默里，便从凝然的双眼前过去。我觉察他去的匆匆了，伸出手遮挽时，他又从遮挽着的手边过去；天黑时，我躺在床上，他便伶伶俐俐地从我身上跨过，从我脚边飞去了。等我睁开眼和太阳再见，这算又溜走了一日。我掩着面叹息，但是新来的日子的影儿又开始在叹息里闪过了。

在逃去如飞的日子里，在千门万户的世界里的我能做些什么呢？只有徘徊罢了，只有匆匆罢了；在八千多日的匆匆里，除徘徊外，又剩些什么呢？过去的日子如轻烟，被微风吹散了如薄雾，被初阳蒸融了；我留着些什么痕迹呢？我何曾留着像游丝样的痕迹呢？我赤裸裸来到这世界，转眼间也将赤裸裸地回去罢？但不能平的，为什么偏白白走这一遭啊？

你聪明的，告诉我，我们的日子为什么一去不复返呢？

➘ 思考

1）体会作者写作时的情感，请用三个形容词来概括。

2）分组朗读第一段，比一比，说一说，看哪组读得最好。

3）熟读课文。

二　可爱的小鸟

王文杰

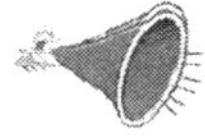

阅读提示

本文是普通话水平测试朗读作品50篇中的第22号作品，语言流畅，情感丰富，在朗诵时应注意挖掘文章内涵、注重抑扬顿挫。

没有一片绿叶，没有一缕炊烟，没有一粒泥土，没有一丝花香，只有水的世界、云的海洋。

一阵台风袭过，一只孤单的小鸟无家可归，落到被卷到洋里的木板上，乘流而下，姗姗而来，近了，近了！……

忽然，小鸟张开翅膀，在人们头顶盘旋了几圈儿，“噗啦”一声落到了船上。许是累了？还是发现了“新大陆”？水手撵它它不走，抓它，它乖乖地落在掌心。可爱的小鸟和善良的水手结成了朋友。

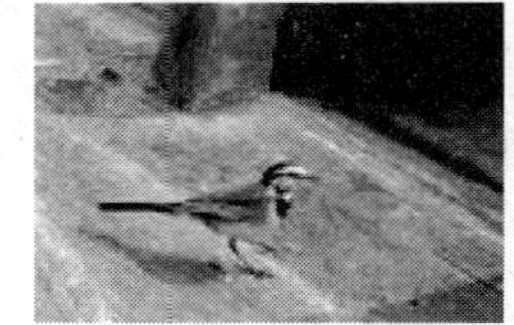

瞧，它多美丽，娇巧的小嘴，啄理着绿色的羽毛，鸭子样的扁脚，呈现出春草的鹅黄。水手们把它带到舱里，给它“搭铺”，让它在船上安家落户，每天，把分到的一塑料筒淡水匀给它喝，把从祖国带来的鲜美的鱼肉分给它吃，天长日久，小鸟和水手的感情日趋笃厚。清晨，当第一束阳光射进舷窗时，它便敞开美丽的歌喉，唱啊唱，嘤嘤有韵，宛如春水淙淙。人类给它以生命，它毫不悭吝地把自己的艺术青春奉献给了哺育它的人。可能都是这样？艺术家们的青春只会献给尊敬他们的人。

小鸟给远航生活蒙上了一层浪漫色调。返航时，人们爱不释手，恋恋不舍地想把它带到异乡。可小鸟憔悴了，给水，不喝！喂肉，不吃！油亮的羽毛失去了光泽。是啊，我们有自己的祖国，小鸟也有它的归宿，人和动物都是一样啊，哪儿也不如故乡好！

慈爱的水手们决定放开它，让它回到大海的摇篮去，回到蓝色的故乡去。离别前，这个大自然的朋友与水手们留影纪念。它站在许多人的头上，肩上，掌上，胳膊上，与喂养过它的人们，一起融进那蓝色的画面……

➘ 思考

1）体会并概括本文的主旨。

2）选择文中你最欣赏的那段文字进行朗诵，仔细处理情感和语调的起伏，注意字音的准确。

3）将自己的朗诵录制下来，反复聆听，查找不足之处。

三　普通话朗诵比赛的心路历程

王慧燕

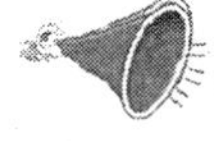

阅读提示

这是某技校一位同学在普通话朗诵比赛后的有感而作。文字虽然稍嫌稚嫩，但作为切身体会，值得一读，也许你会从中得到某些启发。

一次偶然的机会，老师让我们参加了广州市市属技校第 13 届普通话朗诵比赛，让我们在人生路上又写下了特殊的一页。

要在备选选手中脱颖而出，少花点工夫都不行哦！每天的课余时间，我们都要放弃自己最喜欢的业余活动，把所有精力投入到训练之中。从手拿蓝本自言自语到对着镜子举手投足，再到壮着胆子在老师面前接受严格的指点，反复修改、不断进步，累得心甘情愿。当我被确定为参赛选手时，真是百感交集啊！

还没有从初步胜利的陶醉中清醒过来，我们又参加了冲刺阶段的集训。真是好事多磨、一波三折啊，我们三个选手的嗓子竟然都出现了问题，有的咳嗽，有的扁桃体发炎，有的感冒。为了学校的荣誉，我们想尽办法保护嗓子：含喉片、喷药水、打吊针，平时不敢大声说话，好像生怕一开口就掉金子似的，只把劲儿使在刀刃上。

通过训练，我们来自三个校区的三个选手，从陌生到熟悉再到友爱，最终成为了兄弟姐妹。每次训练，我们都会互相监督、提点，互相演练、比赛，我们享受着训练，分享着心得。就这样，尽管练得很辛苦，尽管要求很严格，我们也都坚持下来了。

12 月 26 号，终于迎来了比赛。一大早，我们就来到了市冶金高技的比赛现场，虽然心里都非常紧张，但我们互相鼓励。一个上台，其余两个比谁都紧张，因为我们的好朋友在表演。比赛结束，我们都松了口气：两个二等奖加一个三等奖。

在回来的车上，我们的心情与去时相比迥异，赢了名次、赢了荣誉、赢了友谊，却要分别了。有淡淡的愁绪漂浮在空气中。最重要的是，我们都上了宝贵的一课，难忘又艰辛的劳动成果，我们会永远记在心上，抹不去，擦不掉。

当然，还要特别感谢苏老师、高老师和所有训练我们的老师，没有她们的辛勤劳动，就没有今天的我们。

最后，将本次朗诵比赛的心得概括在下面，希望对大家有所启发：

1）朗诵要有高低起伏，高的时候不是喊叫，而是用语气、语调强调出某种感觉。低的时候，固然是轻声，可也要有适当的收放。

2）朗诵时的音乐不能随便搭配，要适合文章的意境和感情色彩。

3）朗诵时，虽说要投入地演绎，但并非扮演，不能过于情绪化。

思考

1）请你用五句话概括在比赛训练时三位主人公遇到的困难以及克服困难的情形。

2）你有信心参加普通话比赛吗？为什么？请分析一下自身条件，说说有哪些优势和不足。

3）选择一篇你自认为朗读得最好的文段，读给老师和同学听，请他们给予评价，并加以改进。

小链接

最容易读错的姓氏

仇读“求”，不读“仇恨”的“仇”；区读“欧”，不读“地区”的“区”；
召读“哨”，不读“号召”的“召”；任读“人”，不读“任务”的“任”；
华读“化”，不读“中华”的“华”；朴读“瓢”，不读“朴素”的“朴”；
折读“舌”，不读“折旧”的“折”；单读“善”，不读“单据”的“单”；
黑读“贺”，不读“黑白”的“黑”；解读“谢”，不读“解放”的“解”；

繁读“婆”，不读“繁荣”的“繁”；纪读“己”，不读“纪念”的“纪”；
查读“扎”，不读“检查”的“查”。

绕口令

★ 蓝教练与吕教练
蓝教练是女教练，
吕教练是男教练。
蓝教练不是男教练，
吕教练不是女教练。
蓝南是男篮主力，
吕楠是女篮主力。
吕教练在男篮训练蓝南，
蓝教练在女篮训练吕楠。

男教练，女教练

★ 石小四和史肖石
石小四，史肖石，一同来到阅览室。
石小四年十四，史肖石年四十。
年十四的石小四爱看诗词，
年四十的史肖石爱看报纸。
年四十的史肖石发现了好诗词，
忙递给年十四的石小四，
年十四的石小四见了好报纸，
忙递给年四十的史肖石。

★ 数狮子
公园有四排石狮子，
每排是十四只大石狮子，
每只大石狮子背上是一只小石狮子，
每只大石狮子脚边是四只小石狮子，
史老师领四十四个学生去数石狮子，
你说共数出多少只大石狮子和多少只小石狮子？

★ 登山
三月三，小三去登山。
上山又下山，下山又上山。
登了三次山，跑了三里三。
出了一身汗，湿了三件衫。
小三山上大声喊：“离天只有三尺三！”

★ 黄狗咬我手
清早上街走，走到王家大门口，
门里跳出一只大黄狗，
朝我哇啦哇啦吼。
我拾起石头打黄狗，
黄狗跳上来就咬我的手。
也不知我手里的石头

打没打着王家的大黄狗，
王家的大黄狗咬没咬着我的手。

广 东 方 言

“缩骨”——形容人很吝啬。
“鸡咁脚”——形容走路很匆忙。
“骑呢”——古怪的。
“盏鬼”——有趣的。
“朱义盛”——假货。

任务三　辨识常见修辞手法

任务阐述

辨识常见的修辞手法，体会文章中修辞手法的表达作用。

对号入座

读一读，笑一笑，想一想

祝　　寿

一天，有两兄弟在桌上摆了一盘寿桃，为其白发苍苍的老母亲祝寿。这时，一个打“莲花落”的乞丐正好赶来，见两兄弟正搀扶着年迈的母亲坐在桌边，准备就餐。打“莲花落”的乞丐便边打竹板边唱了起来：“这个老母不是人。”一声唱出，寿堂骤然骚动，大家怒目而视。此时只听乞丐马上唱出了下一句：“乃是人间一寿星。”在场的人听后，转怒为喜。接着，他又唱下去：“两个儿子都是贼。”两兄弟听后又动肝火，愤然而起。但听到竹板响后的下文是：“偷来蟠桃献母亲。”于是两兄弟心喜坐下，并赶忙请打“莲花落”的乞丐入席，满堂欢喜，高高兴兴地给老人家祝寿。

捣 糨 糊

语文老师问几个高三同学：“你们不少人都在说‘捣糨糊’这个词，谁给我解释解释？”一位同学略一思索说：“要来大家来，不来就捣蛋。”老师扑哧一笑：“那是无赖！”另一同学说：“你不要和，我不要和，大家不要和。”老师又一乐：“麻将用语！”又一位抢着说：“好事不愿干，坏事不敢干，和事最能干。”老师摇头：“专抹稀泥！”轮到第四位了：“一个人落魄江湖（糨糊）不得不逃（捣）也。”老师眼睛发亮了：“这句好，因为他用了谐音的修辞手法！”

知识云梯

辨识常见修辞手法

修辞是一种加强言辞或文句效果的艺术手法。要提高辨析和运用常见修辞方法的能力，善于并巧于解答有关修辞方面的问题，就必须注意三个方面：一是切实掌握各种修辞方法的概念、形式、用法和作用，二是区分相关修辞方法的异同，三是牢记典型范例以便推此及彼。

一、牢记八种修辞方法的概念、形式、用法、作用

（一）比喻

用乙事物来形象地比方甲事物，甲乙两类事物应该是本质不同而又有相似点的事物。运用比喻可以使描景状物形象具体；可以使说理论证深入浅出；可以使叙事抒情引发联想，意韵深厚。

常见的比喻有明喻、暗喻和借喻。明喻常用“像、好像、如同、似”等比喻词将本体与喻体连接起来，明快、显豁，具有直接描写的作用；暗喻是本体喻体同时并举，中间多用“是、当做、成了”等判断词作比喻词，因而能更直接、更形象、更深刻地表达本体的内容；借喻是本体和比喻词都不出现而由喻体直接代本体，因而更耐人寻味，对本体的认识也更为深刻、更为鲜明。如下表：

类　别	特　点	本体（甲）	比　喻　词	喻体（乙）	例　句
明喻	甲像乙	出现	像、似的、好像、如、宛如、好比、犹如	出现	小女孩的脸像红苹果似的，又圆又红。
暗喻	甲是乙	出现	是、成为	出现	漓江美景简直就是一幅泼墨山水画。
借喻	甲代乙	不出现	无	出现	我就知道，我们之间已经隔了一层可悲的厚障壁了。

（二）比拟

用非人的事物或抽象概念当做人来描绘叙述，把非物的人或抽象概念当做物来描绘叙述，就是比拟。这样的写法可以渲染气氛，更好地传情达意，增强表达的形象性和生动性，唤起联想，开阔意境，使表意更为深厚蕴藉，如朱自清的《春》：“小草偷偷地从土里钻出来，嫩嫩的，绿绿的。园子里，田野里，瞧去，一大片一大片满是的。坐着，躺着，打两个滚，踢几脚球，赛几趟跑，捉几回迷藏。风轻悄悄的，草软绵绵的。”作者把春草人格化，似乎春草会“跑”、会“跳”，生动有趣。

（三）借代

不直接说出所要表达的人或事物，而是借用与它密切相关的人或事物来代替，以简代繁、以实代虚、以事代情。运用借代能使语言更加鲜明生动，易于引起读者联想，加深感受。例如：大胡子凶神恶煞地瞪着眼。借用人物的特征，既生动形象，又新颖别致。借代中的借体往往带有褒贬倾向，或憎或爱，或抑或扬，因此运用时应注意区别对象，掌握分寸。

（四）夸张

对人、事或其某些方面作尽力扩大或缩小的描述，就是夸张。运用夸张可以极力表现特别强烈的感受和极为浓烈的感情，或突出强调人或事物某方面的特征，从而给人以深刻的印象，产生

强烈共鸣。例句见下表：

类 别	特 点	例 句
扩大夸张	对事物形状、性质、特征、作用、程度等加以夸大	柏油路晒化了，甚至铺户门前的铜牌好像也要晒化。
缩小夸张	对事物形象、性质、特征、作用、程度等加以缩小	只能看到巴掌大的一块天地。
超前夸张	把后出现的说成先出现，或与先出现的同时出现	她还没有端酒杯，就醉了。

（五）排比

把内容相关、结构相同的三个或三个以上的句子或短语连续说出来，以突出语意，加强语势，表达强烈的感情。排比的作用是：结构整齐，音律铿锵有力，语势酣畅贯通。写景状物可以使景物毕现，情景交融；写人可以细致入微，使人物形神兼具；抒情可以淋漓尽致，畅达奔放；议论可把道理阐述得全面深刻。例如：如果我是一滴水，我愿挥洒在长江的碧波里；如果我是一片云，我愿飘荡在天安门的城楼上；如果我是一棵松，我愿屹立在黄山的绝顶上；如果我是一颗星，我愿永远镶嵌在祖国的夜空中。连用三个分句进行排比，表现出作者对祖国强烈的爱。

（六）对偶

用一对结构相同或相似、字数相等或相近的句子或短语来表达相类、相关或相反的意思，就是对偶。对偶可以使语句形式整齐，结构匀称，看起来醒目，读起来顺口，听起来悦耳，并能鲜明地揭示事物的内在联系，反映事物对立统一的辩证关系。文章中的对偶，形式比较灵活，但务求整齐匀称。例如鲁迅《我们现在怎样做父亲》："自己背着因袭的重担，肩住了黑暗的闸门，放他们到宽阔光明的地方去，此后幸福的度日，合理的做人。""背着因袭的重担"与"肩住黑暗的闸门"行成了对偶，尽管对句多了个"了"字。

（七）设问

故意先提出问题，然后自己回答，就是设问。运用设问可以引人注意，启发思考，增强语气，引出下文。例如：春天在哪里呀？春天在那青翠的山林里。

（八）反问

无疑而问，只问不答，用疑问句的形式表示确定的意思，把答案暗含在问句当中，就是反问。它的作用在于加强语气、增强表达效果，句末一般用问号，有时也可用感叹号。

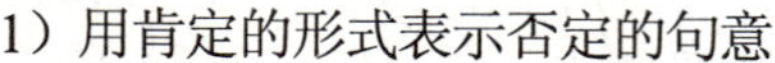

1）用肯定的形式表示否定的句意

例如：四十多个青年的血，洋溢在我的周围，使我艰于呼吸视听，哪里还能有什么言语？

2）用否定的形式表示肯定的句意

例如：历史上没有一个反人民的势力不被人民毁灭的！希特勒、墨索里尼，不都在人民面前倒下去了吗？

二、注意相关修辞方法的区别

（一）比喻和比拟的区别

比喻是用喻体比方本体，重点在喻；比拟是仿照拟体的特征模拟本体，重点在"拟"。此其区别之一。比喻的本体与喻体有主、从之分，不管本体出现与否，喻体都必须出现；比拟中本体和拟体彼此交融、浑然一体，本体必须出现，拟体一般不出现。此其区别之二。

例如：女人坐在小院子当中，手指上缠绞着柔滑修长的苇眉子，苇眉子又薄又细，在她怀里跳跃着。

句中的“苇眉子”是本体，“跳跃”是拟体“人”的动作，将物人化，是比拟，而“人”这个拟体不出现。

（二）排比和对偶的区别

排比是三个以上语言单位的并列，在结构上要求大体相似，字数要求基本平衡；对偶是两个语言单位的对称，在结构上要求对称，字数要相等。此其区别之一。排比经常以同一词语作为彼此的揭示语，使句子相互衔接，给人以紧凑、密集之感，不避重字；对偶的上下两句尽量避免同字重现。此其区别之二。排比用字不计平仄对仗，对偶讲究平仄对仗的工稳。此其区别之三。例如：他们的品质是那样的纯洁和高尚，他们的意志是那样的坚韧和刚强，他们的气质是那样的淳朴和谦逊，他们的胸怀是那样的美丽和宽广。四句话并列，结构相似，“他们的”重复出现，用字不计平仄对仗，平仄声字搭配随意自由。

（三）反问和设问的区别

反问要求明确地表示肯定和否定的内容，设问不代表肯定什么或否定什么。此其区别之一。反问的作用主要是加强语气，设问的作用主要是提出问题，引起注意，启发思考。此其区别之二。反问只问不答，答在其中；设问有问有答，自问自答。此其区别之三。反问通常有反诘副词“难道”、“岂不”之类，设问则没有。此其区别之四。

（四）反复和排比的区别

反复的语言单位是两个或两个以上的部分反复，排比是三个或三个以上语言单位的重复；反复的各语言单位的意义是相同的，排比的各语言单位的意思是相关的；反复的部分是同语重现，排比的各语言单位只有个别字词相同。例如：山谷回音，他刚离去，他刚离去。

（五）借喻和借代的区别

借代建立在两事物“相关”的基础上，重在指称；借喻是建立在两事物“相似”的基础上，重在描绘两者的区别。借代不能换成明喻的形式，借喻可以换成明喻的形式。例如：战士喜得脱罗网，韩英不幸入铁窗。

句中的“罗网”为借喻，“铁窗”为借代。

三、牢记典型范例（略）

范文学习

一 木 兰 辞

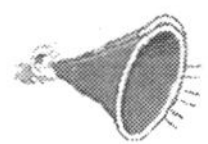

阅读提示

《木兰辞》，又称《木兰诗》，作者不明，是中国南北朝期间的一首叙事诗，诉说女英雄花木兰代父从军的民间故事。该诗约作于北魏，最初录于南朝陈的《古今乐录》，长 300 余字，后经隋唐文人润色。北朝乐府民歌《木兰诗》是我国古典诗歌中一首脍炙人口的优秀诗篇。它记述了木兰女扮男装，代父从军，征战沙场，凯旋回朝，建功受封，辞官还家的故事，充满传奇色彩，成功地塑造了木兰的巾帼英雄的形象。全诗淳朴雄浑、简劲粗犷，而且易记易诵。《木兰诗》巧妙的语言与它成功地运用多种修辞是分不开的。

唧唧复唧唧，木兰当户织。不闻机杼声，惟闻女叹息。

问女何所思，问女何所忆。女亦无所思，女亦无所忆。昨夜见军帖，可汗大点兵，军书十二卷，卷卷有爷名。阿爷无大儿，木兰无长兄，愿为市鞍马，从此替爷征。

东市买骏马，西市买鞍鞯，南市买辔头，北市买长鞭。旦辞爷娘去，暮宿黄河边，不闻爷娘唤女声，但闻黄河流水鸣溅溅。旦辞黄河去，暮至黑山头，不闻爷娘唤女声，但闻燕山胡骑鸣啾啾。

万里赴戎机，关山度若飞。朔气传金柝，寒光照铁衣。将军百战死，壮士十年归。

归来见天子，天子坐明堂。策勋十二转，赏赐百千强。可汗问所欲，木兰不用尚书郎；愿驰千里足，送儿还故乡。

爷娘闻女来，出郭相扶将；阿姊闻妹来，当户理红妆；小弟闻姊来，磨刀霍霍向猪羊。开我东阁门，坐我西阁床。脱我战时袍，著我旧时裳，当窗理云鬓，对镜帖花黄。出门看火伴，火伴皆惊忙：同行十二年，不知木兰是女郎。

雄兔脚扑朔，雌兔眼迷离；双兔傍地走，安能辨我是雄雌？

【译文】

织布声一声连着一声，木兰对着门在织布。织机停下来机杼不再作响，只听见姑娘在叹息。问问姑娘你这样叹息是在思念什么呢？（木兰回答道）姑娘我并没有思念什么。昨夜我看见征兵文书，知道君王在大量征募兵士，那么多卷征兵文书，每一卷上都有父亲的名字。父亲没有长大成人的儿子，我木兰没有兄长，我愿意去买来马鞍和马匹，从现在起替代父亲去应征。

在东市上买来骏马，西市上买来马鞍和鞍下的垫子，南市上买来马嚼子和缰绳，北市上买来长马鞭。早上辞别父母上路，晚上宿营在黄河边，听不见父母呼唤女儿的声音，只能听到黄河汹涌奔流的哗哗声。早上辞别黄河上路，晚上到达黑山头，听不见父母呼唤女儿的声音，只能听到燕山胡兵战马啾啾的鸣叫声。

行军万里奔赴战场作战，翻越关隘和山岭就像飞过去那样迅速。北方的寒风中传来刁斗声，清冷的月光映照着战士们的铁甲战袍。将士们经过无数次出生入死的战斗，多年之后才得胜而归。

胜利归来朝见天子，天子坐上殿堂（论功行赏）。记功授爵木兰是最高一等，得到的赏赐千百金以上。天子问木兰有什么要求，木兰不愿做尚书郎这样的官，希望骑上一匹千里马，借助它的脚力送自己回故乡。

父母听说女儿回来了，互相搀扶着到城外迎接她；姐姐听说妹妹回来了，对着门户梳妆打扮起来；弟弟听说姐姐回来了，忙着霍霍地磨刀杀猪宰羊。打开我闺房东面的门，坐在我闺房西面的床上，脱去我打仗时穿的战袍，穿上我以前女孩子的衣裳，当着窗子整理像乌云一样柔美的鬓发，对着镜子在额上贴好花黄。出门去见同伍的士兵，他们都很吃惊，都说我们同行十二年之久，竟然不知道木兰是女孩子。

雄兔的脚喜欢乱骚乱扑腾，雌兔的两眼老是眯缝着，当它们挨着一起在地上跑的时候，又怎能分辨得出谁雄谁雌呢？

思考

1）反复诵读，用自己的话概括故事情节。

2）说说你对主人公的评价是怎样的。

3）句式整齐的对偶句、井然有序的排比、极有分寸的夸张、兼顾合指的互文、生动形象的比喻、自然妥帖的设问、环环紧扣的顶真，体现了作品的修辞特色，你能分别找出例句吗？

二　春

朱自清

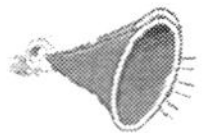

阅读提示

作者用心灵去感受春天的景物，将自己的情感倾注其中，表现出向往春天、热爱生活、充满希望的真实情感，是不可多得的美文。文章一共写了五幅图：春草图、春花图、春风图、春雨图、迎春图，巧妙运用了多种修辞手法，请反复诵读和体会。

盼望着，盼望着，东风来了，春天的脚步近了。

一切都像刚睡醒的样子，欣欣然张开了眼。山朗润起来了，水涨起来了，太阳的脸红起来了。

小草偷偷地从土里钻出来，嫩嫩的，绿绿的。园子里，田野里，瞧去，一大片一大片满是的。坐着，躺着，打两个滚，踢几脚球，赛几趟跑，捉几回迷藏。风轻悄悄的，草软绵绵的。

桃树、杏树、梨树，你不让我，我不让你，都开满了花赶趟儿。红的像火，粉的像霞，白的像雪。花里带着甜味儿；闭了眼，树上仿佛已经满是桃儿、杏儿、梨儿。花下成千成百的蜜蜂嗡嗡地闹着，大小的蝴蝶飞来飞去。野花遍地是：杂样儿，有名字的，没名字的，散在草丛里，像眼睛，像星星，还眨呀眨的。

“吹面不寒杨柳风”，不错的，像母亲的手抚摸着你。风里带来些新翻的泥土的气息，混着青草味儿，还有各种花的香，都在微微润湿的空气里酝酿。鸟儿将巢安在繁花嫩叶当中，高兴起来了，呼朋引伴地卖弄清脆的喉咙，唱出宛转的曲子，跟轻风流水应和着。牛背上牧童的短笛，这时候也成天嘹亮地响着。

雨是最寻常的，一下就是三两天。可别恼。看，像牛毛，像花针，像细丝，密密地斜织着，人家屋顶上全笼着一层薄烟。树叶儿却绿得发亮，小草儿也青得逼你的眼。

傍晚时候，上灯了，一点点黄晕的光，烘托出一片安静而和平的夜。在乡下，小路上，石桥边，有撑起伞慢慢走着的人，地里还有工作的农民，披着蓑戴着笠。他们的房屋，稀稀疏疏的，在雨里静默着。

天上风筝渐渐多了，地上孩子也多了。城里乡下，家家户户，老老小小，也赶趟儿似的，一个个都出来了。舒活舒活筋骨，抖擞抖擞精神，各做各的一份儿事去。“一年之计在于春”，刚起头儿，有的是工夫，有的是希望。

春天像刚落地的娃娃，从头到脚都是新的，它生长着。

春天像小姑娘，花枝招展的，笑着，走着。

春天像健壮的青年，有铁一般的胳膊和腰脚，领着我们上前去。

思考

1）反复朗读，感知内容，品味语言。

2）文章中运用了哪些修辞手法？请一一在句中标明。

3）文中描绘了春花、春草图，请选用适当的古诗来概括。

小链接

一段话使用了 6 种修辞手法

盼望着，盼望着，叶绿了，花红了，草青了，春天的脚步近了。是什么带来了春的气息？是剪刀一样的二月春风，把青翠的柳条裁剪成美人的眉梢；是画笔一样的二月春风，把清新的空气勾勒出甜甜的味道。（反复、排比、拟人、设问、比喻、通感）

14 种人的妙喻

老油条——处世经验多而油滑的人。

二百五——做事吊儿郎当的人。

万金油——什么都做但什么都不擅长的人。

受气包——经常被当做抱怨或泄愤对象的人。

半瓶醋——对某种知识或技术只知一二的人。

守财奴——极端吝啬的人。

饭桶——只会吃饭不会做事的人。

马屁精——善于溜须拍马、谄媚奉承的人。

墙头草——立场不稳的人。

太上皇——在幕后操纵、掌握实权的人。

台柱子——在集体中起中坚骨干作用的人。

弄潮儿——敢于在风险中拼搏的人。

炮筒子——性情急躁、心直口快、好发议论的人。

小广播——喜欢传播不可靠消息的人。

任务四　掌握一般阅读方式（一）

任务阐述

掌握精读、略读、浏览等阅读方式。

对号入座

读一读，笑一笑，改一改

★ 东坡在北海放羊十九年；霍金曾经是美丽的女孩，年轻的时候很可爱，后来瞎了眼睛，写了《假如给我三天光明》。

★ 战国时期的曹操，在赵文姬的帮助下一步一步走上历史政治舞台……最后终于和赵文卓结为夫妻。

★ 宋江拜把子兄弟张飞把他从狱中救了出来，然后一起亡命天涯。

★ 倘若不是蒙哥马利将军从失败中作出反省继续努力，又怎能在滑铁卢战役中大败拿破仑呢？

★ 记得鲁迅先生曾说过这样一句话：走自己的路，让别人去说吧。

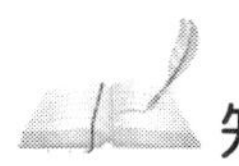

知识云梯

掌握一般阅读方式（一）

当今社会中，阅读既是一个人不可缺少的学习活动，也是获得信息的主要途径。掌握正确的阅读方法，有助于提高学习效率。一般来说，阅读分精读、略读、浏览等方式。

一、概念

精读：仔细地、反复地阅读，要对文章进行深入细致的理解和体会，全面地掌握文章的中心、表达方式、写作特点，是一种对文章获得综合认识的阅读方式。

略读：提纲挈领地抓住阅读材料的大意和要点，略去其他一些材料不读，以最快的速度来获取阅读材料的内容梗概。略读是一种快速阅读的方式。

浏览：浏览是快速地从阅读材料中查找所需要的内容或关键信息的一种阅读方式。

二、目的和作用

精读的目的：全面掌握文章内容，把握文章中心思想，理解文章中的概念、理论，培养提高读者的观察力、记忆力、概括能力、分析能力、理解文章以及辨析关键词语的能力。

略读的目的：迅速地掌握文章的大意和纲目。略读要求从宏观上把握文章，对于一些微观上的问题，不作高要求。比如说，在略读文章时，如果在文中遇到一些不懂的问题，只要其与文章的主旨没有多少联系，无关大局，就可以“跳”过去。

浏览的最大作用：寻找需要的资料。它不管全文意思如何，只要知道所找材料的类属或所处的位置。浏览不要求对文章必须从头至尾地通读，只要抓住文章的主要部分，选读某些章节就可以。

略读是精读的基础，精读是略读的深化。精读需要在综观大意后，进行深入阅读。综观大意其实就是略读。有时在略读中发现了重点，就需要对重点部分进行精读。略读是面，精读是点。略读着眼于广度，主要目的在于扩展眼界，扩大知识面，加快积累知识的速度；精读着眼于深度，目的在于透彻理解文章，学习他人长处，提高吸收知识的质量。

它们都是阅读的最基本的方法，有着各自不同的作用，略读与精读一样重要。

三、方法

1．如何进行精读

怎样才算把文章读通、读透呢？第一，要能归纳内容要点，概括中心思想；第二，要能理清文章的结构，理解主要的表达方式；第三，要能理解文中重要的词语、句子的含义；第四，要能鉴赏和评价文章的思想感情、表现手法、语言特点等。可采用以下的阅读步骤：

首先，要从文章的整体入手，去捕捉文章的主要内容或中心。怎样去捕捉文章的主要内容或中心呢？一般方法是：先从文题中找，若找不到，再到文章的开头或结尾或重点段中去找一找。

其次，理清文章的思路、结构。看一篇文章，要看作者先写什么，再写什么，最后写什么，抓住了这个思路，就能更好地体会作者写作的目的意图，还为文章划分段落找到了依据。

再次，品味好的词语、句子的含义。好的词语、句子是文章的精华。词语是构成文章的基本材料，而句子是表达文章内容的基本单位。因此，读懂词语和句子是阅读的基础，而理解文中重要的词语和句子则是提高阅读能力的重要环节。

最后，对文章的思想感情、表现手法、语言特点进行评价和鉴赏。

2．如何进行略读

1）阅读书籍，首先要看书的目录、序言，对全书的结构、概况有一个基本的了解；然后重点阅读重要的章节，以便抓住其核心内容。

2）阅读文章，要根据文体的特点去略读。记叙文，对其情节快速扫描，大概了解就行，要能很快地找到揭示文章主旨的句段，即在记叙基础上的议论或抒情。这些议论或抒情的句段，往往是表现文章思想情感的地方，能够抓住它，也就抓住了记叙文的核心。议论文和说明文，往往是用一个段落表达一层完整意思，而且许多段落在开头用一句话就表明了段旨，只要紧紧抓住每一段表现段旨的中心句就行，其他的或列举论据，或解释说明，就可以一扫而过，从每段的中心句，就能够把握全文的中心思想。比如略读《我国古代的几种建筑》一文，首先文章有七个小标题，每个小标题就说明了这部分的内容中心；在这些小标题下，抓住每段开头的句子，基本上就能够准确把握每段的大意，这样下来，虽然很粗略地读读，也能抓住文章说明的主要内容特点。

3．如何进行浏览

1）阅读报刊，一般是先翻看标题。因为阅读报刊的主要目的是为了获取信息，而通讯报道大都有引题、正标题、副标题等，这些标题已经把通讯报道的核心要点揭示出来了，所以，只要看看标题，就可获知大概的信息。

2）阅读文章，可以先看前言、后记、文章的大小标题，这样可以对全书内容有个大概的了解，如果有兴趣或需要寻找相关内容资料，就可有选择性地进行阅读。

范文学习

一 我的五样[1]

毕淑敏

阅读提示

生命中不可或缺的东西很多，但如果只能够选取一样，你会如何选择？作者用自己的选择告诉我们：人应该为事业和信仰而活着。文章采用先选五样，再逐一淘汰，最后选定一样这种逐层推进的叙事结构，颇为奇特；又运用衬托的手法，凸显了理想和追求对于生命的重要意义。阅读时注意体会作者既清新、幽默，又含意深刻的语言风格。

老师出了题目——写下“你生命中最宝贵的五样东西”，我拿着笔，面对一张白纸，周围一下静寂无声。万物好似压缩成超市货架上的物品，平铺直叙摆在那里，等待你的手挑选。货筐是那样小而致密，世上的林林总总，只有五样可以塞入。

也许是当过医生的缘故，在片刻的斟酌之后，我本能地挥笔写下：空气、水、太阳……

这当然是不错的。你不可能设想在一个没有空气和水的星球上，滋长出如此斑斓多彩的生命。但我很快发现自己陷入了困境——如果继续按照医学的逻辑推下去，马上就该写下心脏和气管，它们对于生命之泵也是绝不可缺的零件。结果呢，我的小筐子立马就装满了，五项指标支出一净。想想那答案的雏形将是：我生命中最宝贵的东西——空气、水、阳光、气管、心脏……哈！充满了严谨的科学意味，飘着药品的味道。

可这样写下去，毛病大啦。测验的功能，是辅导我们分辨出什么是自己生命中最重要的因子，以致当我们面临人生的选择和丧失时，会比较地镇定从容，妥帖地排出轻重缓急。而我的答案，抽象粗放大而化之，缺乏甄别[2]和实用性。

于是我决定在水、空气、阳光三种生命要素之后，写下对我个人更为独特和生死攸关的症结。

第四样，我写下了——鲜花。

真有些不好意思啊。挂着露滴的鲜花，是那样娇弱纤巧，我似乎和庄严的题目开了一个玩笑。但我真是如此地挚爱它们，觉得它们不可或缺。绚烂的有刺的鲜花，象征着生活的美好和短暂的艰难，我愿有一束美丽的玫瑰，陪伴我到天涯。

我偷着觑了一眼同学们的答案，不禁有些惶然。

有的人写的是：“父母”。我顿时感到自己的不孝。是啊，对于我的生命来说，父母难道不是极为宝贵的因素吗？且不说没有他们哪来的我，就是一想到他们可能先我而去，等待我们的是生离死别，永无相见，心就极快地冰冷成坨。

有的人写的是“孩子”。一看之下，我忐忑不安，甚至觉得自己负罪在身。那个幼小的生命，与我血脉相承，我怎能在关键的时刻，将他遗漏？

有的人写的是“爱人”。我便更惭愧了。说真的，在刚才的抉择过程中，几乎将他忘了。或许在潜意识[3]里，认为在未曾识得他之前，我的生命就已经存在许久。我们也曾有约，无论谁先走，剩下的那人都要一如既往地好好活着。既然当初不是同月同日生，将来也难得同月同日死，彼此已商定不是生命的必需，排名在外，也有几分理由吧？

正不知将手中的孤球，抛向何处，老师一句话救了我。她说，这生命中最宝贵的东西，不必从逻辑上思索推敲是否成立，只要是你赞成的事物即可。于是我想到电脑。电脑在此处，并不只是单纯的工具，当是一种象征，代表我挚爱的劳动和神圣的职责。很快联想到电脑所受制约较多，比如停电或是病毒入侵，都会让我无所依傍。唯有朴素的笔，虽原始简陋，却可朝夕相伴风雨兼程。

于是在洁白的纸上，留下了我生命中最宝贵的五样东西——水、阳光、空气、鲜花和笔（未按笔画为序，排名不分先后。）

同学们嘻嘻笑着，彼此交换答案。一看之后，却都不做声了。我吃惊地发现，每个人留在纸上的物件，万千气象，绝不雷同，有的简直让人瞠目结舌。比如某男士的“足球”，某女士的“巧克力”，在我就大不以为然。但老师再三提示，不要以自己的观点去衡量他人，于是不露声色。

接下来，老师说，好吧，每个人在你写下的五样当中，划去相对不那么重要的一样，只剩下四样。

权衡之后，我在五样中的“鲜花”一栏旁边，打了个小小的“×”字，表示在无奈的选择当中，将最先放弃清丽绝伦的花朵。

老师走过来看到了，说，不能只是在一旁做个小记号，放弃就意味着彻底地割舍。你必得要用笔把它全部删除。

依法办了，将笔尖重重刺下。当鲜花被墨笔腰斩的那一刻，顿觉四周惨失颜色，犹如本世纪初叶的黑白默片。我拢拢头发咬咬牙，对自己说，与剩下的四样相比，带有奢侈和浪漫情调的鲜花，在重要性上毕竟逊了一筹，舍就舍了吧。虽然花香不再，所幸生命大致完整。

请将剩下的四样当中，再划去一样，仅剩三样。老师的声音很平和，却带有一种不容商榷的断然压力。

我面对自己的纸，犯了难。阳光、水、空气和笔……删掉哪一样是好？思忖片刻，我提笔把“水”划去了。从医学知识上讲，没有了空气，人只能苟延残喘几分钟，没有了水，在若干小时尚可坚持。两害相权[4]取其轻吧。

也许女人真是水做的骨肉，“水”一被勾销，立觉喉咙苦涩，舌头肿痛，心也随之焦枯成灰，人好似成了金字塔里风干的长老。

我已经约略猜到了老师的程序，便有隐隐的痛楚弥漫开来。不断丧失的恐惧，化作乌云大兵压境。痛苦的抉择似一条苦难巷道，弯弯曲曲伸向远方。

果然，老师说，继续划去一项，只剩两样。

这时教室内变得很寂静，好似荒凉的墓冢[5]。每个人都在冥思苦想举棋不定。我已顾不得探察别人的答案，面对着自己人生的白纸，愁肠百结。

笔、阳光、空气……何去何从？

闭起眼睛一跺脚，我把“空气”划去了。

刹那间好像有一双阴冷的鹰爪，丝丝入扣地扼住我的咽喉，顿觉手指发麻眼冒金星，心擂如鼓气息屏窒[6]……

我曾在海拔五千多米的冰山上攀援绝壁，被缺氧的滋味吓破了胆。隔绝了空气，生命便飘然而逝，成为一种哲学意义上的讨论。

好了，现在再划去一样，只剩下最后一样。老师的音调很温和，但执著坚定充满决绝。对已是万般无奈之中的我们，此语不啻惊雷。

教室内已经有轻轻的哭泣声。人啊，面临丧失，多么软弱苦楚。即使只是一种模拟，已使人肝肠寸断。

笔和阳光。它们在纸上势不两立地注视着我，陷我于深深的两难。

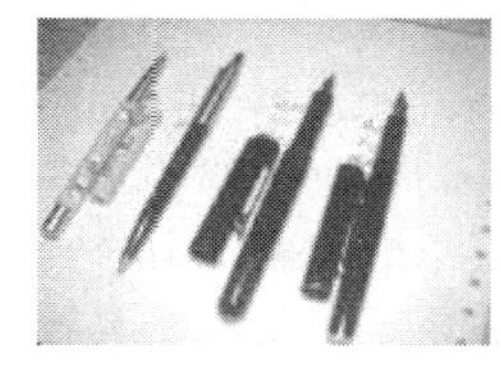

留下阳光吧——心灵深处在反复呼唤。妩媚温暖明亮洁净，天地一片光明。玫瑰花会重新开放，空气和水将濡养⑦而出，百禽鸣唱，欢歌笑语。曾经失去的一切，都会在不知不觉中悄然归来。纵使除了阳光什么也没有，也可以在沙滩上直直地晒太阳哇。

想到这里，心的每一个犄角，都金光灿烂起来。

只是，我在哪里？在干什么？我扬起头来问天。

我看到自己孤独的身影，在海边寂寞地拉长缩短，百无聊赖，看日出日落，听潮涨潮消。

那生命的存在，于我还有怎样的意义？

自问至此，水落石出。我慢而稳定地拿起笔，将纸上的“阳光”划掉了。

偌大一张纸，在反复勾勒的斑驳墨迹中，只残存下来一个字——“笔”。

这种充满痛苦和抉择的测验，像一个逐渐缩窄的闸孔，将激越的水流凝聚成最后的能量，冲刷着我们的纷繁的取向。当那通道变得一夫当关，万夫莫开之时，生命的重中之重，就简洁而挺拔地凸现了。

感谢这一过程，让我清晰地得知什么是我生命中的真爱——就是我手中的这支笔啊。它噗噗跳动着，击打着我的掌心，犹如我的另一颗心脏，推动我的四肢百骸。

我安静下来，突然发现周围此时也很安静。人们在清醒地选择之后，明白了自己意志的支点，便像婴儿一般，单纯而明朗了。

我细心收起自己的那张白纸，一如收起一张既定的船票。知道了航向和终点，剩下的就是帆起桨落战胜风暴的努力了。

【释义】

① 选自《心灵7游戏》(北京十月文艺出版社2004年版)。毕淑敏，祖籍山东文登，生于新疆伊宁，长在北京。著有长篇小说《红处方》、《血玲珑》等。

② [甄（zhēn）别] 考核、鉴定（能力、品质等）。

③ [潜意识]下意识。心理学上指不知不觉、没有意识的心理活动，是有机体对外界刺激的本能反应。

④ [相权]相比。权，权衡，衡量，考虑。文中作比较解。

⑤ [冢（zhǒng）] 坟墓。

⑥ [屏窒（bǐngzhì）] 屏，抑止（呼吸）；窒，阻塞不通。

⑦ [濡（rú）养] 滋润。濡，沾湿。

思考

1）水、空气、阳光是不可缺少的生命要素，作者为什么舍弃它们而只留下笔？文中的“笔”有什么喻义？

2）模仿作者的选弃模式，各人在小组里演绎自己先选后汰的过程，并说明你最后选择的理由。

3）概述本文的中心思想。

二　走向21世纪的机器人①

王磊

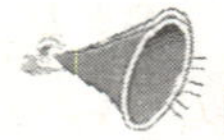

阅读提示

本文写于 1998 年，是作者有感于前一年的人机对弈而写的一篇科技说明文。本文用人们熟知的事例介绍了高科技知识，说明了机器人发展的昨天、今天以及明天，并认为，在人类自身对思维的机制尚未研究明白的时代，人工设计制造的智能机器人是不可能达到或超过人类智能的，展望了机器人发展的美好前景。说明事物通俗易懂，化高深为浅显，并以确凿的事例相印证，科学性极强，是本文的写作特点，阅读时，细心体会。

1997 年的一场人机大战让机器人“深蓝”着实火了一把。随着“深蓝”一声怒吼将世界冠军卡斯帕罗夫斩于马下，一些诸如“机器人智能能否超过人类智能？”、“机器人是否会统治人类？”的讨论又一次在世界范围内展开。那么，机器人是否真的像人们想象中那样奇特而神秘吗？机器人的大量出现会在我们习惯的生活中掀起些许波澜②吗？

机器人的昨天和今天

机器人（robot）一词来源于捷克作家 Karel Capel1920 年的幻想剧《罗萨姆的万能机器人》，捷克语是劳动的意思。虽然真正意义上的工业机器人的出现迄③今不过四十余年，但我们却可以将机器人的历史追溯④到公元前 3 世纪。那时，我国西周的工匠偃师就已制造出了会歌舞的偶人，堪称人类记载的最早的机器人。诸葛亮制造的木牛流马以及 18 世纪瑞士钟表匠杰克父子制造的各种会书写、绘画、弹琴的偶人，也都是早期优秀的机器人。直到 19 世纪工业革命以后，科技的发展和人民生活水平的提高，才促使人们对各种自动机械的探索与尝试成为一种潮流。1950 年，美国的乔治·迪弗发明了第一台工业用机器人，从此拉开了机器人快速发展的序幕。

从第一台工业机器人问世到 48 年后的今天，机器人技术得到了飞速发展。如今，机器人技术已成为一个学科跨度大、应用领域广的新兴交叉学科。机器人技术作为一种高新技术已广泛应用于汽车工业、电子工业及其他制造行业中，对提高产品质量、提高劳动生产率、发展新兴产业以及在特种环境下从事人类难以完成的工作等方面均发挥了重大作用，为人类的经济和社会生活创造了巨大的效益。据联合国欧洲经济委员会和国际机器人联合会的统计，1995 年全世界的工业机器人数量约为 65 万台，同年世界机器人的销售额达到了 57 亿美元。除传统的工业机器人外，近年来空间机器人、水下机器人、管道机器人等的研制工作也取得了重大进展，并得到推广应用；智能机器人更是在建筑、医疗、食品、娱乐、消防、农业等行业中受到青睐⑤。机器人的使用密度也伴随着机器人数量的增加不断加大，作为世界头号机器人生产国的日本，1995 年每万名制造业人员中就拥有机器人 210 台。机器人产业正以其迅猛的发展势头在世界工业的自动化进程中起到越来越重要的作用。

我国机器人技术的研究是自 20 世纪 70 年代起开始的。经过二十多年的努力，我国的机器人技术取得了可喜的发展。中科院沈阳自动化研究所、清华大学、国防大学、上海交通大学等一批科研院所和大专院校纷纷致力于机器人技术的研究、开发工作，研制出了多种用于焊接、装配、搬运等用途的工业机器人以及水下、爬壁、管道等实用性机器人和用于防核辐射、防化侦察、防爆排

险的特种机器人。中科院沈阳自动化研究所继利用自行开发的第一台水下机器人——“海人一号”和引进技术，在研制出 RECON-IV-300 米中型水下机器人后，又先后研制成功“探索者号”1000 米无缆水下机器人和 6000 米自治型无缆水下机器人，并在太平洋完成深海实验，标志着我国水下机器人的制造技术已达到了国际先进水平。此外，我国在智能机器人的研究方面亦有所发展，如清华大学就在 1994 年成功研制出了“室外智能移动机器人”。

机器人智能与人类智能

迄今为止，机器人已由初期的可编程再现型机器人、有自适应能力的离线编程机器人，发展到今天的智能机器人。智能机器人是一种能够部分模拟人脑活动，具有较强的自适应能力，能有效地适应环境变化，并具有自学习、自治和容错、纠错功能的机器人。从一定意义上说，智能机器人确实能取代人类进行部分脑力和体力活动。随着整个现代科学技术的进步，机器人技术将迅速发展，智能机器人模拟人类大脑活动的能力也将越来越强。可是机器人智能与人类智能究竟存在什么区别呢？机器人智能真的有一天能达到甚至超过人类智能的水平吗？

相信人们已经从大量的科幻小说和好莱坞的科幻电影中看到过许许多多的机器人，它们虽然外形不同、材料各异，但却都具有与人类一样甚至是超人的智能。尽管我们的导演在电影中十分清晰地勾勒[6]出了智能机器人的设计思路，使机器人看起来非常真实可信，但直到今天，绝大多数科技工作者仍然坚信机器人智能绝不可能在短期内达到或超过人类智能，甚至永远不能。“机器人会思考”、“机器人有感情”等观点被视为天方夜谭[7]。这是因为，无论是什么机器人，都需要人类设计和制造，它的“聪明”与否直接取决于人类赋予它的能力。简单地说，机器人的“感觉”实际上来自于安置在其体表的多种传感器探测到的各种各样的信息，而机器人的“思维”也不过就是把这些信息交汇融合，并结合所记忆的知识进行程式化的推理，得出结论后发出信号，执行相应的动作。总的来说，机器人所具有的“智能”只是一种非生命性的机械模仿，是人通过编程等手段赋予的。在人类对生命与思维的起源还处在一个非常低的认识水平时，机器人智能的研究领域是不会出现什么令世界为之动容的质变的。

也许有人会问，那么“深蓝”呢？它战胜卡斯帕罗夫又说明了什么呢？其实，“深蓝”甚至连一台真正意义上的智能机器人都谈不上，因为它几乎没有自适应、自学习等智能机器人必须具有的功能，它的获胜除了因为国际象棋的变化相对其他棋类来说要少得多以外，不过是依靠其强大而且不会出错的记忆能力和超乎想象的运算速度。由此而引发的机器人将统治人类的担忧其实是大可不必的。

但是，关于机器人智能与人类智能的话题，在科学界始终存在着一些不同意见。尤其是近年来随着生命科学的不断发展，一些科学家甚至提出要对“机器人”重新下定义，将可能出现的“克隆人”也划归在机器人的范畴之内，这样一来，机器人与人类之间在智力上的差异可能就不复存在了。此外，还有人认为，随着人类从生命科学角度对自己进行的剖析与了解的不断深入，对机器人技术必将带来新的深远的影响，机器人将在这种认识进步的过程中逐渐进化，机器人智能最终有可能达到人类智能具有的水平。

孰是孰非？科学的发展是难以预料的。但我们相信，实践将对此作出最权威的回答。

机器人走向 21 世纪

机器人技术是一门涉及机械、电子、自动控制、人工智能、运动学、生物力学、传感器技术、信息处理、仿生学、神经网络、材料科学等许多学科领域的交叉学科。在 21 世纪，这些学科的发展都将极大地推动机器人技术的前进。而作为 21 世纪主导科技——信息科学与生命科学的不断进步，更会为机器人技术开辟广阔而具开拓性的发展空间。

我们不难想象，在 21 世纪，机器人将拥有更加类人化的外形，能精确模仿人类的各种动作甚至复杂的面部表情；机器人还拥有更加敏锐的感觉系统；此外，通信技术和互联网的发展使机器人轻易实现“千里眼”和“顺风耳”成为可能；机器人模拟人类思维过程的能力将更加发达，它们判断、分析问题的速度、全面性、准确性以及自学能力都会大大提高；机器人与人类进行正常交流也将不再是不可想象的事情。

21 世纪的机器人将会以更积极、更主动的姿态投身到人们的社会和经济生活中。机器人技术将成为决定一个国家现代化程度的重要标志。

在工业领域，机器人将一如既往地发挥其重要的作用。随着智能机器人研制与应用的日益成熟，智能机器人极强的自适应性和人工智能，将使机器人实现柔性加工和先进制造成为可能，大大增强了工业机器人的功能和应用范围。因此，在 21 世纪，工业智能机器人取代传统的工业机器人成为机器人产业的龙头将成为必然。

在服务业领域，随着 21 世纪老龄化社会的到来以及人们消费观念的逐步转变，智能机器人必将在服务行业上充当极为重要的角色。目前，各种服务用智能机器人如护士助手、步行功能训练机器人、导盲机器人等已走进了市场。21 世纪的服务用智能机器人除了可以为家庭从事简单的家务劳动和健康护理工作外，还可以从事一些劳动强度大、工作重复性强的工作，诸如环境保护、宾馆勤杂以及公交服务等。据专业人士估计，到 2000 年，日本服务用智能机器人的市场总需求将达到 250 亿日元，2005 年将达到 1 750 亿日元。

在娱乐业领域，机器人将以一种全新的形象出现。由于机器人具有极强的可塑性，使得它能完全按照消费者的消费心理和消费意愿选择娱乐产品的形式和内容。由机器人担纲[8]出演的文艺及体育形式必将会成为 21 世纪娱乐行业的一枝奇葩[9]。

在科学研究和教育领域，精确、高效和永远不知疲倦使机器人成为科学实验和辅助教学的极佳助手。英国已成功地让两台机器人参与测试人类基因中脱氧核糖核酸（DNA）序列，并依靠它们建立 DNA 数据库。机器人的参与将成为加速人类科技进步的重要原因。

无疑，走进 21 世纪的机器人会悄悄地改变我们的社会结构和生存环境，甚至会改变我们的传统观念和思维方式。虽然大量出现的机器人在为人类服务的同时也会带来一系列崭新的社会问题，但我们有理由相信，有机器人广泛参与的 21 世纪将是一个充满希望的世纪，机器人也会在这个世纪里大显身手。

【释义】

① 选自《百科知识》1998 年第 5 期。

②[波澜] 波涛，多用于比喻。这里是不平静的意思。

③[迄]到。

④[追溯（sù）] 这里比喻探索事物的由来。

⑤[青睐（lài）] 这里比喻对机器人的喜爱或重视。

⑥[勾勒（lè）] 用简单的笔墨描写事物的大致情况。

⑦[天方夜谭] 阿拉伯古代民间故事集，即《一千零一夜》，书中多想象编织成的故事。这里有不可能成为事实的意思。

⑧[担纲] 承担主要任务。

⑨[奇葩（pā）] 奇特而美丽的花朵。

➘ 思考

1）智能机器人有哪些功能特点？用自己的话介绍一下。

2）机器人走向 21 世纪，它的发展需要哪些相关条件？

3）你心目中的机器人是怎样的？请描述出来，最好能画出一个轮廓来展示给大家看看。

小链接

毛主席怎样读书

1. 特殊爱好

几十年来，毛主席一直很忙，可他总是挤出时间，哪怕是分分秒秒，也要用来看书学习。他的中南海故居，简直是书天书地，卧室的书架上，办公桌、饭桌、茶几上，到处都是书，床上除一个人躺卧的位置外，也全都被书占领了。

为了读书，毛主席把一切可以利用的时间都用上了。在游泳下水之前活动身体的几分钟里，有时还要看上几句名人的诗词。游泳上来后，顾不上休息，就又捧起了书本。连上厕所的几分钟时间，他也从不白白地浪费掉。一部重刻宋代淳熙本《昭明文选》和其他一些书刊，就是利用这时间，今天看一点，明天看一点，断断续续看完的。

毛主席外出开会或视察工作，常常带一箱子书。途中列车震荡颠簸，他全然不顾，总是一手拿着放大镜，一手按着书页，阅读不辍。到了外地，同在北京一样，床上、办公桌上、茶几上、饭桌上都摆放着书，一有空闲就看起来。

毛主席晚年虽重病在身，仍不废阅读。他重读了解放前出版的从延安带到北京的一套精装《鲁迅全集》及其他许多书刊。有一次，毛主席发烧到39度多，医生不准他看书。他难过地说，我一辈子爱读书，现在你们不让我看书，叫我躺在这里，整天就是吃饭、睡觉，你们知道我是多么的难受啊！工作人员不得已，只好把拿走的书又放在他身边，他这才高兴地笑了。

2. 认真地学，反复地读

毛主席从来反对那种只图快、不讲效果的读书方法。他在读《韩昌黎诗文全集》时，除少数篇章外，都一篇篇仔细琢磨，认真钻研，从词汇、句读、章节到全文意义，哪一方面也不放过。通过反复诵读和吟咏，其中的大部分诗文他都能流利地背诵。《西游记》、《红楼梦》、《水浒传》、《三国演义》等小说，他从小学的时候就看过，到了六十年代又重新看过。他看过的《红楼梦》的不同版本差不多有十种以上。一部《昭明文选》，他上学时读，五十年代读，六十年代读，到了七十年代还读过好几次。他批注的版本，现存的就有三种。

一些马列、哲学方面的书籍，他反复读的遍数就更多了。《联共党史》及李达的《社会学大纲》，他各读了十遍。《共产党宣言》、《资本论》、《列宁选集》等，他都反复研读过。许多章节和段落还作了批注和勾画。

3. 不动笔墨不看书

几十年来，毛主席每阅读一本书，一篇文章，都在重要的地方画上圈、杠、点等各种符号，在书眉和空白的地方写上许多批语。有的还把书、文中精当的地方摘录下来或随时写下读书笔记或心得体会。毛主席所藏的书中，许多是朱墨纷呈，批语、圈点、勾画满书，直线、曲线、双直线、三直线、双圈、三圈、三角、叉等符号比比皆是。

4. 无所不读

毛主席的读书兴趣很广泛，哲学、政治、经济、历史、文学、军事等社会科学以至一些自然科学书籍无所不读。

在他阅读过的书籍中，历史方面的书籍是比较多的。中外各种历史书籍，特别是中国历代史书，毛主席都非常爱读。从《二十四史》、《资治通鉴》、历朝纪事本末，直到各种野史、稗史、历史演义等他都广泛涉猎。他历来提倡“古为今用”，非常重视历史经验。他在他的著作、讲话中，常常引用中外史书上的历史典故来生动地阐明深刻的道理，他也常常借助历史的经验和教训来指导和对待今天的革命事业。

任务五　掌握一般阅读方式（二）

任务阐述

掌握加圈点、列提纲、制卡片、编文摘等阅读方式。

对号入座

读一读，笑一笑，改一改

★ 李煜在唱：载不动，许多愁，恰似一江春水向东流。

★ 在秦朝时，秦孝公运用管仲的“商鞅变法”使国富兵强。

★ 年轻的警察与歹徒搏斗，身中十几颗铅弹，其中三十九颗射中他的头部。

★ 岳飞选择精忠报国，死而后已。他一生征战无数，以至于匈奴兵对他闻风丧胆。

★ 孔子书香门第，以写作为生，写了许多不同的人物，有着不同的性格，孔子有一篇文章这样写道：“三人行必有我师焉，弟子不必不如师，师不必贤于弟子，闻道有先后，术业有专攻。”

★ 《时间简史》就是教育我们要珍惜时间。缺乏思考的热情，为文字、为分数而阅读写作，阅读动机就是为了应试，所以只看高考作文优卷，甚至于背诵就是为了套用，写作中改写他作、套用成文甚至直接剽窃。

知识云梯

掌握一般阅读方式（二）

前苏联教育家苏霍姆林斯基曾说过：“让学生变聪明的方法不是增加作业，而是阅读，阅读，再阅读。”可见阅读的重要性。阅读，可以开拓视野，提高动手能力，调剂课堂学习生活。

阅读一本书或一篇文章，如要很好地理解其中的含义、收到一定的效果，则需要运用一些基本的阅读方法。这里我们将一起学习其中的加圈点、列提纲、制卡片、编文摘的阅读方法。

一、阅读的几种方式

加圈点：在书的重点、难点和精彩之处画圈或做各种符号，如直线、双线、圆圈、黑点、交叉、箭头、曲线、方框、疑问号、惊叹号等。

列提纲：把文章的提要写出来，力求抓住重点，概括出基本内容，理清作者的表达顺序。

制卡片：在阅读时，把文章中的要点或重点句、段摘录在自己制作的卡片上。

编文摘：在阅读过程中，根据自己的需要，将文章中富有教育意义的警句、格言，精彩生动的词句、段落，乃至全篇原文摘抄下来，同时还可以将自己订阅的报刊杂志中的好文章剪裁下来，粘贴到自己的读书笔记中。

二、注意事项

1. 加圈点

在使用“加圈点”的方法时还可以用不同颜色的笔画线，以示区别。比如，最重要的部分使用红笔画线，次要者使用蓝笔画线，供参考者则使用绿笔画线。每种线条和符号代表什么意义，应由你自己来掌握。有人认为画线使用不同颜色的笔很麻烦。不过如此做之后，可以节省很多的时间。如果只使用红笔画线，则每一页都是红线，叫人分不清楚哪儿最重要、哪儿比较不重要，以致所有画线地方都要看，当然会浪费很多时间。虽然比较麻烦些，但如果以不同颜色笔画线，再阅读书本的话，不管在头脑里面或书页上面，内容都会被整理，自然就能够提高阅读效率。

2. 列提纲

文字须简明扼要，但注意不要把自己的看法和感想写进去。

3. 制卡片

制卡片时要注意持久性和易于保存，还要做好归类，以便日后查找，此举贵在持之以恒。须先想好读书卡片的大致结构框架，然后把所读书中所涉及的有关内容，原原本本摘录在卡片上，并在卡片上注明书名、卷、页。如果讲究一点，还可以为卡片编个类别名。如果仅仅是泛读，则可以做简单的读后笔记，即说明本书的内容，并详细记载作者、出版单位、时间，甚至收藏地点。

4. 编文摘

文摘一般得有题目、类别、作者、书刊名称、第几期以及内容摘要这样一些内容，且一次只摘抄一类内容。等积累到相当数量时，再按不同的类别（如警句格言、景物描写、人物描写等）分门别类，以便随时使用。摘录时应注意不要断章取义，不要改动原文的字句和标点。

范文学习

一　石缝间的生命①

林希

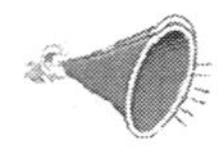

阅读提示

本文通过对石缝间生长的野草、山花、松柏的顽强生命力的赞颂，生动形象地向人们揭示了生命不可扼制、生命就是拼搏，而人们只有在厄境中，才会发现自己、认识自己、锤炼自己，使自己的精神境界得到升华，使生命更为辉煌壮丽这一人生哲理。选材角度新，挖掘深，是本文在写作上的突出特点。本文描写的对象，不过是在石缝间生长的，最不起眼的野草、山花和松柏三种植物，但作者却巧妙地把“生长”与“生命力”联系在一起，把“环境”与“生命力”联系在一起，这样，便从极其普通的题材中，发掘出富有生命哲理意义的文章主题。阅读时注意体会这种“以小见大”、透过现象看本质的写法。

石缝间倔强的生命，常使我感动得潸然[②]泪下。

是那不定的风把那无人采撷[③]的种子撒落到海角天涯。当它们不能再找到泥土，它们便把最后一线生的希望寄托在这一线石缝里。尽管它们也能从阳光分享到温暖，从雨水里得到湿润，而唯有那一切生命赖以生存的土壤却要自己去寻找。它们面对着的现实该是多么严峻。

于是，大自然出现了惊人的奇迹，不毛的石缝间丛生出倔强的生命。

或者只就是一簇一簇无名的野草，春绿秋黄，岁岁枯荣。它们没有条件生长宽阔的叶子，因为它们寻找不到足以使草叶变得肥厚的营养，它们有的只是三两片长长的细瘦的薄叶，那细微的叶脉告知你生存该是多么艰难；更有的，它们就在一簇一簇瘦叶下又自己生长出根须，只为了少向母体吮吸一点乳汁，便自去寻找那不易被觉察到的石缝。这就是生命。如果这是一种本能，那么它正说明生命的本能是多么尊贵，生命有权自认为辉煌壮丽，生机竟是这样地不可扼制。

或者就是一团一团小小的山花，大多又都是那苦苦的蒲公英。它们的茎叶里涌动着苦味的乳白色的浆汁，它们的根须在春天被人们挖去作野菜。而石缝间的蒲公英，却远不似田野上的同宗生长得那样茁壮。它们因山风的凶狂而不能长成高高的躯干，它们因山石的贫瘠而不能拥有众多的叶片，它们的茎显得坚韧而苍老，它们的叶因枯萎而失去光泽；只有它们的根竟似那柔韧而又强固的筋条，似那柔中有刚的藤蔓，深埋在石缝间狭隘的间隙里；它们已经是不能再去为人们作佐餐的鲜嫩的野菜，却默默地为攀登山路的人准备了一个个可靠的抓手。生命就是这样地被环境规定着，又被环境改变着，适者生存的规律尽管无情，但一切的适者都是战胜环境的强者，生命现象告诉你，生命就是拼搏。

如果石缝间只有这些小花小草，也许还只能引起人们的哀怜；而最为令人赞叹的，就在那石岩的缝隙间，还生长着参天的松柏，雄伟苍劲，巍峨挺拔。它们使高山有了灵气，使一切的生命在它们的面前显得苍白逊色。它们的躯干就是这样顽强地从石缝间生长出来，扭曲地、旋转地，每一寸树衣上都结着伤疤。向上，向上，向上是多么的艰难。每生长一寸都要经过几度寒暑，几度春秋。然而它们终于长成了高树，伸展开了繁茂的枝干，团簇着永不凋落的针叶。它们耸立在悬崖断壁上，耸立在高山峻岭的峰巅，只有那盘结在石崖上的树根在无声地向你述说，它们的生长是一次多么艰苦的拼搏。那粗如巨蟒，细如草蛇的树根，盘根错节，从一个石缝间扎进去，又从另一个石缝间钻出来，于是沿着无情的青石，它们延伸过去，像犀利的鹰爪抓住了它栖身的岩石。有时，一株松柏，它的根须竟要爬满半壁山崖，似把累累的山石用一根粗粗的缆绳紧紧地缚住，由此，它们才能迎击狂风暴雨的侵袭，它们才终于在不属于自己的生存空间为自己占有了一片天地。

如果一切的生命都不屑于去石缝间寻求立足的天地，那么，世界上就会有一大片一大片的大地方成为永远的死寂，飞鸟无处栖身，一切借花草树木赖以生存的生命就要绝迹，那里便会沦为永无开化之日的永远的黑暗。如果一切的生命都只贪恋于黑黝黝的沃土，它们又如何完备自己驾驭环境的能力，又如何使自己在一代一代的繁衍中变得愈加坚强呢？世界就是如此奇妙。试想，那石缝间的野草，一旦将它们的草籽撒落到肥沃的大地上，它们一定会比未经过风雨考验的娇嫩的种子具有更为旺盛的生机，长得更显繁茂；试想，那石缝间的蒲公英，一旦它们的种子，撑着团团的絮伞，随风飘向湿润的乡野，它们一定会比其他的花卉生长得茁壮，更能经暑耐寒；至于那顽强的松柏，它本来就是生命的崇高体现，是毅力和意志最完美的象征，它给一切的生命以鼓舞，以榜样。

愿一切生命不致因飘落在石缝间而凄凄艾艾。愿一切生命都敢于去寻求最艰苦的环境。生命正是要在最困厄的境遇中发现自己、认识自己，从而才能锤炼自己、成长自己，直到最后完成自己、升华自己。

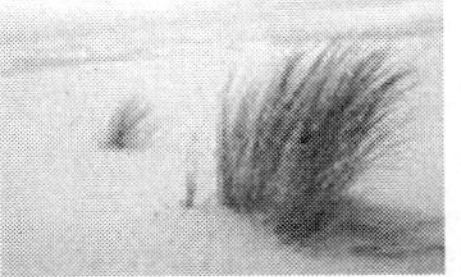

石缝间顽强的生命，它既是生物学的，又是哲学的，是生物学和哲学的统一。它又是美学的，作为一种美学现象，它展现给你的不仅是装点荒山枯岭的层层葱绿，它更向你揭示出美的、壮丽的心灵世界。

石缝间顽强的生命，它是具有如此震慑人们心灵的情感力量，它使我们赖以生存的这个星球变得神奇辉煌。

【释义】

① 选自 1983 年 9 月 10 日《人民日报》，略有改动。

② [潸（shān）然] 流泪的样子。

③ [采撷（xié）] 摘取。

【课后提示】

1）文中重点的词语、句子用画线或涂色等方式标注于正文。

2）本文作者按照以下提纲的线索展开文章：

第一部分（1～3 自然段）写石缝生命的出现；

第二部分（4～6 自然段）写石缝间顽强生长的野草、山花、松柏的情状，赞颂并揭示石缝生命的意义；

第三部分（7 自然段～全文结束）进一步抒情、议论阐发石缝生命精神的意义，并希望人们在厄境中能发扬这种精神，使我们赖以生存的星球变得神奇辉煌。

➘ 思考

1）开头第 1 自然段与结尾那一自然段有何联系？它们对文章结构有何作用？

2）试列出第二部分每段的写作提纲。

3）诵读第 7 自然段，试指出作者是用什么表达方法写的，在写作中用了什么句式和修辞手法，并简要说明其作用。

二 书 桌①

冯骥才

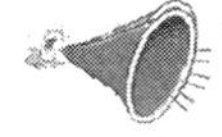

阅读提示

本文以“书桌”为线索，作者回顾了自己所走过的几十年的人生道路：儿时的懵懂，青年时的浪漫，社会动乱时所遭受的劫难。总之，“书桌”使他想起生活中的种种喜怒哀乐，“书桌”带给他无穷认识与感慨。作者以书桌为友，以书桌为镜，映射出他不同人生阶段的动人故事，启发他对生活进行反思，使和他经历同样生活的人深受启发，深为感动，产生共鸣，可谓以情动人。

我有张小小的书桌。它又窄又矮，破旧极了。在外人眼里简直不成样子。上边的漆成片地剥落下来，残余的漆色变得晦黯发黑，连我自己都认不准它最初是什么颜色。桌面又满是划痕、硬伤，还有热水杯烫成的一个个套起来的深深浅浅的白圈儿。它一边只有三个小抽屉，抽屉把儿早不是原套的。一个是从破箱子上移来的铜把手，另两个是后钉上去的硬木条。别看它这份模样，三十年来，却一直放在我的窗前，我房间透进光来的地方。我搬过几次家，换过几件家具，但从来没有想到处理掉它……

“这么难看还要它干吗？要是我早劈掉生火了！”

“它又不实用。你这么大人将就这样一个小桌子，早晚得驼背！”

“你怎么就是不肯扔掉这破玩意儿，难道它是件宝？你说呀……”

我笑而不答。那淡淡的笑意里包含着任何知己都难以理解、难以体会到的一种，一种……一种什么呢？

没有共同的经历就不会有同感。有时，同感能发挥出非常奇妙的作用，它能成为两颗心相融的最短、最直接的通道。如果没有同感，说它做什么？还不如独自一人到树林里，踩着落叶，自己对自己默默地说它一阵子，排遣出来，倒是一种慰安。

我无法想起，究竟什么时候，我开始使用这小桌的。我只模模糊糊记得，最初，我是站在它前面写写画画，而不是坐着。待我要坐下时，屁股下边必须垫上书包、枕头或一大摞画报，才能够得上桌面……

记忆里，幼时的事，都是穿不成串儿的珠子。这珠子却在记忆的深井的底儿滴溜溜、闪闪发光地打转，很难抓住它们——

我把“人”字总误写成“入”字，就在这桌上吧！

我一排排地晾干弹弓子用的小泥球儿，就在这桌上吧！

我在小木板上钉钉子，就在这桌上吧！

对，就在这儿。桌面上原来有一块能够照见自己脸儿的光光的玻璃板，给我钉钉子时打碎了——这件事我可记得清清楚楚，为此我还挨爸爸一通好打呢！也许打得太疼，我才记得十分牢。但过后我却一点也不后悔。因为，从此我做过的、经历过的、经受过的许许多多的事，都在这没有玻璃板保护的桌面上留下了痕迹。

桌面上净是小瘪坑。有的坑儿挺深，像个洞眼，蚂蚁爬到那儿，得停一下，迟疑片刻，最后绕过去……细细瞧吧，还满是划痕哪，横竖歪斜，有的深，如一道沟；有的轻浅；还有的比蛛丝还细。这细细的印痕，是不是当初削铅笔尖留下的？那一条条长长的道道儿，是不是随意用指甲硬划上去的？那儿黑糊糊的一块，是不是过年做灯笼，烤弯竹条时碰倒了蜡烛烧的？分辨不清了，原因不明了，全搅在一起了；这中间还混着许多字迹。钢笔的、铅笔的、墨笔的，还有用什么硬东西刻上去的。也有画上去的形象，有的完整，有的破碎——一只靴子啦，枪啦，一张侧面脸啦，这是不是我的自画像？年深日久，早都给磨得模糊一片。痕迹斑驳的桌面，有如一块风化得相当厉害、漫漶[②]不清的碑石。

但我从中细心查辨，也能认出某些痕迹的来由，想起这里边包含着的、只有我才知道的故事，并联想起与此有关或无关的、早已融进往昔岁月中的童年生活。

为此，我很少用湿布去拭抹它。

只有一次例外。那是我上小学四年级时。我前排坐着一个女同学，十分瘦弱。她年龄与我一般大，个子却比我矮一头。两条短短的黄辫儿，简直是两根麻绳头。一天，上语文课，我没听讲，却悄悄把眼前的两条黄辫子拴在这女同学的椅子背儿上。正巧老师叫她回答问题，她一起身，拴住的辫子扯得她头痛得大叫。我的语文老师姓李，瘦削的脸满是黑胡茬，连脸颊上都是。一副黑边的近视镜混淆了他的眼神，使我头次见到他时以为他挺凶，其实他温和极了。他对我们调皮的忍耐限度比别的老师都大。但不知为什么，那天他好厉害，把我一把拉到课堂前，叫我伸出双手，狠狠打了十多板子。他真生气呢！气呼呼地直喘，什么话也说不出来了，只指着门瞪圆眼对我吼道："走！快走！"我离开了课堂，一路跑回家。我手疼倒没什么，但当众挨打受罚，我的自尊心受不了。于是，我眼泪汪汪地在桌上写了"李老师是狗"几个字。我写得那么痛快和解气，好像这几个字给我报了什么"仇"似的。这几个字就相当威风地在我桌上保留了好长时间。

在表的滴答声中，在上下课的铃声中，在雨和雪轮番交替地敲打窗子声中，我长大起来。事也懂得多了。桌上那几个字却不那么神气了。反而怕被人瞧见，似乎成了一种不光彩、甚至是耻辱的污迹，我带着一种说不清是对李老师，还是对长大后再也遇不到的那个瘦弱的女同学的愧疚心情，用手巾尖儿蘸些水使劲把这几个字抹下去。

真奇怪！字儿抹掉了，好像心里干净了一些。

我上了中学，毕业了，参加了工作。我的许多事，写信、写文章、画画、吃东西，做些什么零七八碎的事都在这桌上。它一直伴随着我。

但它在我长大起来的身躯前，渐渐显得矮小，不合用了；而且用久了，愈来愈破旧，在后来买进来的新家具中间，又显得寒碜和过时。它似乎老了，早完成了使命，在人世间物换星移的常规里等待着接受取代。

有一天我画画，画幅大，桌面小，不得不把一半画纸垂到桌下，先画铺在桌面上的一半；待画得差不多时，再拉上纸来画另一半。这样就很难照顾到画面的整体感，我画得那么别扭，真急了，止不住愤愤地骂道：

"真该死，这破桌子！"

它听着，不吭一声。等我画好了画儿，张挂起来，画面却意外地好。我十分快活，早把桌子忘在一旁。它呢？依然默默旁立。它就是这样与我为伴，好像我不抛掉它，它就一心而从无二意地跟随着我。是不是由于它仅仅是件无生命的物品，我从未把它作为一只小猫、小鸟、小兔那样的伴侣？但是，小兔死了，小猫跑了，小鸟飞了，它却不声不响地有心地记下我生活经历过的许多酸甜苦辣，并顺从地任我做任何有损于它的事。当一次，我听说自己遭遇过的不幸，是因为被一位多年来与我非常要好的朋友出卖时，我忍受不住，发疯似的猛地一拍桌面：

"啪！"

桌面上出现一条长长的裂缝；我那颗初入社会纯真的心上，也暗暗出现一条裂痕。它竟同我一样。

从此，我便不觉地爱护起它来了。

我有过一个女朋友。她是一只快乐的小鸟——那早晨站在沾着露水的枝头抖动翅膀、在阳光里飞来飞去、在烟囱上探头探脑的小鸟。她总笑。她整天似乎除去快乐什么也不知道。她在任何一群人中出现，都能极快地把快乐通过笑、通过活泼的目光、通过喜气洋洋的俊俏的小脸儿、通过率真的动作，传染给每一个人。我说她的快乐是照眼的、悦耳的、香喷喷的，是魔术。我称她为"快乐女神"。

她一双腿长长。爱穿一条淡蓝色的短裙。她一进屋来，常常是一蹦就坐到小书桌上——这或许是她还带着些孩子气；或许她腿长，桌子矮，坐上去正合适。

我呢？过去吻她高矮也正好。我吻她，她不让。一忽儿把脸甩向左边，一忽儿又甩向右边，还调皮地笑着。她那光滑的短发像穗子一样在我笨拙的嘴唇上蹭来蹭去。

以后，由于挺复杂的原因，她终于说："我们的爱没有物质土壤，幻想的种子连幻想也结不出来了。"这句话，她说了许多遍，一次比一次肯定，最后她无可奈何又断然地离去了。

稀奇的是，那快乐女神始终与我这哑巴桌子连在一起。每当我的目光碰到桌沿，就会幻觉出她当初坐在桌上的样子。浅蓝色的短裙扇状地铺开，一双直直又顺溜儿的长腿垂下来，两只小巧的脚交叉地别着。这时她那动听的笑声好似又在桌上的空间里发出来。

我需要记着的，这桌儿都给我记着了。而那女神与我临别时掉在桌上的泪滴，却一点痕迹也没留下。大概那不是泪，而是水滴。

桌上唯有一处大硬伤。那是——那天，一群穿绿服装、臂套红色袖章的男女孩子们闯进我家来。每人拿一把斧头，说要“砸烂旧世界”，我被迫站在门口表示欢迎，并木然地瞅着他们在顷刻间，把我房间里的一切胡砍乱砸一通。其中有个姑娘，模样挺端正，但她的眼神叫我害怕。她却不吵不闹，砸起东西来异乎寻常的细致。她在屋里转来转去，把尚且完整的东西翻出来，一件件、有条不紊地敲得粉碎。然后，她翻出我一本相册，把里面的照片一张张抽出来，全都撕成两半。她做这些事时，脸上没有任何表情。

她忽然把一张照片面对我：

“这是谁？”

这是我那“快乐女神”的。我说：

“一个朋友。”

她微微现出一种冷笑，一双秀气的眼睛直盯着我，两只白白的手把这照片撕成细小的碎片。我至今不明白，在那时为什么一些女孩子干这种事时，反比男孩子们干得更彻底、更狠心、更无情。相册中所有女人的照片——我姐姐、妻子、母亲的，她撕得尤其凶，“刷、刷、刷”地响。仿佛此刻她心里有什么受不了的情感折磨着她，迫使她这样做。

最后，她临去时，一眼瞥见我的书桌。大约这书桌过于破旧，开始时并没引起他们的兴趣。此刻在一堆碎物中间，反而惹眼了。她撇向一边的薄薄的唇缝里含着一种讥讽：

“你还有这么个破玩意儿!”

随手一斧子，正砍在桌角上。掉下一块挺大的木茬。

就这样，我过去生活的一切，无论是快乐和幸福的，还是忧愁和不幸的，都留在桌上了。哪怕我忘了，它会无声地提醒我。

它就摆在我窗前。从窗子透进的光笼罩着它。我窗外是一棵大槐树的树冠。这树冠摇曳婆娑的影子总是和阳光一起投照在我这小小的桌面上。

每当这树冠的枝影间满是小小的黑点点时，那是春天；黑点点儿则是大槐树初发的芽豆豆。这期间，偶尔还有一种俗名叫做“绿叶儿”的候鸟，在枝间伶俐地蹦跳的影子出现在桌面上。夏天来了，树影日浓，渐渐变成一块荫凉，密密实实地遮盖住我的小桌。等到这块厚厚的荫凉破碎了，透现出一些晃动着的阳光的斑点儿时，秋风还会把一两片变黄的叶子吹进窗；像几只金色的小船，落在我这如同无风的水面一般平光光的桌面上。随后该关窗子了，玻璃蒙上了薄薄的水蒸气。那片叶无存、光秃秃、只剩下枝丫的树影，便像一张朦胧模糊的大网，把我的小桌罩住……

我常常被这些情景弄得发呆。谁说它丑？它无用？它应当被丢弃？它有着任何华贵的物品都无法代替的风韵和诗意。在它的更深处，甚至还潜藏着丰富的思想。

尤其是在阴雨的日子里，乌云像拉上的厚帘子把窗户遮暗了。

小桌变成黑影，很像一块浓雾里的礁石，黑黝黝的，沉默无语。忽然一道闪电把它整个照亮，它那桌面上反射着可怕的蓝色的电光。但在这一瞬间的强光里，它上边的一切痕迹都清晰地显现出来，留在这中间的往事一下子全都复活了……

我阖上眼，情愿被再现在幻觉中的往事深深地感动着。

我终于失去了它。

在地震中，塌落下来的屋顶把它压垮。我的孩子正好躲在桌下，给它保住了生命。它才是真正地为我献出了一切哪！等我从废墟中把它找出来，只是一堆碎木板、木条和木块了。我请来一位能干的木匠，想把它复原。木匠师傅瞅着它，抽着烟，最后摇了摇头。并且莫名其妙地瞧了我一眼，显然他不明白我何以有此意图——又不是复原一件碎损的稀世古物。

它就这样在我的生活中没了。

我需要书桌，只得另买一张。新买的桌子宽大、实用、漆得铿亮，高矮也挺合适。我每每坐在这崭新却陌生的大书桌前，就觉得过去的一切像那不能再生的书桌一样，烟消云散，虚无缥缈，再也无从抓住似的……

我因此感到隐隐的忧伤。不由得想起几句话，却想不起是谁说的了：

“啊，生活，你真迷人……哪怕是久已过去的，也叫人割舍不得；哪怕是不幸的，也渐渐能化为深沉的诗。”

【释义】

① 本文选自《中华散文珍藏本丛书 • 冯骥才卷》。冯骥才，1942 年出生，浙江慈溪人。著有长篇小说《神灯》，短篇小说集《雕花烟斗》，散文集《珍珠鸟》等。

② [漫漶（huàn）] 文字、图画等因磨损或潮湿而模糊不清。

【课后提示】

1）本文的重点句子或词语，可用不同的颜色画线或标注，展示于原文中。

2）本文有许多好词好句，可以分类摘抄下来，制成卡片，方便保存和翻阅。卡片的内容可以设计如下：

题目：《书桌》

作者：冯骥才

主要内容：

本文以“书桌”为线索，作者回顾了自己所走过的几十年的人生道路，映射出他不同人生阶段的动人故事，启发他对生活进行反思。

好词、短语：

直直又顺溜儿的、有条不紊地、摇曳婆娑、烟消云散、虚无缥缈、黑黝黝的、密密实实地、光秃秃。

精彩句子：

1）记忆里，幼时的事，都是穿不成串儿的珠子。这珠子却在记忆的深井的底儿滴溜溜、闪闪发光地打转，很难抓住它们——

2）在表的滴答声中，在上下课的铃声中，在雨和雪轮番交替地敲打窗子声中，我长大起来。

3）她那光滑的短发像穗子一样在我笨拙的嘴唇上蹭来蹭去。

4）夏天来了，树影日浓，渐渐变成一块荫凉，密密实实地遮盖住我的小桌。等到这块厚厚的荫凉破碎了，透现出一些晃动着的阳光的斑点儿时，秋风还会把一两片变黄的叶子吹进窗；像几只金色的小船，落在我这如同无风的水面一般平光光的桌面上。

5）那片叶无存、光秃秃、只剩下枝丫的树影，便像一张朦胧模糊的大网，把我的小桌罩住……

6）“啊，生活，你真迷人……哪怕是久已过去的，也叫人割舍不得；哪怕是不幸的，也渐渐能化为深沉的诗。”

➘ 思考

1）试分析本文第一部分，找出叙述、描写、议论的语句，并分析它们对突出环境、刻画人物、表达思想有何作用。

2）全文可分为几个部分？概括各部分的中心意思。

怎样做读书笔记

做读书笔记是一个学习和提高的过程。对于学生而言，由于学习内容、学习能力等原因，不妨采用以下方法做读书笔记。

1. **抄录式笔记**

摘录图书、报刊、教材中与自己兴趣和学习关系密切的章节、段落。有的可以抄录对问题的论证和结论，帮助自己更深刻地掌握文章的主题和重要公式的论证；有的可简明扼要地抄录文章论述的主要问题、中心思想和重要的公式图表、实验方法、实例等。

2. **摘要式笔记**

在理解和掌握文章内容的基础上，按照原书或原文顺序简明扼要地摘录其要点。可以把书中一些重要的理论、观点、结论、重要公式、实验结果等，按照原文顺序将它的要点摘录下来。

3. **台历式笔记**

台历式笔记是指把阅读中看到的精辟的箴言、警句、典故、谚语、学习中的疑问和心得记录在台历上的一种读书笔记。这些台历上的只言片语经过日积月累，汇聚起来却如同珍宝。台历笔记还可用来自我督促检查学习情况，哪天记了，哪天没记，一目了然。

4. **提纲式笔记**

用纲要的形式抄录并与自己的话结合，将一本书或一篇文章的论点或基本内容提纲挈领地记录下来。将文章中的大小标题作为提纲，标题之下罗列讨论的内容，这种笔记条理清楚、内容扼要，简单易行。经常编写读书提纲可帮助学生进行逻辑思维训练。

5. **批注式笔记**

在书中画出精彩、生动、意义深刻、关键性的词句、段落，在正文旁注明符号，用简短的文字作扼要的提示批注，这样能起到提醒注意、指明思考重点和方向的作用；三言两语，重点突出，文字简洁，便于查找；边读边画，边写边想，理解更加深入。这方法简便易行，便于复习，比较适合于学生使用。

6. **质疑式笔记**

阅读中的重点难点，自己不能解决或理解不深、模棱两可时，同学们不妨把这些问题先记录下来。这样可以避免难题成为读书的“拦路虎”而读不下去的现象，也可以避免马虎从事，似懂非懂不求甚解地读过去。暂时把问题搁置起来，随着知识的丰富、思维能力的提高，再回过头来学习，也可请老师加以解答。这种方法对于培养能力，养成独立思考的习惯非常有帮助。

7. **心得式笔记**

这是用自己的语言写下读书后的感受、认识、体会、启发以及收获的一种笔记。读完全书或文章后，经反复思考，才能将知识铭记在心，确有所得，受读书的启示，联系实际，或长或短写出真情实感。特别是受阅读启发而产生的新观点、新方法、新构思更应写在心得式笔记中。

8. **综述式笔记**

读过几本或几篇同一主题的书籍或文章后，可写读书综述，在综述中要抓住重点和中心，综述各种观点和思想，说明问题的现状与发展，也要写出自己的看法。这是一种比较高层次的做笔记的方法。中学生在广泛涉猎、认真阅读的基础上，尝试性地写些综述式笔记，对于培养自己的分析综合能力是大有好处的。

各种读书笔记都需要不断温习、补充和提高。每个人可以根据自己的实际情况，每隔一些时候再重读自己的读书笔记，一方面能够巩固和加深记忆，另一方面也可不断补充和完善自己的读书笔记，这样，便会在不断的学习中提高自己做笔记的水平和能力。（以上内容选自百度，其中部分内容有改动。）

岑楚薇同学读书卡——《小王子》

<table>
<tr><td colspan="4">九江镇中学学生读书卡 6 月 23 日</td></tr>
<tr><td>姓　名</td><td>岑　楚　薇</td><td>篇　目</td><td>小　王　子</td></tr>
<tr><td>精彩内容摘抄</td><td colspan="3">“就是这里了，让我自己走吧。”他坐了下来，显得很害怕。然后说：“你知道的，我得对我的花儿负责。她是如此脆弱！如此天真无邪！她只带着四根一点儿用也没有的刺来保护自己，对抗周围的环境……”——爱是一种责任。
“他又迟疑了一会儿，然后站起来，往前踏了一步，而我却动弹不得。一道黄色的闪光接近他的脚踝，他有一阵子待在原地不动。他没有尖叫，他像一棵树一样轻轻地倒下，连一点儿声音也没有……”——这是他选择保护他的花儿的方式，用这种方式与花儿“交流”。</td></tr>
<tr><td>读书感言</td><td colspan="3">作者用国王、爱慕虚荣的人、贪婪的商人、沉淀于欲望难以自拔的酒鬼、脱离现实的地理学家、忠于职守的灯夫对人世间进行了讽刺和批判。
作者还在作品中阐述了另一主题，那就是他对爱情和友情的理解。在狐狸的教导下，小王子知道了“爱是一种责任”，只有通过“交流”才能找到友谊和幸福。在他们之间的关系中，体现出友情跟爱情一样，是通过驯服来建立联系的。他要小王子驯养他，这样彼此就有了责任和依靠，他们之间就有了爱。
看到最后，泪水滴落的那一刻，我终于明白：爱，是一种责任，需要用心灵感知；爱，是牵挂，没有爱的世界是一个单调乏味的世界。
爱，充斥着小王子的心灵。我也希望，爱，也能够充满所有人的心灵，于灵魂不灭。</td></tr>
</table>

（载自 http://www.jjzzx.org/academy/card/2009-10-23/445.html）

任务六　了解四种文学样式的特点

任务阐述

了解诗歌、散文、小说、戏剧这四种文学样式的特点，注重阅读中的情感体验，感受文学作品的思想感情和文学魅力。对作品中感兴趣的内容进行讨论，能说出自己的理解、体验或感悟。

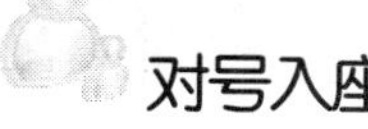

对号入座

读一读，笑一笑，改一改

闻 文 识 字

张科长写出的文章总是不着边际，空话连篇；李科长的文章往往白字成串，词不达意。两人谁也不服气谁。

这天，听说一位双目失明的小学老校长只用鼻子闻闻就能辨别文章的优劣，于是两人一道去找他品评。

为了试试老校长是否真有功夫，张科长先拿出一本《红楼梦》给他闻。老校长稍稍一闻，便说："一股脂粉之气，此乃《红楼梦》也。"二人暗暗称奇，李科长又拿出一本《三国演义》。老校长说："书中暗藏刀兵之气，此乃《三国演义》也。"

两人又把自己的文章交给老校长。老校长闻闻张科长的文章说："泔水缸里冒泡儿，又酸又臭，令人作呕!"然后闻闻李科长的文章又说："城门楼上击鼓，'扑通扑通'狗屁不通!"

枉 加 评 论

一位艺术批评家正在谈论一幅画："请看这幅油画。你们可以看到，画家的技术还不够熟练，他缺乏技术和感知。树木不成形，而且歪歪扭扭的，草也没有根。云像贴在画布上的纸片。你们瞧这儿，他为了引人注意，竟耍了一个花招，画了一只苍蝇。当然，我并不反对苍蝇，假如画家把它画得更精确些，使它真正像一只苍蝇。而他的苍蝇看起来像一团污泥，没有任何典型特征。"正在这个当儿，苍蝇被批评家的饶舌弄烦了，展开翅膀，飞走了。

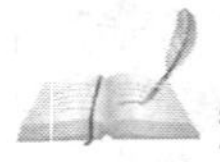

知识云梯

了解四种文学样式的特点

一、文学里的四种文学样式

诗歌、散文、小说、戏剧等只是文学内部的不同体裁或样式。这些体裁具有各自的特点，又有许多共同的审美特征。由于文学在中外艺术史上始终占据着重要地位，涌现出许多著名的作家和作品，产生了巨大影响，因此，我们特地将文学作为一个大的艺术类别即语言艺术来加以介绍。

二、四种文学样式的特点

（一）诗歌

诗歌是文学的基本体裁之一，如同其他文学体裁一样，也是用语言塑造形象以反映社会生活和表达作者思想感情的艺术。诗歌在文学发展历史上出现最早，在艺术起源时期，诗歌与音乐、舞蹈三者常常融为一体，只是到后来诗歌才逐渐发展成为一种独立的艺术形式。

诗歌作为历史最久、流行最广的文学体裁，在中外文学史上产生了难以计数的众多作品，形成了丰富多彩的各种形式。因此，诗歌分类方法多种多样，可从不同角度进行分类。一般来说，按照作品的性质和塑造形象的方式不同，可分为抒情诗和叙事诗；按照诗歌的历史发展和语言有无格律，又可分为格律诗和自由诗。抒情诗主要通过直接抒发作者的思想情感，袒露诗人的内心世界，来间接地反映社会生活。抒情诗并不追求人物的刻画和情节的描述，而是注重个人情思的抒发，即使诗中有一些关于生活现象和自然景物的描写，也是诗人通过托物言志或借景抒情，来体现自己的感受与情绪。

诗歌的特征是通过诗人强烈的情感和丰富的现象，集中而概括地反映客观现实生活。任何艺术作品都必然是社会生活的客观因素和艺术家的主观因素二者的有机结合，而在诗歌中，后者明显地占据优势，社会生活往往需要通过诗人主观情感世界的折射才能反映出来。

诗歌特别注意运用优美的语言来创造情景交融的意境。诗歌的语言，可以说是一切文学作品中最凝练、最优美、最富有音乐感的语言。诗人往往呕心沥血、字斟句酌，通过最精美的语言使诗歌具有如同音乐一样的节奏和韵律。诗歌的意境由情景交融而构成，但相对来说，情处于主导地位，情往往由景触发而起，同时又使诗中的景色带有了强烈的主观感情色彩。诗歌的这种语言美和意境美，令人咀嚼不尽，滋味无穷，给欣赏者带来蕴藉隽永、无限丰富的美感。

（二）散文

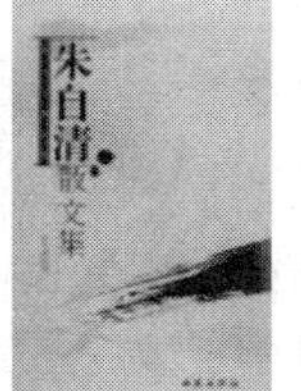

散文也是文学的基本体裁之一。散文的含义和范围随着文学形态的发展演变，在各个历史时期有着不同的内涵和内容。我国古代的散文范围很广泛，主要是指一种与韵文、骈文相对立的文体，包括经、史、传等各种散体文章。随着文学的发展，散文后来被专门用来泛指诗歌以外的一切文学体裁，包括杂文、传记、小说等都被容纳在里面。

近现代的散文，则是从狭义上来理解的，专指与诗歌、小说、戏剧相并列的一种文学体裁。散文是一种自由灵活、不受拘束的文学样式，能够迅速地表现作者的生活感受，真实地反映社会生活，它选材范围广泛，表现手法多样，结构自由多样，以形散而神不散的艺术特长来集中而凝练地体现主题思想。

散文的种类丰富多样，一般将其分为抒情散文、叙事散文和议论散文三大类。抒情散文，注重在叙事写人时表现作者主观的感受与情绪，通过托物言志或借景抒情，抒发作者微妙复杂的独特情感，将浓郁的思想感情融会在动人的生活画面之中。叙事散文，包括报告文学、特写、速写、传记文学、游记等，侧重于叙述人物、景物或事件，尤其是现实生活中的真人真事，并且将作者的主观情感蕴藏在对于人物和事件的叙述之中。议论散文，主要是指杂文，它将政论性和文学性结合在一起，运用形象生动的语言以及比喻、反语等手法，乃至以幽默、讽刺等作为锐利的武器，进行精辟深刻的说理和妙趣横生的议论，成为一种相对独立的文学样式，具有以理服人的理论说服力和以情感人的艺术感染力。

散文的一个重要特征是自由灵活，表现在题材的广泛性、手法的多样性和风格的多样化。从散文的选材来看，它几乎无所不包，完全不受时间和空间的限制，上至天文，下至地理，古代历史、当代现实都可以作为题材。从散文的手法来看，虽然有抒情散文、叙事散文和议论散文的区分，但这种划分只具有相对的意义。因为叙述、抒情和议论都是散文常用的手法，只不过在每篇作品里有所侧重而已。事实上，抒情散文离不开叙述和议论，叙事散文也需要夹叙夹议，议论散文更需要依靠叙述和抒情来增加文学色彩。从散文的风格来看，更是百花齐放、丰富多彩。

散文的另一个重要特征是形散而神不散。顾名思义，散文由于其自由灵活的特点，在结构形式上显得比较“散”，事实上，优秀的散文总是“形散而神不散”，具有深刻的意蕴和凝练的主题。不论记人、叙事、说理、抒情，散文都要借生活中的事件与人物，抒发作者自己的思想和感情，这种蕴藏在作品之中的深刻的思想意蕴，就是散文的“神”。实际上，散文的特点就在于以自由灵活的形式，达到形散而神不散的审美特色。

（三）小说

小说是一种以叙述故事、塑造人物形象为主的文学体裁，它的特点是在生活素材的基础上用虚构的方式来再现生活。人物、情节和环境是小说不可缺少的三个基本要素。

中外古今的小说数量众多，分类方法也多种多样。根据题材的不同，可分为神话小说、传奇小说、历史小说、志怪小说、言情小说、武侠小说、社会小说、战争小说、爱情小说、惊险小说、科幻小说、章回小说、日记体小说、书信体小说、新体小说、现代派小说等；但最常见的分类方法，是根据容量大小和篇幅长短，分为长篇小说、中篇小说和短篇小说这样三大类。长篇小说容量大、篇幅大，包含着复杂曲折的情节和数量众多的人物形象，可以反映广阔复杂的生活画面；短篇小说容量小、人物少，情节和环境相对集中，往往通过人物的一段经历或生活的一个片段，从某个特定的角度或侧面来再现生活的局部；中篇小说，顾名思义则介乎于以上二者之间。

一般来说，人物、情节和环境是小说的三要素。文学是人学。人物在小说中是最基本的构成要素之一，通过多个侧面和多种手法来塑造人物形象也是小说最重要的特征。情节是小说另一个基本的构成要素。一般地讲，情节对于所有叙事文艺作品都是必不可少的，但在不同种类和体裁的艺术作品中，情节的地位和作用有所不同。环境同样是小说的一个基本构成要素。环境一般是指文艺作品中人物活动于其中的社会环境和自然环境。任何一部小说，它所描述的情节和刻画的人物，都只能在一定的社会环境和自然环境条件下存在，绝对不可能脱离环境而存在。因此，环境对于塑造人物和展现情节都具有极其重要的意义和作用，比起其他的文艺作品，小说的环境要求更加细致详尽、广阔丰富。

（四）戏剧

从广义上讲，戏剧包括话剧、中国戏曲、歌剧、舞剧，乃至目前欧美各国影响广泛的音乐剧等。从狭义上讲，戏剧主要是指话剧。我们在这里所讲的戏剧即指话剧，是从狭义上来理解的。

戏剧是在舞台上由演员以对话和动作为主要表现手段，为观众当场表演的一门综合艺术。戏剧艺术作为二度创作的艺术，包括两个重要组成部分，也就是作为舞台演出基础的戏剧文学艺术和演员创造舞台形象的表演艺术。

戏剧艺术历史悠久，种类繁多。按照作品容量大小，可以分为多幕剧和独幕剧；按照作品题材不同，可以分为历史剧、现代剧、儿童剧等；按照作品的样式类型，又可以分为悲剧、喜剧和正剧三大类型。在世界戏剧史上，这三种类型具有很大的影响。悲剧和喜剧均在古希腊时代就取得了极大的成就；相对而言，正剧是出现较晚的戏剧类型，自从文艺复兴之后逐渐发展，但是直到 18 世纪，法国思想家狄德罗和剧作家博马舍称这种剧为“严肃剧”，并且大力倡导之后，这种取材于日常生活并具有社会现实意义的正剧才迅速发展起来。

戏剧除了具有综合艺术共同的审美特征外，还有自身独具的特征。在戏剧的所有特征中，戏剧性无疑占有最重要的地位。所谓戏剧性，就是戏剧艺术通过演员扮演的角色之间的冲突来展开剧情、刻画人物，借以吸引观众，实现其艺术效果和审美作用的特性。构成戏剧性的中心环节是戏剧动作和戏剧冲突，或者说是行动中的人物的冲突。没有冲突就没有戏剧。戏剧必须通过角色之间的对话和动作，来展开激烈的冲突和交锋，使戏剧情节得以进展，人物性格得以展现，在富于戏剧性的矛盾冲突和曲折起伏的情节中，塑造出具有鲜明性格的人物形象。

在综合艺术中，戏剧和戏曲需要演员在舞台上为观众进行现场表演，可以多次进行。这种剧场性对戏剧演员的表演艺术提出了很高的要求，人们常把剧本、演员和观众称做戏剧艺术的三要素，其中最本质的要素自然是演员。因此，戏剧的中心应当是演员的表演艺术。由于戏剧是在剧场中为观众现场表演，因而，每一次表演都是一次艺术创作。戏剧表演的过程就是创作的过程，也就是观众欣赏的过程。戏剧演员在进行二度创作时，首先要深刻挖掘剧本的内涵，掌握角色丰富的思想情感，通过情感体验与艺术分析，克服自我与角色之间的距离，然后才能通过艺术化的表情、语言和形体动作，在舞台上塑造出栩栩如生的人物形象。演员扮演的角色，应当是真实感人的舞台形象，这就要求演员的表演既要形似，更要神似，传达出角色独特的性格气质和内心世界。

范文学习

一　我 与 地 坛

史铁生

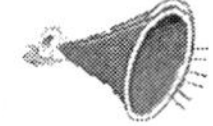

阅读提示

本文为长篇哲思抒情散文，是中国当代著名作家史铁生文学作品中，充满哲思又极为人性化的代表作之一。其前两部分注重讲地坛和他与母亲的后悔，是进行情感、生命等教育的最好教材。地坛只是一个载体，而文章的本质却是一个绝望的人寻求希望的过程，并表达了对母亲的思念。

多少年来我头一次意识到，这园中不单是处处都有过我的车辙，有过我车辙的地方也有过母亲的脚印。

一

我在好几篇小说中都提到过一座废弃的古园，实际就是地坛。许多年前旅游业还没有开展，园子荒芜冷落得如同一片野地，很少被人记起。

地坛离我家很近。或者说我家离地坛很近。总之，只好认为这是缘分。地坛在我出生前四百多年就坐落在那儿了，而自从我的祖母年轻时带着我父亲来到北京，就一直住在离它不远的地方——五十多年间搬过几次家，可搬来搬去总是在它周围，而且是越搬离它越近了。我常觉得这中间有着宿命的味道：仿佛这古园就是为了等我，而历尽沧桑在那儿等待了四百多年。

它等待我出生，然后又等待我活到最狂妄的年龄上忽地残废了双腿。四百多年里，它一面剥蚀了古殿檐头浮夸的琉璃，淡褪了门壁上炫耀的朱红，坍圮了一段段高墙又散落了玉砌雕栏，祭坛四周的老柏树愈见苍幽，到处的野草荒藤也都茂盛得自在坦荡。这时候想必我是该来了。十五年前的一个下午，我摇着轮椅进入园中，它为一个失魂落魄的人把一切都准备好了。那时，太阳循着亘古不变的路途正越来越大，也越来越红。在满园弥漫的沉静光芒中，一个人更容易看到时间，并看见自己的身影。

自从那个下午我无意中进了这园子，就再没长久地离开过它。我一下子就理解了它的意图。正如我在一篇小说中所说的："在人口密聚的城市里，有这样一个宁静的去处，像是上帝的苦心安排。"

两条腿残废后的最初几年，我找不到工作，找不到去路，忽然间几乎什么都找不到了，我就摇了轮椅总是到它那儿去，仅为着那儿是可以逃避一个世界的另一个世界。我在那篇小说中写道："没处可去我便一天到晚耗在这园子里。跟上班下班一样。别人去上班我就摇了轮椅到这儿来。""园子无人看管，上下班时间有些抄近路的人们从园中穿过，园子里活跃一阵，过后便沉寂下来。""园墙在金晃晃的空气中斜切下一溜荫凉，我把轮椅开进去，把椅背放倒，坐着或是躺着，看书或者想事，撅一杈树枝左右拍打，驱赶那些和我一样不明白为什么要来这世上的小昆虫。""蜂儿如一朵小雾稳稳地停在半空；蚂蚁摇头晃脑捋着触须，猛然间想透了什么，转身疾行而去；瓢虫爬得不耐烦了，累了祈祷一回便支开翅膀，忽悠一下升空了；树干上留着一只蝉蜕，寂寞如一间空屋；露水在草叶上滚动、聚集，压弯了草叶轰然坠地摔开万道金光。”“满园子都是草木竟相生长弄出的响动，悉悉……悉悉……片刻不息。”这都是真实的记录，园子荒芜但并不衰败。

除去几座殿堂我无法进去，除去那座坛我不能上去而只能从各个角度张望它，地坛的每一棵树下我都去过，差不多它的每一米草地上都有过我的车轮印。无论是什么季节，什么天气，什么时间，我都在这园子里呆过。有时候呆一会儿就回家，有时候就呆到满地上都亮起月光。记不清都是在它的哪些角落里了，我一连几小时专心致志地想关于死的事，也以同样的耐心和方式想过我为什么要出生。这样想了好几年，最后事情终于弄明白了：一个人，出生了，这就不再是一个可以辩论的问题，而只是上帝交给他的一个事实；上帝在交给我们这件事实的时候，已经顺便保证了它的结果，所以死是一件不必急于求成的事，死是一个必然会降临的节日。这样想过之后我安心多了，眼前的一切不再那么可怕。比如你起早熬夜准备考试的时候，忽然想起有一个长长的假期在前面等待你，你会不会觉得轻松一点？并且庆幸并且感激这样的安排？

剩下的就是怎样活的问题了。这却不是在某一个瞬间就能完全想透的，不是能够一次性解决的事，怕是活多久就要想它多久了，就像是伴你终生的魔鬼或恋人。所以，十五年了，我还是总得到那古园里去，去它的老树下或荒草边或颓墙旁，去默坐，去呆想，去推开耳边的嘈杂理一理纷乱的思绪，去窥看自己的心魂。十五年中，这古园的形体被不能理解它的人肆意雕琢，幸好有些东西是任谁也不能改变它的。譬如祭坛石门中的落日，寂静的光辉平铺的一刻，地上的每一个坎坷都被映照得灿烂；譬如在园中最为落寞的时间，一群雨燕便出来高歌，把天地都叫喊得苍凉；譬如冬天雪地上孩子的脚印，总让人猜想他们是谁，曾在哪儿做过些什么，然后又都到哪儿去了；譬如那些苍黑的古柏，你忧郁的时候它们镇静地站在那儿，你欣喜的时候它们依然镇静地站在那儿，它们没日没夜地站在那儿从你没有出生一直站到这个世界上又没了你的时候；譬如暴雨骤临园中，激起一阵阵灼烈而清纯的草木和泥土的气味，让人想起无数个夏天的事件；譬如秋风忽至，再有一场早霜，落叶或飘摇歌舞或坦然安卧，满园中播散着熨帖而微苦的味道。味道是最说不清楚的，味道不能写只能闻，要你身临其境去闻才能明了。味道甚至是难于记忆的，只有你又闻到它你才能记起它的全部情感和意蕴。所以我常常要到那园子里去。

二

现在我才想到，当年我总是独自跑到地坛去，曾经给母亲出了一个怎样的难题。

她不是那种光会疼爱儿子而不懂得理解儿子的母亲。她知道我心里的苦闷，知道不该阻止我出去走走，知道我要是老呆在家里结果会更糟，但她又担心我一个人在那荒僻的园子里整天都想些什么。我那时脾气坏到极点，经常是发了疯一样地离开家，从那园子里回来又中了魔似的什么话都不说。母亲知道有些事不宜问，便犹犹豫豫地想问而终于不敢问，因为她自己心里也没有答案。她料想我不会愿意她跟我一同去，所以她从未这样要求过，她知道得给我一点独处的时间，得有这样一段过程。她只是不知道这过程得要多久，和这过程的尽头究竟是什么。每次我要动身时，她便无言地帮我准备，帮助我上了轮椅车，看着我摇车拐出小院；这以后她会怎样，当年我不曾想过。

有一回我摇车出了小院，想起一件什么事又返身回来，看见母亲仍站在原地，还是送我走时的姿势，望着我拐出小院去的那处墙角，对我的回来竟一时没有反应。待她再次送我出门的时候，她说：“出去活动活动，去地坛看看书，我说这挺好。”许多年以后我才渐渐听出，母亲这话实际上是自我安慰，是暗自的祷告，是给我的提示，是恳求与嘱咐。只是在她猝然去世之后，我才有余暇设想。当我不在家里的那些漫长的时间，她是怎样心神不定坐卧难宁，兼着痛苦与惊恐与一个母亲最低限度的祈求。现在我可以断定，以她的聪慧和坚忍，在那些空落的白天后的黑夜，在那不眠的黑夜后的白天，她思来想去最后准是对自己说："反正我不能不让他出去，未来的日子是他自己的，如果他真的要在那园子里出了什么事，这苦难也只好我来承担。"在那段日子里——那是好几年长的一段日子，我想我一定使母亲作过了最坏的准备了，但她从来没有对我说过："你为我想想。"事实上我也真的没为她想过。那时她的儿子还太年轻，还来不及为母亲想，他被命运击昏了头，一心以为自己是世上最不幸的一个，不知道儿子的不幸在母亲那儿总是要加倍的。她有一个长到二十岁上忽然截瘫了的儿子，这是她唯一的儿子；她情愿截瘫的是自己而不是儿子，可这事无法代替；她想，只要儿子能活下去哪怕自己去死呢也行，可她又确信一个人不能仅仅是活着，儿子得有一条路走向自己的幸福；而这条路呢，没有谁能保证她的儿子终于能找到，——这样一个母亲，注定是活得最苦的母亲。

有一次与一个作家朋友聊天，我问他学写作的最初动机是什么，他想了一会说："为母亲。为了让她骄傲。"我心里一惊，良久无言。回想自己最初写小说的动机，虽不似这位朋友的那般单纯，但如他一样的愿望我也有，且一经细想，发现这愿望也在全部动机中占了很大比重。这位朋友说："我的动机太低俗了吧？"我光是摇头，心想低俗并不见得低俗，只怕是这愿望过于天真了。他又说："我那时真就是想出名，出了名让别人羡慕我母亲。"我想，他比我坦率。我想，他又比我幸福，因为他的母亲还活着。而且我想，他的母亲也比我的母亲运气好，他的母亲没有一个双腿残废的儿子。否则事情就不这么简单。

在我的头一篇小说发表的时候，在我的小说第一次获奖的那些日子里，我真是多么希望我的母亲还活着。我便又不能在家里呆了，又整天整天独自跑到地坛去，心里是没头没尾的沉郁和哀怨，走遍整个园子却怎么也想不通：母亲为什么就不能再多活两年？为什么在她儿子就快要碰撞开一条路的时候，她却忽然熬不住了？莫非她来此世上只是为了替儿子担忧，却不该分享我的一点点快乐？她匆匆离我去时才只有四十九呀！有那么一会，我甚至对世界对上帝充满了仇恨和厌恶。我在一篇题为《合欢树》的文章中写道："我坐在小公园安静的树林里，闭上眼睛，想，上帝为什么早早地召母亲回去呢？很久很久，迷迷糊糊的我听见了回答：'她心里太苦了，上帝看她受不住了，就召她回去。'我似乎得了一点安慰，睁开眼睛，看见风正从树林里穿过。"小公园，指的也是地坛。

只是到了这时候，纷纭的往事才在我眼前幻现得清晰，母亲的苦难与伟大才在我心中渗透得深彻。上帝的考虑，也许是对的。

摇着轮椅在园中慢慢走，又是雾罩的清晨，又是骄阳高悬的白昼，我只想着一件事：母亲已经不在了。在老柏树旁停下，在草地上在颓墙边停下，又是处处虫鸣的午后，又是鸟儿归巢的傍晚，我心里只默念着一句话：可是母亲已经不在了。把椅背放倒，躺下，似睡非睡挨到日没，坐起来，心神恍惚，呆呆地直坐到古祭坛上落满黑暗然后再渐渐浮起月光，心里才有点明白，母亲不能再来这园中找我了。

曾有过好多回，我在这园子里呆得太久了，母亲就来找我。她来找我又不想让我发觉，只要见我还好好地在这园子里，她就悄悄转身回去，我看见过几次她的背影。我也看见过几回她四处张望的情景，她视力不好，端着眼镜像在寻找海上的一条船，她没看见我时我已经看见她了，待我看见她也看见我了我就不去看她，过一会我再抬头看她就又看见她缓缓离去的背影。我单是无法知道有多少回她没有找到我。有一回我坐在矮树丛中，树丛很密，我看见她没有找到我；她一个人在园子里走，走过我的身旁，走过我经常呆的一些地方，步履茫然又急迫。我不知道她已经找了多久还要找多久，我不知道为什么我决意不喊她——但这绝不是小时候的捉迷藏，这也许是出于长大了的男孩子的倔犟或羞涩？但这倔强只留给我痛悔，丝毫也没有骄傲。

我真想告诫所有长大了的男孩子，千万不要跟母亲来这套倔强，羞涩就更不必，我已经懂了可我已经来不及了。

儿子想使母亲骄傲，这心情毕竟是太真实了，以致使“想出名”这一声名狼藉的念头也多少改变了一点形象。这是个复杂的问题，且不去管它了吧。随着小说获奖的激动逐日暗淡，我开始相信，至少有一点我是想错了：我用纸笔在报刊上碰撞开的一条路，并不就是母亲盼望我找到的那条路。年年月月我都到这园子里来，年年月月我都要想，母亲盼望我找到的那条路到底是什么。母亲生前没给我留下过什么隽永的哲言，或要我恪守的教诲，只是在她去世之后，她艰难的命运、坚忍的意志和毫不张扬的爱，随光阴流转，在我的印象中愈加鲜明深刻。

有一年，十月的风又翻动起安详的落叶，我在园中读书，听见两个散步的老人说：“没想到这园子有这么大。”我放下书，想，这么大一座园子，要在其中找到她的儿子，母亲走过了多少焦灼的路。多年来我头一次意识到，这园中不单是处处都有过我的车辙，有过我车辙的地方也都有过母亲的脚印。

【附】史铁生的故事

史铁生 21 岁时候双腿瘫痪。1981 年，患严重的肾病。1998 年开始做透析，他说自己“职业是生病，业余在写作”。他的著名散文《我与地坛》鼓励了无数的人，深圳中学生杨林在该文章的鼓励下，走出了车祸带来的阴影，以《生命的硬度》夺得全国作文大奖。

思考

1）在文中寻找关键句子，分析作者的思想历程如何与景物描写很好地融合在一起。

2）根据文章分析细节描写对表达感情的重要作用。

3）用自己的话描述文中“母亲”的形象。

二　早春的微笑

（法）戈蒂埃

阅读提示

戈蒂埃这首诗共分八章。诗人发挥了自己无穷的想象力，描绘了一轴春天的立体画卷。诗的结构采取动静结合、分合结合、动静与分合又交叉描绘的形式：第一章，萌春；第二章至第四章，早春的颜色；第五章，早春的声音；第六章，动态的春；第七章，探春；第八章，告别早春。诗人在《早春的微笑》中对一组组艺术画面的描绘，体现了他在诗歌创作上对“造型美”的一种追求。

当人们奔走着，气喘吁吁，
忙碌于他们的私心杂念，
三月，却在笑着，冒着阵雨，
不声不响地筹备着春天。
他偷偷地乘着夜阑人静，
为那娇小的延命菊妆梳，
他替她熨着圆圆的领巾，
又为她镂着黄金的钮扣。
他像个怕见人的理发师，

跑到葡萄园又跑到果圃，
拿着一个天鹅绒的扑子，
扑一层轻粉在杏树梢头。
大自然还躺在床上休息；
他已经下地了，走进荒园，
替玫瑰的蓓蕾整着胸衣，
衣口上锁一道绿色绒编。
他一面顺口诌出些小唱，
低声地哼着教给那山鸦，
一面把钻雪莲撒在草场，
把紫罗兰撒在树林脚下。
鹿儿机警地正饮着泉流，
他已经踏上泉边的水堇，
向铃兰伸出无形的小手，
一个个数着枝上的银铃。
他布置些红艳艳的蛇莓，
在草下，准备你将来去采，
又让你将来好遮蔽烈日，
把树草像帽子编结起来。
然后呢，他的工已经完竣，
他掌的时令，也将要移交，
他回头对着那四月之门，
叫一声："春天，你可以来了！"

思考

1）文中动与静的景象有哪些？
2）本文作者要抒发怎样的感情？
3）请仿写一段诗歌，内容自定。

三　警察与赞美诗

欧·亨利

阅读提示

《警察与赞美诗》是欧·亨利的代表作品之一。欧·亨利的作品曾被誉为"美国生活的幽默的百科全书"。幽默风趣、辛辣讽刺、构思奇特、情节曲折多变，是这篇小说的艺术特色。出人意料的结局，使读者的心情由紧张而化为轻松，进而会发出微笑，而一个决定改过向善的人却遭逮捕入狱。两种荒谬背后的深刻内容：为非作歹者无人过问，有心从善者反进牢门。这正是资本主义社会最本质的表现，主人公生活在那样的社会里，最终的结局必然是这样的。巧妙的情节安排，充分地表现了小说的主题。

索比急躁不安地躺在麦迪逊广场的长凳上，辗转反侧。每当雁群在夜空中引颈高歌，缺少海豹皮衣的女人对丈夫加倍地温存亲热，索比在街心公园的长凳上焦躁不安、翻来覆去的时候，人们就明白，冬天已近在咫尺了。

一片枯叶落在索比的大腿上，那是杰克·弗洛斯特[①]的卡片。杰克对麦迪逊广场的常住居民非常客气，每年来临之先，总要打一声招呼。在十字街头，他把名片交给“户外大厦”的信使“北风”，好让住户们有个准备。

索比意识到，该是自己下决心的时候了，马上组织单人财务委员会，以便抵御即将临近的严寒，因此，他急躁不安地在长凳上辗转反侧。

索比越冬的抱负并不算最高，他不想在地中海巡游，也不想到南方去晒令人昏睡的太阳，更没想过到维苏威海湾漂泊。他梦寐以求的只要在岛上待三个月就足够了。整整三个月，有饭吃，有床睡，还有志趣相投的伙伴，而且不受“北风”和警察的侵扰。对索比而言，这就是日思夜想的最大愿望。

多年来，好客的布莱克韦尔岛[②]的监狱一直是索比冬天的寓所。正像福气比他好的纽约人每年冬天买票去棕榈滩[③]和里维埃拉[④]一样，索比也要为一年一度逃奔岛上作些必要的安排。现在又到时候了。昨天晚上，他睡在古老广场上喷水池旁的长凳上，用三张星期日的报纸分别垫在上衣里、包着脚踝、盖住大腿，也没能抵挡住严寒的袭击。因此，在他的脑袋里，岛子的影像又即时而鲜明地浮现出来。他诅咒那些以慈善名义对城镇穷苦人所设的布施。在索比眼里，法律比救济更为宽厚。他可以去的地方不少，有市政办的、救济机关办的各式各样的组织，他都可以去混吃、混住，勉强度日，但接受施舍，对索比这样一位灵魂高傲的人来讲，是一种不可忍受的折磨。从慈善机构的手里接受任何一点好处，钱固然不必付，但你必须遭受精神上的屈辱来作为回报。正如恺撒对待布鲁图一样[⑤]，凡事有利必有弊，要睡上慈善机构的床，先得让人押去洗个澡；要吃施舍的一片面包，得先交代清楚个人的来历和隐私。因此，倒不如当个法律的座上宾还好得多。虽然法律铁面无私、照章办事，但至少不会过分地干涉正人君子的私事。

一旦决定了去岛上，索比便立即着手将它变为现实。要兑现自己的意愿，有许多简捷的途径，其中最舒服的莫过于去某家豪华餐厅大吃一餐，然后呢，承认自己身无分文，无力支付，这样便安安静静、毫不声张地被交给警察。其余的一切就该由好商量的治安推事（推事，古代官职名称）来应付了。

索比离开长凳，踱出广场，跨过百老汇大街和第五大街的交会处那片沥青铺就的平坦路面。他转向百老汇大街，在一家灯火辉煌的咖啡馆前停下脚步，在这里，每天晚上聚积着葡萄、蚕丝和原生质的最佳制品[⑥]。

索比对自己的马甲从最下一颗纽扣之上还颇有信心，他修过面，上衣也还够气派，他那整洁的黑领结是感恩节时一位教会的女士送给他的。只要他到餐桌之前不被人猜疑，成功就属于他了。他露在桌面的上半身绝不会让侍者生疑。索比想到，一只烤野鸭很对劲——再来一瓶夏布利酒[⑦]，然后是卡门贝干酪[⑧]，一小杯清咖啡和一只雪茄烟。一美元一只的雪茄就足够了。全部加起来的价钱不宜太高，以免遭到咖啡馆太过厉害的报复；然而，吃下这一餐会使他在走向冬季避难所的行程中心满意足、无忧无虑了。

可是，索比的脚刚踏进门，领班侍者的眼睛便落在了他那旧裤子和破皮鞋上。强壮迅急的手掌推了他个转身。他悄无声息地被押了出来，推上了人行道，拯救了那只险遭毒手的野鸭的可怜命运。

索比离开了百老汇大街。看起来，靠大吃一通走向垂涎三尺的岛上，这办法是行不通了。要进监狱，还得另打主意。

在第六大街的拐角处，灯火通明、陈设精巧的大玻璃橱窗内的商品尤其诱人注目。索比捡起一块鹅卵石，向玻璃窗砸去。人们从转弯处奔来，领头的就是一位巡警。索比一动不动地站在原地，两手插在裤袋里，对着黄铜纽扣微笑⑨。

“肇事的家伙跑哪儿去了？”警官气急败坏地问道。

“你不以为这事与我有关吗？”索比说，多少带点嘲讽语气，但很友好，如同他正交着桃花运呢。

警察根本没把索比看成作案对象。毁坏窗子的人绝对不会留在现场与法律的宠臣攀谈，早就溜之大吉啦。警察看到半条街外有个人正跑去赶一辆车，便挥舞着警棍追了上去。索比心里十分憎恶，只得拖着脚步，重新开始游荡。他再一次失算了。

对面街上，有一家不太招眼的餐厅，它可以填饱肚子，又花不了多少钱。它的碗具粗糙，空气混浊，汤菜淡如水，餐巾薄如绢。索比穿着那令人诅咒的鞋子和暴露身份的裤子跨进餐厅，上帝保佑，还没遭到白眼。他走到桌前坐下，吃了牛排、煎饼、炸面饼圈和馅饼。然后，他向侍者坦露真相：他和钱老爷从无交往。

“现在，快去叫警察，”索比说，“别让大爷久等。”

“用不着找警察，”侍者说，声音滑腻得如同奶油蛋糕，眼睛红得好似曼哈顿开胃酒中的樱桃。“喂，阿康！”

两个侍者干净利落地把他推倒在又冷又硬的人行道上，左耳着地。索比艰难地一点一点地从地上爬起来，好似木匠打开折尺一样，接着拍掉衣服上的尘土。被捕的愿望仅仅是美梦一个，那个岛子是太遥远了。相隔两个门面的药店前，站着一名警察，他笑了笑，便沿街走去。

索比走过五个街口之后，设法被捕的气又回来了。这一次出现的机会极为难得，他满以为十拿九稳哩。一位衣着简朴但讨人喜欢的年轻女人站在橱窗前，兴趣十足地瞪着陈列的修面杯和墨水瓶架入了迷。而两码之外，一位彪形大汉警察正靠在水龙头上，神情严肃。

索比的计划是装扮成一个下流、讨厌的“捣蛋鬼”。他的对象文雅娴静，又有一位忠于职守的警察近在眼前，这使他足以相信，警察的双手抓住他的手膀的滋味该是多么愉快呵，在岛上的小安乐窝里度过这个冬季就有了保证。

索比扶正了教会的女士送给他的领结，拉出缩进去的衬衣袖口，把帽子往后一掀，歪得几乎要落下来，侧身向那女人挨将过去。他对她送秋波，清嗓子，哼哼哈哈，嬉皮笑脸，把小流氓所干的一切卑鄙无耻的勾当表演得惟妙惟肖。他斜眼望去，看见那个警察正死死盯住他。年轻女人移开了几步，又沉醉于观赏那修面杯。索比跟过去，大胆地走近她，举了举帽子，说：“啊哈，比德莉亚，你不想去我的院子里玩玩吗？”

警察仍旧死死盯住。受人轻薄的年轻女人只需将手一招，就等于已经上路去岛上的安乐窝了。在想象中，他已经感觉到警察分局的舒适和温暖了。年轻女人转身面对着他，伸出一只手，捉住了索比的上衣袖口。

“当然啰，迈克，”她兴高采烈地说，“如果你肯破费给我买一杯啤酒的话。要不是那个警察老瞅住我，早就同你搭腔了。”

年轻女人像常青藤攀附着他这棵大橡树一样。索比从警察身边走过，心中懊丧不已。看来命中注定，他该自由。

一到拐弯处，他甩掉女伴，撒腿就跑。他一口气跑到老远的一个地方。这儿，整夜都是最明亮的灯光，最轻松的心情，最轻率的誓言和最轻快的歌剧。淑女们披着皮裘，绅士们身着大衣，在这凛冽的严寒中欢天喜地地走来走去。索比突然感到一阵恐惧，也许是某种可怕的魔法制住了他，使他免除了被捕。这念头令他心惊肉跳。但是，当他看见一个警察在灯火通明的剧院门前大模大样地巡逻时，他立刻捞到了“扰乱治安”这根救命稻草。

索比在人行道上扯开那破锣似的嗓子，像醉鬼一样胡闹。

他又跳，又吼，又叫，使尽各种伎俩来搅扰这苍穹。

警察旋转着他的警棍，扭身用背对着索比，向一位市民解释说：“这是个耶鲁小子在庆祝胜利，他们同哈特福德学院赛球，请人家吃了个大鹅蛋。声音是有点儿大，但不碍事。我们上峰有指示，让他们闹去吧。”

索比怏怏不乐地停止了白费力气的闹嚷。难道就永远没有警察对他下手吗？在他的幻梦中，那岛屿似乎成了可望而不可及的阿卡狄亚[10]了。他扣好单薄的上衣，以便抵挡刺骨的寒风。

索比看到雪茄烟店里有一位衣冠楚楚的人正对着火头点烟。那人进店时，把绸伞靠在门边。索比跨进店门，拿起绸伞，漫不经心地退了出来。点烟人匆匆追了出来。

“我的伞。”他厉声道。

“呵，是吗？”索比冷笑说；在小偷小摸之上，再加上一条侮辱罪吧。“好哇，那你为什么不叫警察呢？没错，我拿了。你的伞！为什么不叫巡警呢？拐角那儿就站着一个哩。”

绸伞的主人放慢了脚步，索比也跟着慢了下来。他有一种预感，命运会再一次同他作对。那位警察好奇地瞧着他们俩。

“当然啰，”绸伞主人说，“那是，噢，你知道有时会出现这类误会……我……要是这伞是你的，我希望你别见怪……我是今天早上在餐厅捡的……要是你认出是你的，那么……我希望你别……”

“当然是我的。”索比恶狠狠地说。

绸伞的前主人悻悻地退了开去。那位警察慌忙不迭地跑去搀扶一个身披夜礼服斗篷、头发金黄的高个子女人穿过横街，以免两条街之外驶来的街车会碰着她。

索比往东走，穿过一条因翻修弄得高低不平的街道。他怒气冲天地把绸伞猛地掷进一个坑里。他咕咕哝哝地抱怨那些头戴钢盔、手执警棍的家伙。因为他一心只想落入法网，而他们则偏偏把他当成永不出错的国王[11]。

最后，索比来到了通往东区的一条街上，这儿的灯光暗淡，嘈杂声也若有若无。他顺着街道向麦迪逊广场走去，即使他的家仅仅是公园里的一条长凳，但回家的本能还是把他带到了那儿。

可是，在一个异常幽静的转角处，索比停住了。这儿有一座古老的教堂，样子古雅，显得零乱，是带山墙的建筑。柔和的灯光透过淡紫色的玻璃窗映射出来，毫无疑问，是风琴师在练熟星期天的赞美诗。悦耳的乐声飘进索比的耳朵，吸引了他，把他粘在了螺旋形的铁栏杆上。

月亮挂在高高的夜空，光辉、静穆；行人和车辆寥寥无几；屋檐下的燕雀在睡梦中几声啁啾——这会儿有如乡村中教堂墓地的气氛。风琴师弹奏的赞美诗拨动了伏在铁栏杆上的索比的心弦，因为当他生活中拥有母爱、玫瑰、抱负、朋友以及纯洁无邪的思想和洁白的衣领时，他是非常熟悉赞美诗的。

索比的敏感心情同老教堂的潜移默化交融在一起，使他的灵魂猛然间出现了奇妙的变化。他立刻惊恐地醒悟到自己已经坠入了深渊：堕落的岁月，可耻的欲念，悲观失望，才穷智竭，动机卑鄙——这一切构成了他的全部生活。

顷刻间，这种新的思想境界令他激动万分。一股迅急而强烈的冲动鼓舞着他去迎战坎坷的人生。他要把自己拖出泥淖，他要征服那一度驾驭自己的恶魔。时间尚不晚，他还算年轻，他要再现当年的雄心壮志，并坚定不移地去实现它。管风琴的庄重而甜美音调已经在他的内心深处引起了一场革命。明天，他要去繁华的商业区找事干。有个皮货进口商一度让他当司机，明天找到他，接下这份差事。他愿意做个煊赫一时的人物。他要……

索比感到有只手按在他的胳膊上。他霍地扭过头来，只见一位警察的宽脸盘。

“你在这儿干什么呀？”警察问道。

“没干什么，”索比说。

“那就跟我来，”警察说。

第二天早晨，警察局法庭的法官宣判道：“布莱克韦尔岛，三个月。”

【释义】

①[杰克·弗洛斯特（Jack Frost）]“霜冻”的拟人化称呼。

②[布莱克韦尔岛（Blackwell）]在纽约东河上。岛上有监狱。

③[棕榈滩（palm beach）]美国佛罗里达州东南部城镇，冬令游憩胜地。

④[里维埃拉（the riviera）]南欧沿地中海一段地区，在法国的东南部和意大利的西北部，是节假日游憩胜地。

⑤[恺撒（Julius Caesar）]（公元前100—公元前44）罗马统帅、政治家，罗马的独裁者，被共和派贵族刺杀。[布鲁图（Brutus）]（公元前85—公元前42）罗马贵族派政治家，刺杀恺撒的主谋，后逃希腊，集结军队对抗安东尼和屋大维联军，因战败自杀。

⑥ 作者诙谐的说法，指美酒、华丽衣物和上流人物。

⑦[夏布利酒（Chablis）]原产于法国夏布利的一种无甜味的白葡萄酒。

⑧[卡门贝（Carmembert）干酪（cheese）]一种产于法国的软干酪。卡门贝原为法国诺曼底一村庄，因产此干酪而得名。

⑨ 指警察，因警察上衣的纽扣是黄铜制的。

⑩[阿卡狄亚（Arcadia）]原为古希腊一山区，现在伯罗奔尼撒半岛中部，以其居民过着田园牧歌式的淳朴生活而著称，现指“世外桃源”。

⑪ 英语谚语：国王不可能犯错误（King can do no wrong.）。

思考

1）深刻的对比是这篇小说的一大特色，请你在文中找出相关语句。

2）本文体现了作者怎样幽默诙谐的风格？

3）文章的中心思想是什么？

四 窦 娥 冤

关汉卿

阅读提示

《窦娥冤》全名《感天动地窦娥冤》，是元杂剧中最著名的悲剧，是关汉卿最负盛名的代表作，也是我国古代悲剧的代表作。作品通过一系列戏剧冲突的发展，塑造了一个富有中华民族传统美德的伟大的女性形象——窦娥；这个形象的灵魂，就是一个弱者的抗争精神。通过这个形象，作品控诉了元代社会的黑暗与残暴，歌颂了人民的反抗精神。

全剧第三折

[外扮监斩官上，云]

下官监斩官是也。今日处决犯人，着做公的把住巷口，休放往来人闲走。

[净扮公人，鼓三通，锣三下科，刽子磨旗、提刀、押正旦带枷上，刽子云]

行动些，行动些，监斩官去法场上多时了。

[正旦唱]

【正宫·端正好】
没来由犯王法，不提防遭刑宪，
叫声屈动地惊天。
顷刻间游魂先赴森罗殿，
怎不将天地也生埋怨。
【滚绣球】
有日月朝暮悬，
有鬼神掌著生死权。
天地也只合把清浊分辨，
可怎生糊突了盗跖颜渊？
为善的受贫穷更命短，
造恶的享富贵又寿延。
天地也，做得个怕硬欺软，
却原来也这般顺水推船。
地也，你不分好歹何为地。
天也，你错勘贤愚枉做天！
哎，只落得两泪涟涟。
[刽子云]
快行动些，误了时辰也。
[正旦唱]
【倘秀才】
则被这枷纽的我左侧右偏，
人拥的我前合后偃。
我窦娥向哥哥行有句言。
[刽子云]
你有甚么话说？
[正旦唱]
前街里去心怀恨，
后街里去死无冤，
休推辞路远。
[刽子云]
你如今到法场上面，有甚么亲眷要见的，可教他过来见你一面也好。
[正旦唱]
【叨叨令】
可怜我孤身只影无亲眷，
则落的吞声忍气空嗟怨。
[刽子云]
难道你爷娘家也没的？
[正旦云]
只有个爹爹，十三年前上朝取应去了，至今杳无音信。
[唱]
早已是十年多不睹爹爹面。

[刽子云]

你适才要我往后街里去，是什么主意?

[正旦唱]

怕则怕前街里被我婆婆见。

[刽子云]

你的性命也顾不得，怕他见怎的?

[正旦云]俺婆婆若见我披枷带锁赴法场餐刀去呵，

[唱]

枉将他气杀也么哥，

枉将他气杀也么哥。

告哥哥，

临危好与人行方便。

[卜儿哭上科，云]

天哪，兀的不是我媳妇儿!

[刽子云]

婆子靠后。

[正旦云]

既是俺婆婆来了，叫他来，待我嘱咐他几句话咱。

[刽子云]

那婆子，近前来，你媳妇要嘱咐你话哩。

[卜儿云]

孩儿，痛杀我也。

[正旦云]

婆婆，那张驴儿把毒药放在羊肚儿汤里，实指望药死了你，要霸占我为妻。不想婆婆让与他老子吃，倒把他老子药死了。我怕连累婆婆，屈招了药死公公，今日赴法场典刑。婆婆，此后遇着冬时年节，月一十五，有（瀽）不了的浆水饭，（瀽）半碗儿与我吃；烧不了的纸钱，与窦娥烧一陌儿。则是看你死的孩儿面上。

[唱]

【快活三】

念窦娥葫芦提当罪愆，

念窦娥身首不完全，

念窦娥从前已往干家缘；

婆婆也，

你只看窦娥少爷无娘面。

【鲍老儿】

念窦娥服侍婆婆这几年，

遇时节将碗凉浆奠；

你去那受刑法尸骸上烈些纸钱，

只当把你亡化的孩儿荐。

[卜儿哭科，云]

孩儿放心，这个老身都记得。天哪，兀的不痛杀我也。

[正旦唱]

婆婆也，再也不要啼啼哭哭，
烦烦恼恼，怨气冲天。
这都是我做窦娥的没时没运，
不明不暗，负屈衔冤。
[刽子做喝科，云]
兀那婆子靠后，时辰到了也。
[正旦跪科]
[刽子开枷科]
[正旦云]
窦娥告监斩大人，有一事肯依窦娥，便死而无怨。
[监斩官云]
你有什么事？你说。
[正旦云]
要一领净席，等我窦娥站立，又要丈二白练，挂在旗枪上。若是我窦娥委实冤枉，刀过处头落，一腔热血休半点儿沾在地下，都飞在白练上者。
[监斩官云]
这个就依你，打甚么不紧。
[刽子做取席科，站科，又取白练挂旗上科]
[正旦唱]
【耍孩儿】
不是我窦娥罚下这等无头愿，
委实的冤情不浅。
若没些儿灵圣与世人传，
也不见得湛湛青天。
我不要半星热血红尘洒，
都只在八尺旗枪素练悬，
等他四下里皆瞧见，
这就是咱苌弘化碧，望帝啼鹃。
[刽子云]
你还有甚的说话，此时不对监斩大人说，几时说那？
[正旦再跪科，云]
大人，如今是三伏天道，若窦娥委实冤枉，身死之后，天降三尺瑞雪，遮掩了窦娥尸首。
[监斩官云]
这等三伏天道，你便有冲天的怨气，也召不得一片雪来，可不胡说！
[正旦唱]
【二煞】
你道是暑气暄，
不是那下雪天；
岂不闻飞霜六月因邹衍？
若果有一腔怨气喷如火，
定要感得六出冰花滚似锦，
免着我尸骸现；

要什么素车白马，
断送出古陌荒阡？
[正旦再跪科，云]
大人，我窦娥死的委实冤枉，从今以后，着这楚州亢旱三年。
[监斩官云]
打嘴！那有这等说话！
[正旦唱]
【一煞】
你道是天公不可期，
人心不可怜，
不知皇天也肯从人愿。
做甚么三年不见甘霖降？
也只为东海曾经孝妇冤。
如今轮到你山阳县。
这都是官吏每无心正法，
使百姓有口难言。
[刽子做磨旗科，云]
怎么这一会儿天色阴了也？
[内做风科，刽子云]
好冷风也！
[正旦唱]
【煞尾】
浮云为我阴，
悲风为我旋，
三桩儿誓愿明题遍。
[做哭科，云]
婆婆也，直等待雪飞六月，亢旱三年呵，
[唱]
那其间才把你个屈死的冤魂这窦娥显。
[刽子做开刀，正旦倒科]
[监斩官惊云]
呀，真个下雪了，有这等异事！
[刽子云]
我也道平日杀人，满地都是鲜血，这个窦娥的血，都飞在那丈二白练上，并无半点落地，委实奇怪。
[监斩官云]
这死罪必有冤枉，早两桩儿应验了，不知亢旱三年的说话，准也不准？且看后来如何。左右，也不必等待雪晴，便与我抬他尸首，还了那蔡婆婆去罢。
[众应科，抬尸下]

➘ 思考

1）窦娥是被昏官屈判死罪的，她为何在《滚绣球》一曲中指责天地鬼神，却又在最后发下三大奇愿，要感天动地来显示冤情？

2）通过窦娥血泪的控诉，作者把窦娥悲剧的意义升华到一个怎样的高度？

3）利用课余时间欣赏戏剧表演，并谈谈观后感。

小链接

鲁迅

鲁迅（1881.9.25—1936.10.19），原名周树人，字豫山，后改为豫才，我国现代伟大的无产阶级文学家，思想家，革命家；世界十大文豪之一。发表第一篇白话小说《狂人日记》时正式用笔名——鲁迅。被誉为现代文学的一面旗帜。他的著作主要以小说、杂文为主，代表作有：小说集《呐喊》、《彷徨》、《故事新编》等，散文集《朝花夕拾》（原名《旧事重提》），诗歌集《野草》，杂文集《坟》、《热风》、《华盖集》、《华盖集续编》、《南腔北调集》、《三闲集》、《二心集》、《而已集》等。

鲁迅

鲁迅的小说、散文、诗歌、杂文共数十篇（首）被选入中、小学语文课本等，已成为家喻户晓的艺术形象小说《祝福》、《阿Q正传》、《药》等先后被改编成电影。北京、上海、广州、厦门等地先后建立了鲁迅博物馆、纪念馆等，同时他的作品被译成英、日、俄、西、法、德等50多种文字，在世界各地拥有广大的读者。

鲁迅以笔代戈、奋笔疾书，战斗一生，被誉为“民族魂”。毛泽东评价他是中华文化革命的主将。“横眉冷对千夫指，俯首甘为孺子牛”是鲁迅先生一生的写照。

欧·亨利

真实姓名：威廉·西德尼·波特（William Sydney Porter）。

笔名：欧·亨利（O.Henry）。

生卒年代：1862.9.11—1910.6.5。

誉称：美利坚合众国著名批判现实主义作家，世界三大短篇小说大师之一。曾被评论界誉为曼哈顿桂冠散文作家和美国现代短篇小说之父。

欧·亨利

他出身于美国北卡罗来纳州格林斯波罗镇一个医师家庭。

他的一生富于传奇性：当过药房学徒、牧牛人、会计员、土地局办事员、新闻记者、银行出纳员。当银行出纳员时，因银行短缺了一笔现金，为避免审讯，离家流亡中美的洪都拉斯。后因回家探视病危的妻子被捕入狱，并在监狱医务室任药剂师。他在银行工作时，曾有过写作的经历，担任监狱医务室的药剂师后开始认真写作。1901年提前获释后，迁居纽约，专门从事写作。

欧·亨利善于描写美国社会尤其是纽约百姓的生活。他的作品构思新颖，语言诙谐，结局常常出人意料；又因描写了众多的人物，富于生活情趣，被誉为“美国生活的幽默百科全书”。代表作有小说集《白菜与国王》、《四百万》、《命运之路》等。其中一些名篇如《爱的牺牲》、《警察与赞美诗》、《带家具出租的房间》、《麦琪的礼物》、《最后一片藤叶》等使他获得了世界声誉。

任务七　诵读文言文作品

任务阐述

诵读教材中的古代诗文，背诵或默写其中的名句、名段、名篇。激发学习古代诗文的兴趣，增强热爱中华民族传统文化的思想感情。

对号入座

读一读，笑一笑，想一想

★ 鲁有执长竿入城门者，初竖执之，不可入，横执之，亦不可入，计无所出。俄有老父至曰：“吾非圣人，但见事多矣，何不以锯中截而入？”遂依而截之。

★ 郑人有且置履者，先自度而置之其坐，至之市而忘操之，已得履，乃曰：“吾忘持度。”反归取之。及反，市罢，遂不得履。人曰：“何不试之以足？”曰：“宁信度，无自信也。”

★ 书生以囊萤闻于里，里人高其义，晨诣之，谢他往。里人曰：“何有囊萤读，而晨他往者？”谢曰：“无他，以捕萤往，晡且归矣。”今天下之所高，必其囊萤者，令书生白日下帷，孰诣之哉？

★ 昔有学步于邯郸者，曾未得其仿佛，又复失其故步，遂匍匐而归耳。

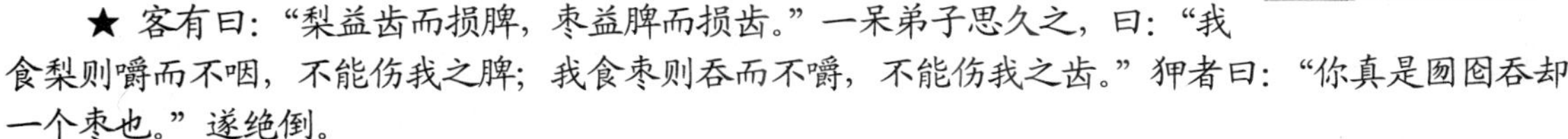

★ 客有曰：“梨益齿而损脾，枣益脾而损齿。”一呆弟子思久之，曰：“我食梨则嚼而不咽，不能伤我之脾；我食枣则吞而不嚼，不能伤我之齿。”狎者曰：“你真是囫囵吞却一个枣也。”遂绝倒。

★ 齐人有欲得金者，清旦被衣冠，往鬻金者之所，见人操金，攫而夺之。吏搏而束缚之，问曰：“人皆在焉，子攫人之金，何故？”对吏曰：“殊不见人，徒见金耳。”

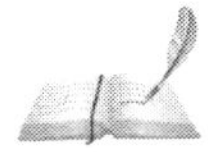

知识云梯

诵读文言文作品

一、什么是诵读

在文言文学习中，诵读尤为重要。“诵”是以声传情的表达方式，“读”则着重理解文本内容。简言之，诵读即观其文，读其声，听其音，思其义，是用有声语言转换文字语言的阅读方法。

二、如何诵读

诵读，包括朗诵、吟诵、背诵、默诵等方式，能帮助我们准确感知语言文字。诵读的关键在于：

（一）读清句读，正确停顿

在文言文中，停顿与现代汉语有所不同。总的说来，停顿可依循文言文句子的表意来设定。

1）句首语助词、关联词后面应稍加停顿。

2）古汉语多为单音字，不能简单地以现代汉语习惯诵读文言文。比如，“妻子”、“可以”等。

3）句子成分省略处应停顿。比如，“一鼓作气，再/而衰，三/而竭”。

（二）把握语气，读出气势

在诵读之前，我们要了解作者的社会背景和生活经历，正确把握诵读文本的文意，理解作者的创作意图。继而将自己放在作者的位置诵读，读出欢喜、忧伤、悲愤、不屈……

（三）掌握诵读方法

1．声读法

即用唱歌似的音调诵读作品以感受作品意蕴的阅读方法。

2．入境诵读法

即通过配乐预设诵读氛围，通过想象融入文本的阅读方法。

3．分角色诵读法

即学生担当不同的角色以理解文本情感的阅读方法。

4．绘图诵读法

即以生动图画代抽象文字的阅读方法，多适用于以山水风景为题材的文章。

范文学习

一　春江花月夜[①]

张若虚

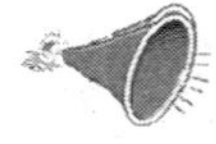

阅读提示

张若虚（约660—720），与贺知章、张旭、包融并称为“吴中四士”。《春江花月夜》是一篇脍炙人口的名作，有“以孤篇压倒全唐”之誉。

春江潮水连海平，海上明月共潮生。滟滟[②]随波千万里，何处春江无月明？江流宛转绕芳甸[③]，月照花林皆似霰。空里流霜[④]不觉飞，汀[⑤]上白沙看不见。江天一色无纤尘，皎皎空中孤月轮。江畔何人初见月？江月何年初照人？人生代代无穷已，江月年年只相似。不知江月待何人，但见长江送流水。白云一片去悠悠，青枫浦[⑥]上不胜愁。谁家今夜扁舟子？何处相思明月楼？可怜楼上月徘徊，应照离人妆镜台。玉户[⑦]帘中卷不去，捣衣砧上拂还来。此时相望不相闻，愿逐月华流照君。鸿雁长飞光不度，鱼龙潜跃水成文。昨夜闲潭梦落花，可怜春半不还家。江水流春去欲尽，江潭落月复西斜。斜月沉沉藏海雾，碣石潇湘无限路。不知乘月几人归？落花摇情[⑧]满江树。

【释义】

①《春江花月夜》是乐府《清商曲辞·吴声歌曲》旧题。

②[滟滟] 波光闪动的光彩。

③[芳甸] 遍生花草的原野。

④[流霜] 古人以为霜和雪一样，是从空中落下来的，所以叫流霜。这里比喻月光皎洁，所以不觉得有霜霰飞扬。

⑤[汀] 水中的空地。

⑥[青枫浦] 地名，今湖南浏阳县境内有青枫浦。这里泛指游子所在的地方。

⑦[玉户] 形容楼阁华丽，以玉石镶嵌。

⑧[摇情] 激荡情思，犹言牵情。

思考

1）通过查字典的方式掌握文中生字新词的读音和释义。

2）为什么说月光是整首诗的灵魂？你的观点是什么？

3）你怎样理解“人生代代无穷已，江月年年望相似。不知江月待何人，但见长江送流水”？

4）试着跟随音乐诵读全诗。

二 琵琶行[①]

白居易

阅读提示

白居易（772—846），字乐天，号香山居士。他积极倡导新乐府运动，主张“文章合为时而著，歌诗合为事而作”。《琵琶行》作于他贬官到江州的第二年。

元和十年，予左迁[②]九江郡司马。明年秋，送客湓浦口，闻舟中夜弹琵琶者，听其音，铮铮然有京都声[③]。问其人，本长安倡女[④]，尝学琵琶于穆、曹二善才，年长色衰，委身为贾人妇。遂命酒，使快弹数曲。曲罢悯然，自叙少小时欢乐事，今漂沦憔悴，转徙于江湖间。予出官[⑤]二年，恬然自安，感斯人言，是夕始觉有迁谪意。因为长句，歌以赠之，凡六百一十六言，命曰《琵琶行》。

浔阳江头夜送客，枫叶荻花秋瑟瑟[⑥]。主人下马客在船，举酒欲饮无管弦。醉不成欢惨将别，别时茫茫江浸月。

忽闻水上琵琶声，主人忘归客不发。寻声暗问弹者谁，琵琶声停欲语迟。移船相近邀相见，添酒回灯重开宴。千呼万唤始出来，犹抱琵琶半遮面。转轴拨弦三两声，未成曲调先有情。弦弦掩抑声声思，似诉平生不得志。低眉信手续续弹，说尽心中无限事。轻拢慢捻抹复挑，初为《霓裳》后《六幺》。大弦嘈嘈如急雨，小弦切切如私语[⑦]。嘈嘈切切错杂弹，大珠小珠落玉盘。间关莺语花底滑，幽咽泉流冰下难[⑧]。冰泉冷涩弦凝绝，凝绝不通声暂歇。别有幽愁暗恨生，此时无声胜有声。银瓶乍破水浆迸，铁骑突出刀枪鸣。曲终收拨当心画，四弦一声如裂帛。东船西舫悄无言，唯见江心秋月白。

沉吟放拨插弦中，整顿衣裳起敛容。自言本是京城女，家在虾蟆陵[⑨]下住。十三学得琵琶成，名属教坊[⑩]第一部。曲罢曾教善才[⑪]服，妆成每被秋娘妒。五陵年少争缠头，一曲红绡不知数。钿头银篦[⑫]击节碎，血色罗裙翻酒污。今年欢笑复明年，秋月春风等闲度。弟走从军阿姨死，暮去朝来颜色故。门前冷落鞍马稀，老大嫁作商人妇。商人重利轻别离，前月浮梁[⑬]买茶去。去来江口守空船，绕船月明江水寒。夜深忽梦少年事，梦啼妆泪红阑干[⑭]。

我闻琵琶已叹息，又闻此语重唧唧。同是天涯沦落人，相逢何必曾相识！我从去年辞帝京，谪居卧病浔阳城。浔阳地僻无音乐，终岁不闻丝竹声。住近湓江地低湿，黄芦苦竹绕宅生。其间旦暮闻何物？杜鹃啼血猿哀鸣。春江花朝秋月夜，往往取酒还独倾。岂无山歌与村笛，呕哑嘲哳难为听。今夜闻君琵琶语，如听仙乐耳暂明。莫辞更坐弹一曲，为君翻作《琵琶行》。

感我此言良久立，却坐促弦弦转急。凄凄不似向前声，满座重闻皆掩泣。座中泣下谁最多？江州司马青衫⑮湿。

【释义】

①《琵琶行》原作《琵琶引》。行，又叫“歌行”，源于汉魏乐府，是其名曲之一。篇幅较长，句式灵活，平仄不拘，用韵富于变化，可多次换韵。

②[左迁] 贬官，降职。白居易任谏官时，因为屡次上书批评朝政，触怒了皇帝，被贬为江州司马。

③[京都声] 指唐代京城长安流行的乐曲声调。

④[倡女] 歌女。倡，古时歌舞艺人。

⑤[出官]（京官）外调。

⑥[浔阳江] 即流经浔阳境内的长江。[瑟瑟]形容枫树、芦荻被秋风吹动的声音。

⑦[大弦] 指最粗的弦。[小弦]指最细的弦。[嘈嘈]沉重舒长。[切切]细促轻幽。

⑧[间关] 莺语流滑叫“间关”。[幽咽]遏塞不畅状。[冰下难]泉流冰下阻塞难通，形容乐声由流畅变为冷涩。

⑨[虾蟆陵] 在长安城东南，曲江附近，是当时有名的游乐地区。

⑩[教坊] 唐代官办管领音乐杂技、教练歌舞的机关。

⑪[善才] 又作“善财”，唐代对乐师的通称，是“能手”的意思。

⑫[钿头银篦] 镶嵌着花钿的发篦（栉发具）。[击节]打拍子。

⑬[浮梁] 古县名，唐属饶州。在今江西省景德镇市。

⑭[梦啼妆泪] 梦中啼哭，搽过脂粉的脸上带着泪痕。[阑干]纵横错乱的样子。

⑮[青衫] 唐朝八品、九品文官的服色。

思考

1）通过查字典的方式掌握文中生字新词的读音和释义。

2）“同是天涯沦落人，相逢何必曾相识”表达了怎样的思想感情？

3）诵读本诗你最喜欢的部分。

三 将[①] 进 酒

李白

阅读提示

李白（701—762），字太白，号青莲居士，是继屈原后盛唐浪漫主义诗歌的代表人物。

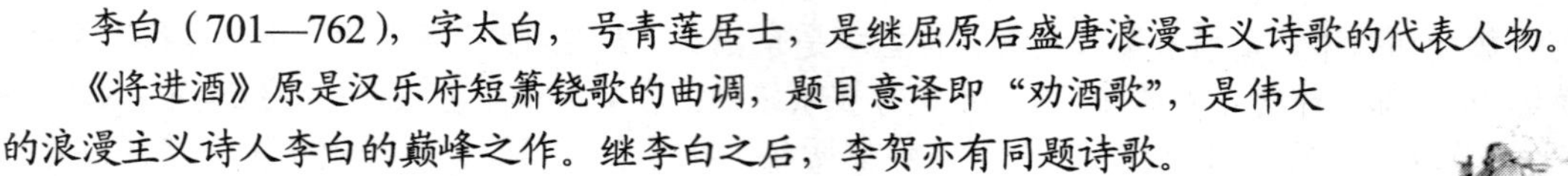

《将进酒》原是汉乐府短箫铙歌的曲调，题目意译即“劝酒歌”，是伟大的浪漫主义诗人李白的巅峰之作。继李白之后，李贺亦有同题诗歌。

君不见黄河之水天上来，奔流到海不复回。君不见高堂明镜悲白发，朝如青丝暮成雪。人生得意须尽欢，莫使金樽空对月。天生我材必有用，千金散尽还复来。烹羊宰牛且为乐，会须[②]一饮三百杯。

岑夫子[③]，丹丘生[④]，将进酒，杯莫停。与君歌一曲，请君为我倾耳听。钟鼓馔玉[⑤]不足贵，但愿长醉不复醒。古来圣贤皆寂寞，惟有饮者留其名。陈王昔时宴平乐，斗酒十千恣欢谑。主人何为言少钱，径须沽[⑥]取对君酌。五花马，千金裘，呼儿将出换美酒，与尔同销万古愁。

【释义】

① [将] 读 qiāng，意思为请。

② [会须] 正应当。

③ [岑夫子] 指岑勋，李白之友。夫子是尊称。

④ [丹丘生] 元丹丘，李白好友。生是对平辈朋友的称呼。

⑤ [钟鼓馔玉] 泛指豪门贵族的奢华生活。[钟鼓]指富贵人家宴会时用的乐器。[馔（zhuàn）玉]精美的饭食。

⑥ [沽] 通“酤”，意为买。

思考

1）找找诗歌中运用的起兴、夸张手法。

2）说说你对“天生我材必有用，千金散尽还复来”的看法。

3）诵读本诗。

四 桃花源记

陶渊明

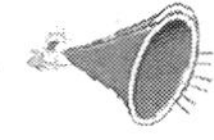

阅读提示

陶渊明（约 365—427），字元亮，晚年更名潜。《桃花源记》是陶渊明的代表作之一，约作于南朝刘裕弑君篡位的第二年。

晋太元中，武陵[①]人捕鱼为业。缘溪行，忘路之远近。忽逢桃花林，夹岸数百步，中无杂树，芳草鲜美，落英缤纷。渔人甚异之。复前行，欲穷其林。

林尽水源[②]，便得一山，山有小口，仿佛若有光。便舍船，从口入。初极狭，才通人。复行数十步，豁然开朗。土地平旷，屋舍俨然，有良田美池桑竹之属，阡陌交通[③]，鸡犬相闻[④]。其中往来种作，男女衣着，悉如外人。黄发垂髫，并怡然自乐。

见渔人，乃大惊，问所从来。具答之。便要[⑤]还家，设酒杀鸡作食。村中闻有此人，咸来问讯。自云先世避秦时乱，率妻子邑人，来此绝境，不复出焉，遂与外人间隔。问今是何世，乃不知有汉，无论魏晋。此人一一为具言[⑥]所闻，皆叹惋。余人各复延至其家，皆出酒食。停数日辞去，此中人语云：“不足为外人道也。”

既出，得其船，便扶向路，处处志之。及郡下，诣太守，说如此。太守即遣人随其往，寻向所志，遂迷，不复得路。

南阳刘子骥[⑦]，高尚士也，闻之，欣然规[⑧]往。未果，寻病终。后遂无问津[⑨]者。

【释义】

① [武陵] 郡名。今湖南省常德市。

② [林尽水源] 林尽于水源，意思是桃林在溪水发源的地方就到头了。

③ [阡陌交通] 田间小路，交错相通。南北小路叫阡，东西小路叫陌。交通，互相通达。

④ [鸡犬相闻]（村落间）能互相听见鸡鸣狗叫的声音。[相闻]可以互相听到。

⑤ [要（yāo）] 通“邀”，邀请。

⑥ [为具言] 为（桃花源中的人）详细地说出。

⑦ [刘子骥] 名骥之，字子骥，东晋南阳（今河南南阳）人。《晋书·隐逸传》里说他“好游山泽”。

⑧ [规] 计划，打算。

⑨ [问津] 问（通往桃花源的）路，文中指探访访求。

➘ 思考

1）陶渊明在文中寄托了一种怎样的社会理想？

2）试用自己的语言描绘桃花源的景色。

3）诵读本篇。

小链接

中国历代名句摘选

1）关关雎鸠，在河之洲。窈窕淑女，君子好逑。

2）昔我往矣，杨柳依依；今我来思，雨雪霏霏。

3）天行健，君子以自强不息。

4）玉不琢，不成器；人不学，不知道。

5）言必行，行必果。

6）工欲善其事，必先利其器。

7）君子之交淡若水，小人之交甘若醴。

8）锲而舍之，朽木不折；锲而不舍，金石可镂。

9）不积跬步，无以至千里；不积小流，无以成江海。

10）非淡泊无以明志，非宁静无以致远。

11）失之东隅，收之桑榆。

12）落霞与孤鹜齐飞，秋水共长天一色。

13）清水出芙蓉，天然去雕饰。

14）业精于勤荒于嬉，行成于思毁于随。

15）身无彩凤双飞翼，心有灵犀一点通。

16）问君能有几多愁？恰似一江春水向东流。

17）无可奈何花落去，似曾相识燕归来。

18）纸上得来终觉浅，绝知此事要躬行。

19）众里寻他千百度，蓦然回首，那人却在灯火阑珊处。

20）常将有日思无日，莫待无时思有时。

21）野旷天低树，江清月近人。

22）余霞散成绮，澄江静如练。

23）气蒸云梦泽，波撼岳阳城。

24）水光潋滟晴方好，山色空蒙雨亦奇。

25）柴门闻犬吠，风雪夜归人。

26）等闲识得东风面，万紫千红总是春。

27）疏影横斜水清浅，暗香浮动月黄昏。

28）蝉噪林逾静，鸟鸣山更幽。

29）晴空一鹤排云上，便引诗情到碧宵。

让人目眩的文言文

于瑜与余欲渔遇雨

于瑜欲渔，遇余于寓。语余：“余欲渔于渝淤，与余渔渝欤？”余语于瑜：“余欲鬻玉，俞禹欲玉，余欲遇俞于俞寓。”余与于瑜遇俞禹于俞寓，逾俞隅，欲鬻玉于俞，遇雨，雨逾俞宇。余语于瑜：“余欲渔于渝淤，遇雨俞寓，雨逾俞宇，欲渔欤？鬻玉欤？”

于瑜与余御雨于俞寓，俞鬻玉于余禹，雨愈，余与于瑜踽踽逾俞宇，渔于渝淤。

任务八　欣赏广告作品

任务阐述

了解广告的基本知识，掌握欣赏广告作品的基本方法，能对实际生活中见到的广告作出评价。

对号入座

读一读，笑一笑，改一改

广告词对白

一学生爬墙出校，被校长抓到了，校长问：为什么不从校门走？答曰：美特斯邦威，不走寻常路。

校长又问：这么高的墙怎么翻过去的啊？他指了指裤子说：李宁，一切皆有可能。

校长再问：翻墙是什么感觉？他指了指鞋子说：特步，飞一般的感觉。

第二天他从正门进学校。

校长问：怎么不翻墙了？他说：安踏，我选择，我喜欢。

第三天他穿混混装。

校长说：不能穿混混装！他说：穿什么就是什么，森马服饰。

第四天他穿背心上学。

校长说：不能穿背心上学。他说：男人，简单就好，爱登堡服饰。

校长说：我要记你大过。他说：为什么？

校长说：动感地带，我的地盘我做主。

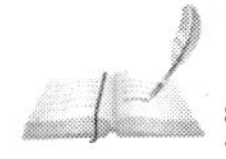

知识云梯

欣赏广告作品

一、广告的概念

广告顾名思义就是广而告之的意思！

广告是为了某种特定的需要，通过一定形式的媒体，并消耗一定的费用，公开而广泛地向公众传递信息的宣传手段。

广告一词，据考证为外来语。它首先源于拉丁文 Advertere，其意思是吸引人注意。中古英语时代（约公元 1300—1475 年），演变为 Advertise，其含义衍化为“使某人注意到某件事”，或“通知别人某件事，以引起他人的注意”。直到 17 世纪末，英国开始进行大规模的商业活动。这时，广告一词便广泛地流行并被使用。此时的“广告”，已不单指一则广告，而指一系列的广告活动。静止的物的概念的名词 Advertise，被赋予现代意义，转化成为“Advertising”。

广告有广义和狭义之分。广义广告包括非经济广告和经济广告。非经济广告是指不以盈利为目的的广告，如政府行政部门、社会事业单位乃至个人的各种公告、启事、声明等。狭义广告仅指经济广告，又称商业广告，是指以盈利为目的的广告，通常是商品生产者、经营者和消费者之间沟通信息的重要手段，或企业占领市场、推销产品、提供劳务的重要形式。

二、广告的特点

广告不同于一般大众传播和宣传活动，主要表现在：

1）广告是一种传播工具，是将某一项商品的信息，由这项商品的生产或经营机构（广告主）传送给一群用户和消费者。

2）做广告需要付费。

3）广告进行的传播活动是带有说服性的。

4）广告是有目的、有计划的，是连续的。

5）广告不仅对广告主有利，而且对目标对象也有好处，它可使用户和消费者得到有用的信息。

三、广告的要素

广告的要素有：广告主、广告公司、广告媒体、广告信息、广告思想和技巧、广告受众及广告费用。

四、广告的分类

由于分类的标准不同，看待问题的角度各异，导致广告的种类很多。

1. 以传播媒介为标准

广告以传播媒介不同，分为报纸广告、杂志广告、电视广告、电影广告、网络广告、包装广告、广播广告、招贴广告、POP 广告、交通广告、直邮广告。

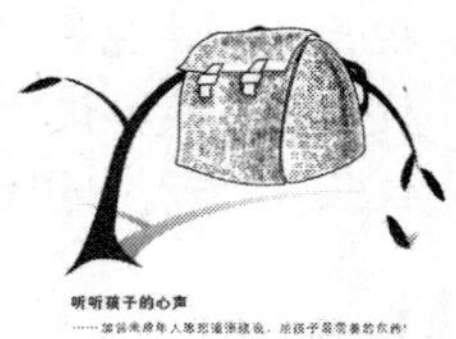

随着新媒介的不断增加，依媒介划分的广告种类也会越来越多。

2. 以广告目的为标准

广告以广告目的不同，分为产品广告、企业广告、品牌广告、观念广告、公益广告。

3. 以广告传播范围为标准

广告以其传播范围不同，分为国际性广告、全国性广告、地方性广告、区域性广告。

4. 以广告传播对象为标准

广告以其传播对象不同，可分为消费者广告、企业广告。

5. 以广告主为标准

广告以广告主不同，可分为一般广告、零售广告。

五、广告的主要形式

通过报刊、广播、电视、电影、路牌、橱窗、印刷品、霓虹灯等媒介或者形式，在中华人民共和国境内刊播、设置、张贴广告。具体包括：

1）利用报纸、期刊、图书、名录等刊登广告。

2）利用广播、电视、电影、录像、幻灯等播映广告。

3）利用街道、广场、机场、车站、码头等建筑物或空间设置路牌、霓虹灯、电子显示牌、橱窗、灯箱、墙壁等广告。

4）利用影剧院、体育场（馆）、文化馆、展览馆、宾馆、饭店、游乐场、商场等场所内外设置、张贴广告。

5）利用车、船、飞机等交通工具设置、绘制、张贴广告。

6）通过邮局邮寄各类广告宣传品。

7）利用馈赠实物进行广告宣传。

8）利用网络 Email、BANNER 等进行广告宣传。

9）利用其他媒介和形式刊播、设置、张贴广告。

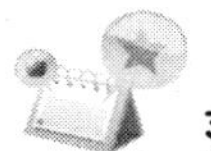

范文学习

一　广 告 赏 析

阅读提示

赏析下列广告，学习其独特的创意。

1）公益广告。香烟杀人比海洛因和可卡因加起来还多。

点评：海洛因和可卡因拼起来的香烟形状，让文案里的那句话深入人心。

2）公益广告。省水人性化。

点评：将抽水马桶人性化，既贴近生活，又给人留下深刻的印象。

3）公益广告。禁止开车时打手机。

点评：画面用手机作为元素替换轿车，画面的张力以及稳重的色调，起到很好的警示作用。

4）奔驰汽车：小园丁的梦想。

小男孩一早醒来，就迫不及待地搬出园艺工具，在屋前的小花园里挖了一个坑，将自己心爱的奔驰车车模丢进坑里，然后埋土、浇水。想到不久之后，这颗“种子”就能长成一辆和大人开的一模一样的“大奔”，小男孩不禁喜上心头……

点评：用充满童趣的剧情表现男孩对奔驰车的渴望，让成年人莞尔之余，还成功俘获了下一代消费者的芳心。

二　广告语赏析

阅读提示

赏析下列广告语，学习如何围绕商品的特点进行设计。

1）雀巢咖啡：味道好极了。

点评：这是人们最熟悉的一句广告语，也是人们最喜欢的广告语，简单而又意味深远，朗朗上口。因为发自内心的感受可以脱口而出，正是其经典之所在。以至于雀巢以重金在全球征集新广告语时，发现没有一句比这句话更经典，所以就永久地保留了它。

2）麦氏咖啡：滴滴香浓，意犹未尽。

点评：作为全球第二大咖啡品牌，麦氏的广告语堪称语言的经典。与雀巢不同，麦氏的感觉体验更胜一筹，虽然不如雀巢那么直白，但却符合品咖啡时的那种意境，同时又把麦氏咖啡的那种醇香与内心的感受紧紧结合起来，同样经得起考验。

3）M&M 巧克力：只溶在口，不溶在手。

点评：这是著名广告大师伯恩巴克的灵感之作，堪称经典，流传至今。它既反映了 M&M 巧克力糖衣包装独特的销售卖点，又暗示 M&M 巧克力口味好，以至于我们不愿意使巧克力在手上停留片刻。

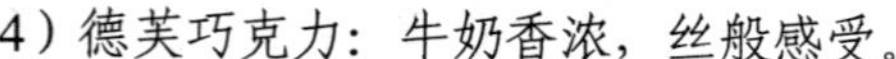

4）德芙巧克力：牛奶香浓，丝般感受。

点评：之所以够得上经典，在于那个“丝般感受”的心理体验。能够把巧克力细腻滑润的感觉用丝绸来形容，意境够高远，想象够丰富。充分利用通感，把语言的力量发挥到极致。

5）百事可乐：新一代的选择。

点评：在与可口可乐的竞争中，百事可乐终于找到突破口，它们从年轻人身上发现市场，把自己定位为新生代的可乐，邀请新生代喜欢的超级歌星作为自己的品牌代言人，终于赢得青年人的青睐。一句广告语明确地传达了品牌的定位，创造了一个市场，这句广告语居功至伟。

6）可口可乐：永远的可口可乐，独一无二好味道。

点评：在碳酸饮料市场上，可口可乐总是一副舍我其谁的姿态，似乎可乐就是可口。虽然可口可乐的广告语每几年就要换一次，而且也流传下来不少可以算得上经典的主题广告语，但还是这句用的时间最长，最能代表可口可乐的精神内涵。

7）戴比尔斯钻石：钻石恒久远，一颗永流传。

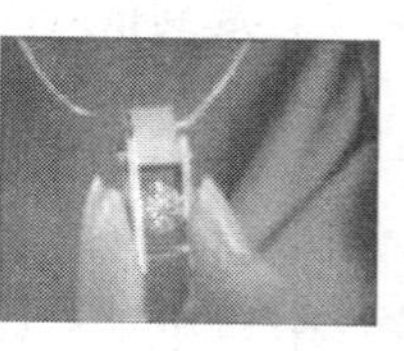

点评：事实证明，经典的广告语总是丰富的内涵和优美的语句的结合体，戴比尔斯钻石的这句广告语，不仅道出了钻石的真正价值，而且也从另一个层面把爱情的价值提升到足够的高度，使人们很容易把钻石与爱情联系起来，这的确是最美妙的感觉。

8）人头马 XO：人头马一开，好事自然来。

点评：尊贵的人头马非一般人能享受得起，因此喝人头马 XO 一定会有一些不同的感觉，于是人头马给你一个希望：只要喝人头马，就会有好事等着到来。有了这样吉利的“占卜”，谁不愿意喝人头马呢？

小链接

中国广告之最

中国最早的广告记载出现于战国时代韩国韩非子的《外储说右上》。

中国最早对“口头广告”的记载出现于南宋孟元春的《东京梦华录》中。

中国现存最早的实物广告是宋代“济南刘家工夫针铺”的“白兔捣药”针的广告牌。

中国现存最早的印刷广告的铜板是宋代“济南刘家工夫针铺”的“白兔捣药”针的广告牌。

中国现存最早的广告语是“收买上等钢条，夷做工夫针”“不误宪院使用，客转兴贩”（宋代“济南刘家工夫针铺”的“白兔捣药”针广告）。

中国现存最早有广告的报纸是 1872 年 4 月 30 日创刊于上海的《申报》，当时以油光纸铅字排印。

中国现存最早的报纸广告是《申报》上的“全泰盛信局启，衡隆洋货号启，缦云阁启”，上海图书馆收藏。

中国现存最早的报纸广告价格是每 50 字第一天 250 文铜钱（作价 2 角 5 分），第二天至第七天 1 角 5 分，第 8 天 1 角 3 分 5。

中国最早的印刷广告出现在 1904 年的《东方杂志》中。

中国最早的“广告”一词出现在 1906 年的《政治官报章程》中。

中国最早的车身广告出现在 1908 年上海第一条有轨电车上。

中国最早的广告公司是上海广告装潢广告公司。

中国最早的橱窗广告出现在 1920 年，名为“勒吐精”牌奶粉。

中国最早的户外霓虹灯广告出现在 1927 年上海大世界屋顶，名为“白令机”广告。

中国最早的承接外贸广告的公司是 1961 年成立的上海广告公司。

中国最早刊登广告的报纸是《天津日报》。

新中国最早的报纸广告是 1979 年 1 月 4 日（星期四）天津牙膏厂的“蓝天”高级牙膏广告。

中国最早的国内影视广告是上海电视台于 1979 年 1 月 28 日下午 15:30 为上海药材公司制作的名为“参桂养容酒”的广告。

中国最早的外商影视广告是 1979 年 3 月 15 日下午 18:00 上海电视台播放的名为“雷达表”的广告。

中国最早的公益广告是 1987 年的《别挤了》。

中国最早在国外发布的户外广告牌是 1994 年设在美国纽约时代广场的“三九胃泰”广告。

中国最早获得基奥广告节平面设计银奖的是 1995 年 5 月 12 日在第 36 届基奥广告节，广州白马广告为深圳微缩景观锦绣中华创作的宣传册——《家，中国人的故事》。

中国最早获纽约广告节银奖的是 1997 年 1 月 31 日梅高广告策划公司为桂林天和制药创作的《天和骨通广告营销策划案》。

中国最早公认的广告界唯一的政府奖是公益广告奖（1997 年）。

中国最早获“终身成就奖”的广告人是上海的徐百益（1997 年）。

中国最早获瑞士蒙特利尔国际广告节金奖的影视广告是 1998 年 10 月浙江华林广告公司为浙江信联轧钢创作的影视广告《浙江信联轧钢》。

中国最早获美国权威杂志《广告时代》(《Advertising Age》)最佳广告奖影视金奖的是1999年广州泓一广告公司为海南航空创作的，苏夏导演的影视广告《云篇》。

中国最早获纽约广告节全球奖的是 2000 年苏夏创意并导演的广告片《宫颈康药栓——“Penis/Sperm”篇》。

中国最早获莫比广告奖（电信·网络类）影视金奖的是 2000 年 3 月，阳狮·恒威广告公司为广东移动通信创作的影视广告《牵手篇》。

中国最早出现一批广告方向专业博士生的时间是2000年。

中国最早的广告管理收费办法是1979年上海电视台制订的第一份广告管理收费办法。

中国最早的广播广告是1979年3月5日上海人民广播电台播放的“春蕾药性发乳”广告。

中国最早统一的《广告价目表》是1979年10月上海举行的全国部分地区广告业务第一次交流会制订的《广告价目表》。

中国第一本专业性的广告杂志是1982年在上海创刊并出版的《中国广告》杂志。

中国第一个向受众付费的新媒体广告平台是乐贝卡。

（以上内容选自百度，其中部分内容有改动。）

拓 展 模 块

☆ 任务一　理解和使用成语

☆ 任务二　进一步掌握阅读方法

☆ 任务三　提高阅读理解的能力

☆ 任务四　欣赏四种文学样式的方法

☆ 任务五　欣赏文言文作品

☆ 任务六　欣赏动漫作品

任务一 理解和使用成语

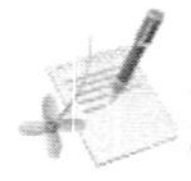

任务阐述

正确理解和使用成语。

对号入座

读一读，笑一笑，改一改

我的家有爸爸妈妈和我三个人，每天早上一出门，我们三人就分道扬镳，各奔前程，晚上双双殊途同归。爸爸是建筑师，每天在工地上指手画脚；妈妈是售货员，每天在商店里来者不拒；我是学生，每天在教室里呆若木鸡。我们家三个成员臭味相投。但我的成绩不好的时候，爸爸也同室操戈，心狠手辣地揍得我五体投地，妈妈在一旁袖手旁观，从不见义勇为。

知识云梯

理解和使用成语

一、什么是成语

成语是汉语中为人们熟识并广泛使用很久的词组或短句，一般为四字，数量繁多，历史悠久，语言凝练、音韵和谐，能大大增强语言表现力和感染力，例如“空中楼阁”、“鼎鼎大名”、“青出于蓝”等。少于四字的成语有“敲门砖”、“莫须有”、“想当然”等，多于四个字的有“桃李满天下”、“真金不怕火炼”、“心有余而力不足”、“江山易改，本性难移”、“只许州官放火，不许百姓点灯”等，在成语中都占绝对少数。

二、成语的特点

成语是一种相沿习用的特殊的固定词组，从内容和形式上看，有三个基本特点：结构的稳定性、语音的整齐性、意义的整体性。成语来源非常广泛。

1. 神话寓言

精卫填海（《山海经》）、揠苗助长（《孟子》）、塞翁失马（《淮南子》）、愚公移山（《列子》）、火中取栗（法国《猴子与猫》）。

2. 历史故事

四面楚歌（《史记》）、风声鹤唳（《晋书》）、请君入瓮（《资治通鉴》）。

3．诗文语句

学而不厌（《论语》）、困兽犹斗（《左传》）、百废待兴（《岳阳楼记》）、老骥伏枥（《步出夏门行》）。

4．口头俗语

狼子野心、众志成城、千夫所指、坐吃山空、张冠李戴、好事多磨、一干二净、说东道西、指手画脚、战天斗地、摸爬滚打。

三、成语的作用

1．言简意赅

成语是经过提炼加工的语言精粹，虽然一般只有四个字，却含义丰富，内容精辟。如：

“既要反对闭关自守、盲目排外，又要反对奴颜婢膝、卑躬屈节。……不要冷淡回避，也不要围观尾随，应自觉做到：热情友好，平等相待，文明礼貌，不卑不亢。”（《中共中央关于同外宾接触中要维护国家荣誉和民族尊严的通知》）

这里多处运用成语，并与其他四言语句巧妙配合，以简约的语言阐明了接触外宾的基本原则。

2．生动形象

由于许多成语本身就是借助比喻、夸张等手法创造出来的，因此，运用起来能给人一种生动形象的感觉。如：不说某事物、现象消失得干干净净，而说它“烟消云散”；不说市面非常热闹，而说“车水马龙”；不说某人因有顾虑而不敢开口说话，而说他“噤若寒蝉”；不说某人精神恍惚，而说他“神魂颠倒”……大大增强了语言的形象性和感染力。

3．音节和谐

成语多为四字格，运用得好，可使行文整齐，增加语句的节奏感。如：

“每一分钟都是极为宝贵的，决不允许在困难面前畏首畏脚，顾虑重重，犹豫不决，踌躇不前，而丧失了时机。”（彭涛《我们要在化学工业上同一切资本主义国家较量较量》）

这里采取了成语的连用，读起来不仅语意上相得益彰，语气上流畅顺达，而且语音上匀称和谐，节奏明快。

四、正确使用成语

构成成语的各个成分相互之间结合得十分紧密，是一种定型结构，不可随意变动，既不能任意更换或增减某些部分，也不能任意改动词序。

1）成语的结构稳定，它的音、形、义也是相当固定的。

譬如：“心广体胖”的“胖”，只能读 pán，而不能读 pàng，因为它是安泰舒适的意思。

“自怨自艾”的“艾”只能读 yì，而不能读 ài，因为它是治理、惩治的意思。

“闻鸡起舞”的“舞”只能指舞剑，而不是指跳舞。

“不名一文”的“名”只能是占有的意思。

“刻舟求剑”不能说成“刻船求剑”，“任重道远”不能说成“任重且道远”，“手忙脚乱”不能说成“手脚忙乱”，“胡思乱想”不能说成“胡乱思想”或“乱思胡想”。

2）不少成语有特定的含义，不能随意解释，不少还带有典故性，所以，许多成语的含义必须透过字面意义，从整体上加以深入理解，不能不分场合随意乱用。

如：“阳春白雪”指的不是“有太阳的春天的白雪”，而是指“高雅的文艺作品”。

“破釜沉舟”的实际含义不是“砸破饭锅沉下船底”，而是“下定决心干到底”。

“水落石出”在古典作品中是描写冬天的景色，而现在却用来表示事情“终于真相大白”。

“文不加点”，形容写文章很快，不用涂改就写成（“点”即涂上一点，表示删去），绝不是写文章不加标点符号。

“七步之才”指很有才华，绝不是才华很低。

“江郎才尽”，是指本来有才而后“尽”了，不能用于本来就无才的人。

“豆蔻年华”只能用于形容十几岁的少女，而不能形容其他人。

“学富五车”，形容读书多，学问大；而“汗牛充栋”只是形容书籍多，并不表明学问大。

“美轮美奂”，形容高大华美，一般多用于称赞房屋而不能用于化妆品。

3）成语同其他词语一样，也有感情色彩，语体色彩。

譬如，“无微不至”是褒义的，“无所不至”、“无所不为”是贬义的；“东山再起”是中性的，“死灰复燃”是贬义的。“杀一儆百”是书面语体的，“杀鸡吓猴”是口头语体的。

范文学习

一 绿色的手

曾令鹏

阅读提示

这是一篇电视散文，以深情优美的文字表达了对人民子弟兵的感激。请仔细朗诵，体味词句的韵律。

江水虽已流过了岁月的沧桑，而昨日的故事却依然还在人们心中回荡……

沙滩上我拾起一片小小的贝壳，仿佛又看到了昔日洪魔肆虐的可怕而又悲惨的情境，以及生命的长河中闪烁的那些灿烂的星辰。

夕阳烧红了长堤的芳草，也烧红了我的思绪。漫步在这十里长堤外的江滩，卷卷潮汐在我的脚下拍打着。为了寻找昨日那些不能忘怀的记忆，重新体验一次那由生而死、由死而生的人生，只是为了完成一种内心的使命，为那生命与爱的乐章构筑那找寻已久的主题……

那是一个月黑风高的夜晚，人们早已沉入梦乡，骤然狂风暴雨夹着闪电猛烈袭来，滔天的洪水有如张开血盆大口的猛兽，吞噬着一片片良田，一座座村庄……多少无望的生命在黑色的漩涡里沉浮，如同一片片无舵的小舟在险波恶浪中跌宕漂流……

蓦然之间，一只手伸了过来，紧接着，无数只手一起伸了过来，于是，那只绿色的手便托起了一个生命；那许多绿色的手，挽起了一群生命……

“孩子，快，快抱住那棵树，千万别松手！”“有人吗？还有人吗？我们救你们来了。请你们挥挥手。”“我来了，我来了，快抓住我的手！快抓住我的手！”“老乡，别害怕，快伸出你的手！”

啊，在这如血的残阳里，我拾起了熠熠烁烁而又斑斓的记忆，有几个音符总在我的脑海里跳跃着，我继续寻找着……于是我忽然想起了那只手，那只搭救过很多人性命的手，那不期而遇的短暂的生命与生命的相托，竟是在不相识之际，即使是在寻找相逢，彼此也无法记起那瞬间留给的模糊印象。然而，那绿色，那刻骨铭心的橄榄般的绿色，却是永远也抹不去的。

我尽力去理解那举向天空的绿色的手，所默然承受与负荷的寄望与责任，以便将它化为我那乐章中一段华彩的旋律。

人们说，音乐是情感的奉献。然而，那奉献情感的何止是音乐，还有那只手，那只绿色的手。啊，此时，我忽然领悟到，那只绿色的手不就是最美的音乐吗？于是，我便用心将那只手紧紧地抓住，用它来构筑音乐的长堤！成为我爱的交响中那一根根的地桩，一块块的基石，一垒垒的沙包，一筐筐的泥土……

那托起过无数生命的手，仿佛举着太阳向我的乐思涌而来！那挽狂澜于既倒、救生死于危难的手，推进的不正是一部民族命运的交响诗么？

那为母亲和孩子捧出祝福的手，那为安宁与温馨构筑梦想的手，那在战旗下攥成拳头的手，一起汇合成手的森林，手的浪花，手的海洋和山岳，把一个人类的大爱高高地举向蓝天……

啊，终于找到了我生命乐章中最撼人心魄的主题，那旋律因此而更加美丽！所有的寻找都是为了一个惊喜的发现，这发现使我顿时超越了自己……

思考

1）将你最欣赏的那一段背诵下来，并说明好在哪里。

2）写一篇 200 字左右的读后感，要求文中正确使用 10 个以上的成语。

二　白 杨 礼 赞

茅盾

阅读提示

茅盾（1896—1981），浙江桐乡人，作家、文学批评家。有长篇小说《蚀》、《子夜》，短篇小说集《创造》，话剧《清明前后》，学术论著《夜读偶记》等。请仔细阅读，品味其准确、优美、富有感情的语言，了解白杨树的象征意义，培养勇敢、顽强、乐观、自信的品质。

白杨树实在是不平凡的，我赞美白杨树。

当汽车在望不到边际的高原上奔驰，扑入你的视野的，是黄绿错综的一条大毡子。黄的，那是土，未开垦的处女土，几十万年前由伟大的自然力所堆积成功的黄土高原的外壳；绿的呢，是人类劳力战胜自然的成果，是麦田，和风吹送，翻起了一轮一轮的绿波——这时你会真心佩服昔人所造的两个字“麦浪”，若不是妙手偶得，便确是经过锤炼的语言的精华。黄与绿主宰着，无边无垠，坦荡如砥，这时如果不是宛若并肩的远山的连峰提醒了你（这些山峰凭你的肉眼来判断，就知道是在你脚底下的），你会忘记了汽车是在高原上行驶，这时你涌起来的感想也许是“雄壮”，也许是“伟大”，诸如此类的形容词；然而同时你的眼睛也许觉得有点倦怠，你对当前的“雄壮”或“伟大”闭了眼。而另一种味儿在你的心头潜滋暗长了——“单调”！可不是，单调，有一点儿罢。

然而刹那间，要是你猛抬眼看见了前面远远地有一排——不，或者甚至只是三五株，一株，傲然地耸立，像哨兵似的树木的话，那你的恹恹欲睡的情绪又将如何？我那时是惊奇地叫了一声的！

那就是白杨树，西北极普通的一种树，然而实在是不平凡的一种树！

那是力争上游的一种树，笔直的干，笔直的枝。它的干呢，通常是丈把高，像是加以人工似的，一丈以内，绝无旁枝；它所有的丫枝呢，一律向上，而且紧紧靠拢，也像是加以人工似的，成为一束，绝无横斜逸出；它的宽大的叶子也是片片向上，几乎没有斜生的，更不用说倒垂了；它的皮，光滑而有银色的晕圈，微微泛出淡青色。这是虽在北方的风雪的压迫下却保持着倔强挺立的一种树！哪怕只有碗来粗细罢，它却努力向上发展，高到丈许，二丈，参天耸立，不折不挠，对抗着西北风。

这就是白杨树，西北极普通的一种树，然而绝不是平凡的树！

它没有婆娑的姿态，没有屈曲盘旋的虬枝，也许你要说它不美丽——如果美是专指“婆娑”或“横斜逸出”之类而言，那么白杨树算不得树中的好女子；但是它却是伟岸，正直，朴质，严肃，也不缺乏温和，更不用提它的坚强不屈与挺拔，它是树中的伟丈夫！当你在积雪初融的高原上走过，看见平坦的大地上傲然挺立这么一株或一排白杨树，难道你就只觉得树只是树？难道你就不想到它的朴质，严肃，坚强不屈，至少也象征了北方的农民？难道你竟一点儿也不联想到，在敌后的广大土地上，到处有坚强不屈，就像这白杨树一样傲然挺立的守卫他们家乡的哨兵？难道你又不更远一点想到这样枝枝叶叶靠紧团结，力求上进的白杨树，宛然象征了今天在华北平原纵横激荡用血写出新中国历史的那种精神和意志？

白杨不是平凡的树。它在西北极普遍，不被人重视，就跟北方农民相似；它有极强的生命力，磨折不了，压迫不倒，也跟北方的农民相似。我赞美白杨树，就因为它不但象征了北方的农民，尤其象征了今天我们民族解放斗争中所不可缺的朴质，坚强，力求上进的精神。

让那些看不起民众，贱视民众，顽固的倒退的人们去赞美那贵族化的楠木（那也是直挺秀颀的），去鄙视这极常见，极易生长的白杨罢，但是我要高声赞美白杨树！

思考

1）本文运用象征、烘托、对比等方法来表现白杨树的“不平凡”。白杨树象征什么？描写高原的景色有什么作用？写楠木的目的何在？

2）本文长短句交错运用，语言活泼多姿。如写高原特色的第二段，有少至三五个字的短句，有多达二十几个字的长句，或长或短，交互运用，错落有致，生动活泼，值得仔细体会。你不妨以松、梅、竹、菊为题写一段话，注意长短句的运用。

小链接

猜　字

小雪连连，人尔相依，瓜子连心，脱去禅衣，您没有心，人在腾云，宰相多心，知己告辞，佳人多言。

——当你孤单你会想起谁

成语的另类解释

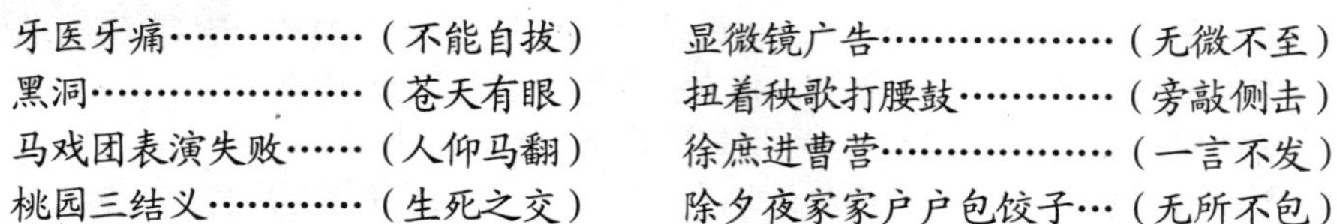

牙医牙痛……………（不能自拔）　　显微镜广告………………（无微不至）

黑洞…………………（苍天有眼）　　扭着秧歌打腰鼓…………（旁敲侧击）

马戏团表演失败……（人仰马翻）　　徐庶进曹营………………（一言不发）

桃园三结义…………（生死之交）　　除夕夜家家户户包饺子…（无所不包）

晕倒……………………（五体投地） 烙饼……………………………（翻来覆去）
最近有流行性感冒…（百感交集） 全世界的通用语言………（花言巧语）
拖鞋………………………（空前绝后） 厨师的拿手好戏…………（添油加醋）

成语故事——管中窥豹

“管中窥豹”的故事源于东晋书法家王献之。他自小就聪明过人。一天，他家来了几位客人，玩一种赌博的游戏。他在旁边看热闹。看着看着，他忽然说道：“南边的要输了！”客人们都感到惊奇：小小年纪，竟看出了一点门道！后来，南边的一方果然输了。有位客人说：“此郎果然言中！此亦管中窥豹，时见一斑！”

管中窥豹有两种截然不同的理解。一种是褒义的，意谓人们可以从观察到的事物的一部分来推测该事物的全貌。从字面上理解管中窥豹，就是从“竹管”中看到豹子，由于视线受到“竹管”圆孔面积的限制，而无法看到“全豹”，只能看到豹子身上极具豹子特征的斑点花纹，于是就此推论这就是一只豹子。这种思路是极具智慧的。“由一斑而见全豹”，“由一粒沙子看到世界”，“由一滴水了解大海”，这些话常常被用来赞颂那些以小见大、通过小事情了解大道理的聪明人。

但是如果我们对这个词作逆向思维的话，立刻就会发现漏洞百出，它就会成为贬义词。“管中窥豹，可见一斑”，那么，是否可见“一斑”者皆豹呢？非也！梅花鹿身上也有斑点。所以，千篇一律地“管中窥豹”，弄不好还要出个“指鹿为豹”的冤案呢！

任务二　进一步掌握阅读方法

任务阐述

掌握绘图表、作批注、写心得等阅读方法。

对号入座

读一读，笑一笑，改一改

★ 阵风掠过稻田时，恰似滚滚的黄河水，上下起伏。
★ 这个问题有不少值得商榷。
★ 这时，全场所有人的眼睛都集中到大会主席台上。
★ 同学们以敬佩的目光注视着和倾听着这位英雄的报告。
★ 七月的贵清山，是一个美丽的季节。
★ 他迈着强壮有力的步伐正向我们走来。
★ 这朴素的话语多么深刻地蕴含着人生哲理啊！
★ 记者又到学校采访到了许多李老师的事迹。
★ 我们学校有优秀的有三十年教龄的两位老教师。
★ 这所学校大部分是中青年教师，老教师和女教师只占少数。
★ 听说学校要成立文学社，他首先第一个报了名。

★ 他不仅能写长篇大论的理论文章，而且能写一般的应用文。

知识云梯

进一步掌握阅读方法

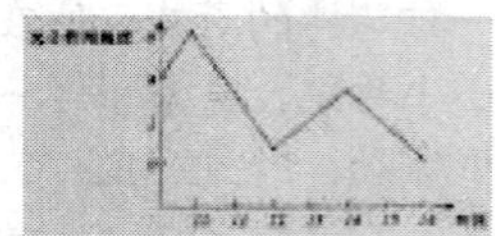

前面的章节我们已经学习了精读、略读、浏览的阅读方式，也介绍了加圈点、列提纲、制卡片、编文摘的阅读方法，本章节我们将介绍绘图表、作批注、写心得的阅读方法。

一、阅读的几种方法

绘图表：在阅读科普或文学类书籍的过程中，把其主要内容（如人物关系、情节发展线索、抽象概念或公式定理等）制作成图表，使复杂或难懂的内容清晰、直观、一目了然。

作批注：阅读中，在文章的“天头”、“地脚”和其他空白处，写下由某一句话或某一段话引起的一些看法、体会、疑问或结论。

写心得：就是在读完一篇文章或一本书后，将自己感受最深的一点写下来，对文章的意义加以分析，谈谈自己的感受、所受到的启发或由此产生的联想。

二、作用和意义

1．绘图表的作用

掌握绘制图表的技巧，加大图文转换、图表转换、文表转换的训练，可引导阅读者认真观察、阅读、分析图表，提高空间想象能力和逻辑思维的能力；培养阅读者对图表信息的获取、综合和处理能力，增强思维的灵活性和变通性，使阅读者形成良好思维品质。

2．批注的作用

蒙蒂默·奥尔德曾说过：“买书仅仅是占有一部书的起点。只有当你汲取其中的精华，融化为内心的一部分时，才真正拥有了它。要达到这个目的，最好的方法就是在书上写下你的批注。”

为什么在读书时作批注是必不可少的呢？第一，这可以使你思想高度集中；第二，如果你不是死读书的话，必然会有自己的领悟和见解，并可用文字作适当的表达；第三，在你整理自己的思想体会，并把它确切地写出来的过程中，也就把书的内容带入了心灵的深处，并能更条理分明地保存在记忆中，毫无疑问你也已经从书中得到了一些收获。

批注的好处在于这些批注和提要成为你读过的这部书的一部分，当你来年展卷重读时，重温以前的见解和疑问，在疏忽的地方加上新的批注，就像是对同一问题进行了再一次的探讨。

经常作批注还可以培养思维能力和理解问题的能力。

3．写心得的作用

写心得帮助我们将隐性的知识转换为显性的知识以指导我们更好地去实践。写心得是很好的知识的吸收和转换的过程。写心得的过程正好也是我们归纳整理已有知识的一个过程，只有把自己的知识体系整理清楚了，后面的实践和知识应用才可能灵活。

写心得最没有效果的就是将书上的内容原封不动地照搬或摘录过来。要写好心得，首先要做的就是用自己理解的话语重新来叙述我们学到的内容，通过这种复述，可以加深我们对所看到知识的理解。复述完成后就要考虑整个内容上是否有不清楚的地方，如果存在不清楚的地方，还需要重新回过头来搞清楚和明白。最后要把新学到的内容和我们原来的知识结合起来，和我们过去的实践结合起来；搞清楚哪些是适合自己的知识，哪些知识虽然适合他人，但是不一定适合自己。只有这样，隐性的知识才能够转换为显性的知识。

经常写心得可以提高分析问题和写作的能力。

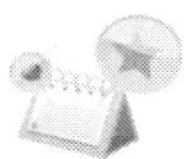

范文学习

一　神奇的极光[①]

曹冲

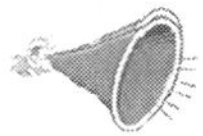

阅读提示

本文是一篇富于文学色彩的科普知识说明文。作者扣住“神奇”二字展开说明。先引述了一些古老的传说，然后再客观地描述极光的形状、亮度、色彩，最后说明它的成因。由现象到本质，循序渐进，符合人们的认识规律。文章开头通过描述一些神话传说引出对极光的说明，神奇浪漫，引人入胜。在说明主体部分时，运用恰当的比喻和适当的描写，从而避免了枯燥的叙述，使文章生动形象，通俗易懂。

古老的神话传说

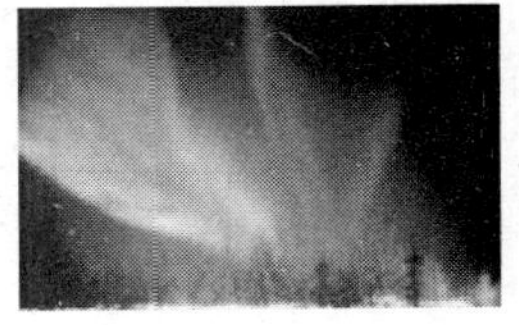

相传公元前两千多年的一天，夜来临了。随着夕阳西沉，夜已将它黑色的翅膀张开在神州大地上，把远山、近树、河流和土丘，以及所有的一切全都掩盖起来。一个名叫附宝的年轻女子独自坐在旷野上，她眼眉下的一湾秋水闪耀着火一般的激情，显然是被这清幽的夜晚深深地吸引住了。夜空像无边无际的大海，显得广阔、安详而又神秘。天幕上，群星闪闪烁烁，静静地俯瞰着黑魆魆[②]的地面。突然，在大熊星座中，飘洒出一缕彩虹般的神奇光带，如烟似雾，摇曳不定，时动时静，像行云流水，最后化成一个硕大无比的光环，萦绕在北斗星的周围。其时，环的亮度急剧增强，宛如皓月悬挂当空，向大地泻下一片淡银色的光华，映亮了整个原野。四下里万物都清晰分明，形影可见。附宝见此情景，心中不禁为之一动。由此便身怀六甲，生下了一个儿子。这男孩就是黄帝轩辕氏[③]。以上所述可能是世界上关于极光的最古老的神话传说。

在我国的古书《山海经》[④]中也有极光的记载。书中谈到北方有个神仙，形貌如一条红色的蛇，在夜空中闪闪发光，它的名字叫烛龙。关于烛龙有如下一段描述：“人面蛇身，赤色，身长千里，钟山之神也。”这里所指的烛龙，实际上就是极光。

极光是天空中一种特殊的光，是人们能用肉眼看得见的唯一的高空大气现象，它常常出现在南北半球的高纬地区，主要是在南极区和北极区。这种光的美丽显示，是由高空大气中的放电辐射造成的。出现在北半球的叫做北极光，出现在南半球的叫做南极光；南北极光泛称极光。在我国所能见到的当然是北极光。在古代，我国没有极光这个词，所以是根据极光不同的形状差异分别加以称谓，如叫做“天狗”、“刀星”、“蚩尤旗”、“天开眼”、“星陨如雨”等等，它们大部分散落在史书的星象、妖星、异星、流星、祥气的记载中。

极光这一术语来源于拉丁文伊欧斯[5]一词。传说伊欧斯是希腊神话中“黎明”（其实，指的是晨曦和朝霞）的化身，是希腊神泰坦[6]的女儿，是太阳神和月亮女神的妹妹，她又是北风等多种风和黄昏星等多颗星的母亲。极光还曾被说成是猎户星座的妻子。在艺术作品中，伊欧斯被说成是一个年轻的女人，她不是手挽个年轻的小伙子快步如飞地赶路，便是乘着飞马驾挽的四轮车，从海中腾空而起；有时她还被描绘成这样一个女神，手持大水罐，伸展双翅，向世上施舍朝露，如同我国佛教故事中的观音菩萨，普洒甘露到人间。

极光一瞥

极光被视为自然界中最漂亮的奇观之一。如果我们乘着宇宙飞船，越过地球的南北极上空，从遥远的太空向地球望去，会见到围绕地球磁极存在一个闪闪发亮的光环，这个环就叫做极光卵。由于它们向太阳的一边有点被压扁，而背太阳的一边却稍稍被拉伸，因而呈现出卵一样的形状。极光卵处在连续不断地变化之中，时明时暗，时而向赤道方向伸展，时而又向极点方向收缩。处在午夜部分的光环显得最宽最明亮。长期观测统计结果表明，极光最经常出现的地方是在南北磁纬度67度附近的两个环带状区域内，分别称做南极光区和北极光区。（批注：为什么极光只出现在南北磁纬度67度附近呢？有没有可能出现在别的地区呢？）

在极光区内差不多每天都会发生极光活动。在极光卵所包围的内部区域，通常叫做极盖区，在该区域内，极光出现的机会反而要比纬度较低的极光区来得少。在中低纬地区，尤其是近赤道区域，很少出现极光，但并不是说压根儿观测不到极光。1958年2月10日夜间的一次特大极光，在热带都能见到，而且显示出鲜艳的红色。这类极光往往与特大的太阳耀斑爆发和强烈的地磁爆有关。

在寒冷的极区，人们举目瞭望夜空，常常见到五光十色、千姿百态、各种各样形状的极光。毫不夸大地说，在世界上简直找不出两个一模一样的极光形体来，从科学研究的角度，人们将极光按其形态特征分成五种：一是底边整齐微微弯曲的圆弧状的极光弧；二是有弯扭折皱的飘带状的极光带；三是如云朵一般的片朵状的极光片；四是面纱一样均匀的帐幔状的极光幔；五是沿磁力线方向的射线状的极光芒。

极光形体的亮度变化也是很大的，从刚刚能看得见的银河星云般的亮度，一直亮到满月时的月亮亮度。在强极光出现时，地面上物体的轮廓都能被照见，甚至会照出物体的影子来。最为动人的当然是极光运动所造成的瞬息万变的奇妙景象。我们形容事物变得快时常说：“眼睛一眨，老母鸡变鸭。”极光可真是这样，变幻莫测，而这一切又往往发生在几秒钟或数分钟之内。极光的运动变化，是自然界这个魔术大师，以天空为舞台上演的一出光的活剧，上下纵横成百上千公里，甚至还存在近万公里长的极光带。这种宏伟壮观的自然景象，好像沾了一点仙气似的，颇具神秘色彩。更令人叹为观止的则是极光的色彩，早已不能用五颜六色去描绘。说到底，其本色不外乎是红、绿、紫、蓝、白、黄，可是大自然这一超级画家用出神入化的手法，将深浅浓淡、隐显明暗一搭配、一组合，好家伙，一下子变成了万花筒啦。根据不完全的统计，目前能分辨清楚的极光色调已达一百六十余种。

极光这般多姿多彩，如此变化万千，又是在这样辽阔无垠的穹窿[7]中、漆黑寂静的寒夜里和荒无人烟的极区，此情此景，此时此刻，面对五彩缤纷的极光图形，亲爱的读者，你说能不令人心醉，不叫人神往吗？无怪乎在许许多多的极区探险者和旅行家的笔记中，描写极光时往往显得语竭词穷，只好说些“无法以言语形容”、“再也找不出合适的词句加以描绘”之类的话作为遁词。是的，普通的美丽、壮观、奇妙等字眼在极光面前均显得异常的苍白无力，可以说，即使有生花妙笔也难述说极光的神采、气势、秉性、脾气于万一。

极光的来龙去脉

长期以来，极光的成因机理未能得到满意的解释。在相当长一段时间内，人们一直认为极光可能是由以下三种原因形成的。一种看法认为极光是地球外面燃起的大火，因为北极区临近地球的边缘，所以能看到这种大火。另一种看法认为，极光是红日西沉以后，透射反照出来的晖光。还有一种看法认为，极地冰雪丰富，它们在白天吸收阳光，贮存起来，到夜晚释放出来，便成了极光。总之，众说纷纭，无一定论。直到20世纪60年代，将地面观测结果与卫星和火箭探测到的资料结合起来研究，才逐步形成了极光的物理性描述。

现在人们认识到，极光一方面与地球高空大气和地磁场的大规模相互作用有关，另一方面又与太阳喷发出来的高速带电粒子流有关，这种粒子流通常称为太阳风。由此可见，形成极光必不可少的条件是大气、磁场和太阳风。具备这三个条件的太阳系其他行星，如木星和水星，它们的周围，也会产生极光，这已被实际观察的事实所证明。

地磁场分布在地球周围，被太阳风包裹着，形成一个棒槌状的腔体，它的科学名称叫做磁层。为了更形象化，我们打这样一个比方。可以把磁层看成一个巨大无比的电视机显像管，它将进入高空大气的太阳风粒子流汇聚成束，聚焦到地磁的极区，极区大气就是显像管的荧光屏，极光则是电视屏幕上移动的图像。但是，这里的电视屏幕却不是18英寸或24英寸，而是直径为4000公里的极区高空大气。通常，地面上的观众，在某个地方只能见到画面的1/50。在电视显像管中，电子束击中电视屏幕，因为屏上涂有发光物质，会发射出光，显示成图像。同样，来自空间的电子束，打入极区高空大气层时，会激发大气中的分子和原子，导致发光，人们便见到了极光的图像显示。在电视显像管中，是一对电极和一个电磁铁作用于电子束，产生并形成一种活动的图像。在极光发生时，极光的显示和运动则是由于粒子束受到磁层中电场和磁场变化的调制造成的。

极光不仅是个光学现象，而且是个无线电现象，可以用雷达进行探测研究，它还会辐射出某些无线电波。有人还说，极光能发出各种各样的声音。极光不仅是科学研究的重要课题，它还直接影响到无线电通信，长电缆通信，以及长的管道和电力传送线等许多实用工程项目。极光还可以影响到气候，影响生物学过程。当然，极光也还有许许多多没有解开的谜。

【释义】

① 选自《极光的故事》(海洋出版社1989年版)。

② [魆魆（xūxū）] 形容暗、黑。

③ [黄帝轩辕（xuānyuán）氏] 古代传说的帝王，因居轩辕丘，故号轩辕氏，有土德之瑞，土色黄，故称黄帝。

④ [《山海经》] 我国上古时期流传下来的一部山川地理书，里面包含有大量神话传说。

⑤ [伊欧斯] 原文为EOS，在古罗马神话中称为Aurora，一般译做奥罗拉。

⑥ [泰坦] 一般译做“提坦”，这里指提坦许佩里翁，伊欧斯之父，天神乌刺诺斯和地神盖亚的儿子。

⑦ [穹（qióng）窿] 此指拱形的天空。

【课文提示】

1）正文的第一部分“古老的神话传说”可以用列图表的方法归纳出东西方古老文化中有关极光的神话传说。

	中国古老传说（东方）	古希腊神话传说（西方）
对极光的称呼	“天狗”、“刀星”、“蚩尤旗”、“天开眼”、“星陨如雨”、“星象”、“妖星”、“异星”、“流星”、“祥气”	极光这一术语来源于拉丁文伊欧斯一词
对极光的外貌描写	我国的古书《山海经》谈到北方有个神仙，形貌如一条红色的蛇，在夜空中闪闪发光，它的名字叫烛龙。关于烛龙有如下一段描述：“人面蛇身，赤色，身长千里，钟山之神也。”所指的烛龙，实际上就是极光	伊欧斯被说成是一个年轻的女人，她不是手挽个年轻的小伙子快步如飞地赶路，便是乘着飞马驾挽的四轮车，从海中腾空而起；有时她还被描绘成这样一个女神，手持大水罐，伸展双翅，向世上施舍朝露
传说的故事	相传公元前两千多年的一天，一位名叫附宝的姑娘看见极光，心中不禁为之一动。由此便身怀六甲，生下了一个儿子。这男孩就是黄帝轩辕氏	传说伊欧斯是希腊神话中“黎明”的化身，是希腊神泰坦的女儿，是太阳神和月亮女神的妹妹，她又是北风等多种风和黄昏星等多颗星的母亲、猎户星座的妻子

2）“作批注”指在文章任何地方的空白处进行标注，标注的内容可以是由某一句话或某一段话引起的一些看法、体会、疑问或结论等内容（文中有批注方法的展示）。

思考

1）试分析三个神话传说的描写在文中的作用。

2）试简述极光的成因。

二　母亲情怀

叶倾城

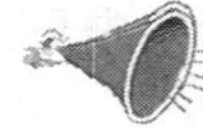

阅读提示

选自《<读者>十年精品集》（甘肃人民出版社2005年版）。叶倾城，本名胡庆云，生于辽宁丹东，当代作家。著有《心灵鸡汤·关于感悟》、《叶倾城文集》等作品。

只求给予，不求回报；只求满足孩子的心愿，却从不提自己的辛劳和要求；心中的愿望再强烈，也只是长期深埋着，她们已经习惯了等待、再等待。这就是我们无私的母亲！作者为我们描述的是女儿为母亲买面包的过程。但我们深切感受到的却是母亲们对儿女无私奉献的精神。文章叙事抒情，扣人心弦。学习时注意体会作者内心情感的变化，思考文中对比和衬托手法的运用怎样增强了主题的表达。

那天是周末，春日的黄昏有新榨橙汁的颜色与气息。老早就说好了要和朋友们去逛夜市，母亲却在下班的时候打来了电话，声音里是小女孩一般的欢欣雀跃：“明天我们单位组织去春游，你下班时帮我到威风糕饼店买一袋椰蓉面包，我带着中午吃。”

“春游？”我大吃一惊，“啊，你们还春游？”想都不想，我一口回绝，“妈，我跟朋友约好了要出去，我没时间。”

跟母亲讨价还价了半天，她一直说：“只买一袋面包，快得很，不会耽误你……”最后她都有点生气了，我才老大不情愿地答应下来。

一心想着速战速决，刚下班我就飞奔前往。但是远远看到了那家糕饼店，我的心便一沉——店里竟是人山人海，排队的长龙一直蜿蜒到了店外，我忍不住暗自叫声苦。

随着长龙缓慢地移动，我频频看表，又不时踮起脚向前面张望，足足站了快20分钟，才进到店里。我站得头重脚轻、饿得眼冒金星，想起朋友们肯定都在等我，更是急得直跺脚。春天独有的暖柔轻风绕满我周身，而在新出炉面包熏人欲醉的芳香里，却裹着我将一触即发的火气。真不知道母亲是怎么想的，双休日不在家休息，还要去春游，身体吃得消吗？而且还是单位组织，一群半老太太们在一起，有什么好玩的？春游，根本就是小孩子的事嘛，妈都什么年纪了，还去春游？

前面的人为了排队次序爆出了激烈的争吵，便有人热心地站出来，统计每个人买的数量和品种，给大家排顺序。算下来我是第三炉的最后一个，多少有点盼头，我松口气，换只脚接着站。就在这时，背后有人轻轻叫一声："小姐。"我转过头去，是个不认识的中年妇人，我没好气："干什么？"她的笑容几乎是谦卑的："小姐，我们打个商量好吗？你看，我只在你后面一个人，就得再等一炉。我这是给儿子买，他明天春游，我待会儿还得赶回去做饭，晚上还得送他去补习班。如果你不急的话，我想，嗯……"她的神情里有说不出的请求，"请问你是给谁买？"

我很自然地回答她："给我妈买，她明天也春游。"

真不明白，当我回答时，整个店怎么会在刹那间突然有了一种奇异的寂静，所有的眼光同时投向我。

有人大声地问我："你说你买给谁？"我还来不及回答，售货小姐已经笑了："哇，今天卖了好几百袋，你可是第一个买给妈妈的。"

我一惊，环顾四周才发现，排在队伍里的，几乎都是女人，从白发苍苍到绮年少妇，每个人的大包小包，都注解着她们主妇和母亲的身份。"那你们呢？"

"当然是买给我们小皇帝的。"不知是谁接了口，大家都笑了。

我身后那位妇女连声说："对不起，我没想到，我真没想到。这家店人这么多，你都肯等，真不简单。我本来都不想来的，是儿子一定要。一年只有一次的事，我也愿意让他吃好玩好。我们小时候春游，还不就是挂着个吃？"

她脸上忽然浮现出神往表情，使她整个人都温柔起来，我问："你现在还记得小时候春游的事啊？"

她笑了，"怎么不记得？现在也想去啊，每年都想，哪怕只在草坪上坐一坐晒晒太阳也好，到底是春天。可是总没时间。"她轻轻叹口气，"大概，我也只有等到孩子长大到你这种年纪的时候，才有机会吧。"

原来是这样，春游并不是母亲一时心血来潮，而是内心深处一个已经埋藏了几十年的心愿。而我怎么会一直不知道呢？我是母亲的女儿啊。仿佛是醍醐灌顶①，我看到我自已竟是如此自私的人。

她手里的塑胶袋里，全是饮料、雪饼、果冻等小孩子爱吃的东西。沉甸甸的，坠得身体微微倾斜，她也不肯放下来歇一歇，她向我解释："都是不能碰、不能压的。"她就这样，背负着她那不能碰、不能压的责任，吃力地、坚持地等待着。

我说："你太辛苦了。"

她的笑容平静里有着喟叹："谁叫我是当妈的？熬吧，到孩子懂得给我买东西的时候就好了。"她的眼睛深深地看着我，声音里充满了肯定，"反正，那一天也不远了。"

只因为我的存在，便给了她这么大的信心吗？我却在瞬间想起我对母亲的推三搪四，我的心，开始狠狠地疼痛。

这时，新的一炉面包热腾腾地端了出来，芳香像是原子弹一样地炸开，我前面那位妇女转过身来："我们换一下位置，你先买吧。"

我一愣，连忙谦让："不用了，你等了那么久。"

她已经走到了我身后，略显苍老的脸上明显有着生活折磨的痕迹，声调却是天生只有母亲才会有的温和决断："但是你妈已经等了二十几年了。"

她前面的一位老太太微笑着让开了，更前面的一位回身看了一眼，也默默地退开去。我看见，她们就这样，安静地、从容地、一个接一个地，在我的面前，铺开了一条小径，一直通向柜台。

我站在原地，目瞪口呆，徘徊不敢向前。

“快点啊。”有人催我，“你妈还在家里等你哪。”

我怔忡地对着她们每一个人看了过去，而她们微笑着回看我，目光里有岁月的重量，也有对未来的信心，更多的，只是无限的温柔。

刹那间，我分明知道，在这一瞬间，她们看到的不是我，而是她们已经长大成人的儿女。是不是一切的母亲已经习惯了不提辛苦，也不说要求，唯一的、小小的梦想，只是盼望有一天，儿女们会在下班的路上为自己提回一袋面包呢？

泪水模糊了我双眼，通往柜台的路一下子变得很长很长，我慎重地走在每一位母亲的情怀里，就好像走过了长长的一生，从未谙人事的女孩走到了人生的尽头。

终于读懂了母亲的心。

【释义】

① [醍醐（tíhú）灌顶] 纯酥油浇到头上。佛教用以比喻灌输智慧，使人彻底醒悟。醍醐，酥酪上凝聚的油。

【课文提示】

阅读完本文，身为儿女的你，有什么样的感受和启发呢？你可以写一篇读后感或心得体会。

我的心得是：当我读到“她笑了，‘怎么不记得？现在也想去啊，每年都想，哪怕只在草坪上坐一坐晒晒太阳也好，到底是春天。可是总没时间。’她轻轻叹口气，‘大概，我也只有等到孩子长大到你这种年纪的时候，才有机会吧。’”……泪水模糊了我的双眼，这位妈妈的期盼和无奈刺痛了我的心。平时，我对妈妈的了解有多少呢？我甚至没有尝试去了解妈妈，妈妈喜欢吃什么？妈妈喜欢看什么电影？妈妈喜欢什么运动……我一无所知，甚至连她的生日我也不知道在几号……

我不想让妈妈在 20 年后才能吃到我买的面包！今天我就要好好跟妈妈聊一聊，问问妈妈，她的生日是几号。今年，我要为妈妈过生日，亲手做一件礼物给妈妈。

➘ 思考

1）文中有位母亲手里的塑胶袋里，装的全是饮料、雪饼、果冻等小孩子爱吃的东西。沉甸甸的，坠得身体微微倾斜，她也不肯放下来歇一歇，她说：“都是不能碰、不能压的。”这“不能碰、不能压的”指的是什么？谈谈你的理解。

2）请你说一件发生在你与母亲之间最难忘的事情。

小链接

王亚南睡三脚床

王亚南小时候胸有大志，酷爱读书。他在读中学时，为了争取更多的时间读书，特意把自己睡的木板床的一条脚锯短半尺，使之成为三脚床。每天读到深夜，疲劳时上床去睡一觉后迷糊中一翻身，床向短脚方向倾斜过去，他一下子被惊醒过来，便立刻下床，伏案夜读。天天如此，从未间断。结果他年年都取得优异的成绩，被誉为班内的“三杰”之一。他由于少年时勤奋刻苦读书，后来，终于成为我国杰出的经济学家和教育家。

有趣的析字联

对联是我国传统文化中的重要组成部分，“析字联”又是对联中的一朵奇葩，变化无穷，妙趣横生。现辑录几则，以飨读者：

传说，康熙求才若渴，一旦发现，便不拘一格地重用。一天，康熙听说一位和尚很有学问，便请他来宫中下棋。康熙连输三盘，出上联试和尚：“山石岩下古木枯，此木为柴。”此联析“岩”、“枯”、“柴”三字而成，文字连贯。不料，和尚随口而出：“白水泉边女子好，少女更妙。”康熙一听，和尚妙析“泉”、“好”、“妙”三字，对得无懈可击，心中十分高兴，便委以重任。

咸丰年间，有一位知府叫卜昌，他小有才气，但傲气十足。有一天，他来到一家学馆，见两个学童正在读书，便想卖弄文墨，于是同两学童对句。卜昌冷笑道：“两火为炎，既然不是盐酱之盐，为何加水变淡？”一学童笑着对道：“两土为圭，既然不是乌龟之龟，为何加卜成卦？”卜昌一听骂他是乌龟，气得满脸通红。另一学童见卜昌丑态，也对道：“两日为昌，既然不是娼妓之娼，为何加口便唱？”卜昌一听气坏了，可两个学童对得文韵俱佳，也无可奈何。

北宋佛印和尚有一天去拜访苏东坡，大吹佛力广大，佛法无边。坐在一旁的苏小妹便有意开他的玩笑：“人曾是僧，人弗能成佛。”佛印一听，也反戏她一联：“女卑为婢，女又可为奴。”苏小妹和佛印的妙对，就是利用析字法巧拼“僧”、“佛”、“婢”、“奴”四字，互相戏谑，妙趣横生。

唐伯虎才思敏捷，写有一副脍炙人口的析字联：“十口心思，思国思君思社稷；八目尚赏，赏风赏月赏秋香。”巧妙之处在于把“十口心”合成“思”字，“八目尚”合成“赏”字，而又串成一气，文义通畅。

据说，有两姓联姻，男方姓潘，女方姓何，在举行婚礼这天，一客人赠联祝贺：“嫁得潘家郎，有水有田方有米；娶得何家女，添人添口便添丁。”上联以“水、田、米”合成“潘”字，下联以“人、口、丁”合成“何”字，既暗含双方的姓氏，又反映了双方的愿望，幽默诙谐之中增添了喜庆的气氛。

西湖天竺顶有一座庵寺，叫“竺仙庵”，庵边有个泉眼，泉水极其清冽。有两个脱俗静心修道的人，经常在庵中用泉水煮茶品尝。有一联悬于庵门：“品泉茶三口白水；竺仙庵二个山人。”上联“品”拆成“三口”，“泉”拆成“白水”；下联“竺”拆成“二个”，“仙”拆成“山人”。把道士在庵中的情境写得惟妙惟肖。

解放前，三水县的群众写了一副讽刺地主阶级的统治工具——“公局”的对联：“八面威风，转个弯私心一点；大横尸样，勾八去有口难言。”对“公局”讽刺有力，入木三分。还有一副规劝抽大烟者的对联：“因火成烟，若不撇下终是苦；官舍为馆，人能回首便成人。”上联把“烟”字拆成“因”、“火”，劝诫：执迷不悟，永远受苦。下联把“馆”字拆成“官”、“舍”，指出：迷途知返，一片光明。成了一副治疗毒瘾的良药。

任务三　提高阅读理解的能力

任务阐述

精读文章，能概括文章主旨，理清作者思路，辨析文章结构，了解写作特点。阅读有关职业理想、行业发展、企业文化的文章，培养健康的职业情感和良好的职业道德。

对号入座

读一读，笑一笑，想一想

喝酒与读书

甲：“瞧你愁眉苦脸，什么事呀？”

乙：“老师让我们写篇文章，题目是《昨天我干了些啥》。”

甲：“那好说，你昨天干了些啥呀？”

乙：“喝酒呗。”

甲：“你多傻呀，我告诉你吧，你写下去，凡是出现了‘喝酒’的字眼，你就把它改成‘读书’不就成了么？”

乙受到启发，笔下来了神：“我一早就起来读了半天书，我想了想，又把后半本也一口气读完了，可是我觉得还不够，于是又到店里去买了一本。回来时在路上迎面遇着李大，一瞧他的眼睛，知道他也读得差不多了。”

读 书 感 想

小明：“你读过《卖火柴的小女孩》吗？”小亮：“读过。”小明：“那你有什么感想呢？”小亮：“烤鹅真好吃！”

知识云梯

提高阅读理解的能力

一、文章主旨是什么

主旨是指作者通过文章的内容所表达的某种看法、感情或态度，也就是作者写作的目的。

主旨又称为中心思想。中心思想是文章思想内容的核心，是文章的灵魂，它影响着全篇的每个段落。

二、理解文章主旨的方法

俗话说：“万变不离其宗”。宗者，旨也，即文章的主旨。明确主旨，好比是航行在茫茫大海中的船只确定航向，方向对了才有可能到达目的地；方向错了，只会劳而无功。理解文章主旨的方法主要有以下几种：

1. 从文章的题目明主旨

有些文章，它的题目本身就揭示了中心思想或是中心思想的高度概括。从题目可以看出文章主要写了什么，反映了什么问题等，通过对这些问题的回答，再把这些回答连接起来，就可概括出中心思想。

2. 在开头结尾处明主旨

一篇好的文章，为了便于读者把握文章的题旨，通常在开头或结尾处，有点明中心的句子或段落。一般来说，文章的开头有总领全文的作用，文章的结尾有总结全文、点明中心的作用。分析好这些开头和结尾就能准确地概括文章的中心思想。

3．从关键句中明主旨

文章的中心句是文章思想感情集中的反映，能体现作者的写作目的，往往直接点明中心思想。找准了中心句，就可以归纳出文章的中心思想。如果是要归纳某一段的大意，就要学会找中心句。段落的中心句一般在段首或段尾，有的则在段中，甚至有的在下一段的段首。如果是下一段开头的句子，此句必定是承上启下的句子。欲把握文章的主旨，还要找出并读懂那些蕴含着作者观点、感情倾向的语句。

4．用一句话概括明主旨

概括从思维的角度说，就是从分析到综合，从具体到抽象；从认识的角度说，就是站在更高的层次上认识一类事物的共同特征及发展规律；从表达的角度说，就是以简驭繁、化繁为简的语言运用过程。中心思想的概括是阅读训练的一项重要内容，也是检验学生是否读懂一篇课文的关键。读到一篇文章一定要养成良好习惯，学会把“一大片”文字变成“一条线”，即把一篇千字左右的文章用一句话概括出来。例如，记叙文的表达形式是：“本文记叙（描写）了……表现（抒发）了……品质（感情）。”论说文的表达形式是：“本文的中心论点是……主要从……方面（角度）来阐述。”说明文的表达形式是：“本文通过……说明……。”童话、寓言的表达形式是：“本文通过……（故事），告诉（说明）……道理。”

范文学习

一　一秒钟的浪漫

阅读提示

本文抓住了一秒钟的“浪漫”场景，为我们讲述了一个铁路职工奋斗在一线上的感人故事。请认真品读。

火车上，同坐的是一对母子。黄昏时分，母子俩开始坐立不安起来，而儿子在窗玻璃前把脸都贴扁了，张望着。

我问那个一直在张望的孩子，有什么事情要发生吗？他妈妈不好意思地冲我笑了笑，孩子转过身来对我说，他爸爸是火车司机，忙得快一个月没有回家了。今天是他爸爸45岁生日，他和妈妈想给爸爸一份生日礼物，于是，特意坐这趟火车，希望可以与他爸爸开的那列火车相遇，看一眼他的爸爸。

我这才知道，妈妈与儿子在火车时刻表上查到，T79和T91将会在6点多钟时，在湖北孝感区域内的某一个地方相遇。也许这两列火车，擦肩而过的时间仅为1秒钟，但母子两人，却非常期盼能在这相遇的一秒钟，送上笑脸和祝福。

过了一会儿，远处传来另一列火车的轰隆声。贴在玻璃窗上的孩子大声叫着：来了！来了！爸爸的火车来了！孩子的妈妈把上半身挪了又挪，紧紧地贴在窗玻璃上。我们车厢顿时鸦雀无声，而那个激动的不停抖动身体的男孩，将画有蛋糕的画，死死地贴在窗玻璃上，那蛋糕旁，有一行玫瑰色的字：老公，保重！一个妻子送给丈夫的全部思念和牵挂，也就由这四个字表达出来！

很快，T91 就开过来了，在两列火车相错的一瞬，我看见，那孩子举着蛋糕大叫着爸爸；那女人，强忍着要跳起来的身体，安静地贴在玻璃上。

真的，就是一瞬，一秒钟吧，T91 和 T79 就完成了相遇的一刻。兴奋不已的孩子从玻璃窗前撤下来，他的母亲还楞在玻璃窗边。儿子突然抱住妈妈，说道："我看见爸爸了，爸爸朝我笑了！"妈妈只是在笑着，点着头，无言地告诉儿子，她也看到了，她也很高兴！

什么样的浪漫更真实动人、更惊天动地？我们看多了烛光晚餐和玫瑰，但我们却并不为之感动，心不会因爱而生出感恩。眼前这一秒钟的浪漫，平素朴实，却深深地让人向往。如果我有爱人，我希望以我的全部，换得这一秒钟。因为，拥有这样的一秒钟，心是踏实的，爱是可靠的，幸福是手掌心里的。

思考

1）"一秒钟的浪漫"是一种怎样的浪漫？请用自己的话说明。

2）概括本文的主旨。

二　微光夜视仪

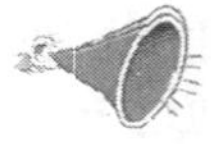

阅读提示

本文叙述了微光夜视仪的特点和作用，为我们展示了先进的科学技术。请仔细阅读理解。

自古以来，人类就渴望有一双能透视黑夜的眼睛。微光夜视仪的出现，使人类的这一渴望成为现实。充分利用夜晚微弱的光线，使我们能像白天一样地观察，这是微光技术的突出特点。

在现代战争的新闻报道中，人们常常可以看到一幅幅黄绿色的反映夜间战场状况的影像，这些精彩的报道就得益于微光技术。事实上，不仅在新闻领域，而且在军事、海洋勘探、水下救援、天文观察、公安监控、野生动物研究等等领域，微光技术也大显身手。机场、车站的行李检查设备，银行、医院和家庭等地方所有的昼夜保安、监视或监护系统中，也常常使用微光专业产品；大家所熟悉的电视类型的医用 X 射线透视检查系统，也应用了微光技术。

在夜暗环境中存在着少量的自然光，如月光、星光、大气辉光等，统统称为夜天光。因为它们和太阳光比起来十分微弱，所以又叫做夜微光。人眼视网膜的感光灵敏度不高，在微光条件下不能充分"曝光"。这是造成人们在夜暗环境中不能正确观察的一个原因。那么微光夜视技术是如何达到"化夜为昼"的呢？

夜视技术是应用光电探测和成像器材，将肉眼不可视目标转换（或增强）成可视影像的信息采集、处理和显示技术。微光夜视器材依靠夜天的微光照明，首先把来自目标的人眼看不见的光信号转换成为电信号，然后再把电信号放大，并把电信号转换成人眼可见的光信号，这就是一切夜视器材实现夜间观察的共同途径。

在微光夜视器材中，图像增强器是核心器件，利用图像增强器将夜空中微弱的自然光，如月光、星光、大气辉光增强几百倍甚至数万倍，达到使人眼能够进行远距离观察的程度。黄绿光是人眼最敏感的波长。因此，这种颜色的荧光屏常常被应用到增像器上，这也是新闻报道中黄绿色图像的来由。

微光技术大大拓展了我们人类的视觉领域。它能弥补人眼在空间、时间、能量和光谱方面分辨能力的不足，而且能以人眼的自然观察习惯来显示图像，适合部队夜间行动和作战。所以它一出现便引起各国军界的关注，成为夜视技术领域发展的重点。

引领人们冲破黑暗的微光技术，在被预言为"光电世纪"的 21 世纪里，还将为人类作出更大的贡献。

思考

1）请用简洁的语言概括本文的主要内容。
2）微光夜视器材的工作原理是什么？请用自己的话简单表述。
3）微光技术出现的重大意义是什么？（用原文中的一句话回答）

三 欣赏是一种美德

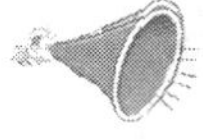

阅读提示

欣赏是一种美德、一种修养、一种智慧，愿你通过学习本文，学会欣赏、学会赞美，让世界充满爱。

“懂得欣赏是一种美德”，这是友人聊天时说过的一句话。这句话一直萦绕在我的脑海里，令我深受启迪。

任何人在成长过程中，都需要得到别人的欣赏和认可。欣赏能够增添动力，激发活力。得到他人的欣赏，就是得到一种肯定和激励，得到一种慰藉和力量。懂得欣赏他人，就是知道尊重和关爱他人、知道看他人的长处。

欣赏别人是一种美德、一种文化，更是一种能力、一种难得的处世之道。古人说得好：宰相肚里能撑船。只有心胸宽广的人，才能理解他人、包容他人。如此你就能忘却一些不愉快的事，也使你的生活更轻松、更愉快。真诚地为别人取得的成绩、取得的进步、取得的荣誉喝彩，是一种胸襟、一种气度。只有不断开阔自己的胸襟，恢弘自己的气度，才能不断拥有成就事业的吸引力和凝聚力。

学会欣赏别人，是一种人格修养、一种气质提升，有助于自己逐渐走向完美。一个人总能在某一方面胜过别人，但在另一方面也总会有人比他强。所谓“山外有山，天外有天”就是这个道理。懂得欣赏别人，在把慰藉和力量给了别人的同时，也把激励和鞭策给了自己。因为在欣赏他人的过程中，自己往往也能以人为镜，看出不足，找出差距，从而不断提高素质能力和修养水平。

赞美他人并不难做到，这要求我们去发掘生活和与我们一道工作的人，想想他们的好处和优点，并毫不吝啬地称赞他们，这将会在人与人之间形成良性互动，使我们的社会和工作环境更温馨可爱。世界是丰富多彩的，欣赏良辰美景愉悦人们心灵，欣赏精品佳作提升人生境界。其实人与人之间更需要欣赏，欣赏给人们带来无穷力量。得到他人的欣赏，就是得到他人的鼓励，自然会感到幸福和快慰。爱人者人必爱之，懂得欣赏他人，自己也必然收获友谊和快乐。

常言道：知人者智，知己者明。善于欣赏别人，不仅是一种聪明，更是一种智慧。一个不会与别人分享的人，最终自己永远分享不到任何成果；一个不会欣赏别人的人，也永远得不到别人的欣赏。

人与人之间相互欣赏，似红花绿叶，如清泉映月，在共同促进中互相辉映，在相互点缀中收获硕果。让我们在生活中多一些欣赏！

思考

1）理清本文的结构思路。
2）概括本文的主旨。

四 一碗牛肉面的思考

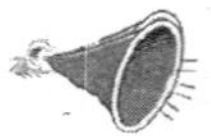

阅读提示

小故事折射出大道理。通过对本文的学习，你既要学会善于思考，又要对企业管理有一个初步的理解。

我跟朋友在路边一个不起眼的小店里吃面，由于客人不多，我们就顺便和小老板聊了会儿。谈及如今的生意，老板感慨颇多，他曾经辉煌过，在兰州拉面最红的时候在闹市口开了家拉面馆，日进斗金啊！后来却不做了。朋友心存疑虑地问他为什么。

“现在的人贼呢！”老板说，“我当时雇了个会做拉面的师傅，但在工资上总也谈不拢。”

“开始的时候为了调动他的积极性我们是按销售量分成的，一碗面给他 5 毛的提成，经过一段时间，他发现客人越多他的收入也越多，这样一来他就在每碗里放超量的牛肉来吸引回头客。一碗面才四块，本来就靠薄利多销，他每碗多放几片牛肉我还赚哪门子钱啊！”

“后来看看这样不行，钱全被他赚去了！就换了种分配方式，给他每月发固定工资，工资给高点也无所谓，这样他不至于多加牛肉了吧？因为客多客少和他的收入没关系。”

“但你猜怎么着？”老板有点激动了，“他在每碗里都少放许多牛肉，把客人都赶走了！”“这是为什么？”现在开始轮到我们激动了。“牛肉的分量少，顾客就不满意，回头客就少，生意肯定就清淡，他（大师傅）才不管你赚不赚钱呢，他拿固定的工钱巴不得你天天没客人才清闲呢！”

啊！结果一个很好的项目因为管理不善而黯然退出市场，尽管被管理者只有一个。

当我们把这个案例告诉给其他的朋友并讨论的时候，他们先是拍案叫绝，继而沉思，时而悲愤，时而慷慨陈词。

下面是一个博士、一个研究生和一个 MBA 对这个问题的激辩，请大家先谈自己的想法，这可是第一手的实战啊！

1）首先我们考虑将小老板所用的两种方案进行折中，即底薪加提成的方法，提成根据每碗的利润分配。这样既可以防止他少放牛肉，又能防止他疯狂地多放牛肉。

2）后来又想到这一条是有条件的。问题是每碗的利润界定后怎么个分配法？一碗面能挣多少是瞒不过大师傅的，如果不能让双方的利益在某个点达到平衡，一切又会回复原样。而要达到所说的那种平衡涉及一个复杂的相关函数问题，说不定还要用到博弈论。

3）把面馆承包给大师傅，老板拿了提成后回家养花弄鸟去。当然，提出这个方案后大家都有过短暂的脸红，再否定！

4）然后我们谈到了企业文化、正义、道德、人性，并一致认为：管理学博大精深，成为一个优秀的管理者非得经过百般磨炼方能修得正果，再先进的管理理论也有不适用的时候。

是啊，就这个小小牛肉面的故事，却反映出了一个小企业管理中的种种问题。

首先就是一个关于大师傅激励的问题。可以设计一个激励机制，就是在定额约束下的销量或利润累积奖励。首先根据每碗面的顾客可接受效用制订一个材料定额，大师傅的工资还是按照销售量提成，但是前提是月度的材料消耗不得偏离定额太多，例如允许波动幅度为20%，否则只有基本工资。或者说每碗面……

思考

1）你从这个小故事中明白了哪些道理？

2）如果你是那位大师傅，你会怎样做？为什么？

小链接

读书人是幸福人

谢冕

我常想，读书人是世间幸福人，因为他除了拥有现实的世界之外，还拥有另一个更为浩瀚也更为丰富的世界。现实的世界是人人都有的，而后一个世界却为读书人所独有。由此我想，那些失去或不能阅读的人是多么的不幸，他们的丧失是不可补偿的。世间有诸多的不平等，如财富的不平等，权力的不平等，而阅读能力的拥有或丧失却体现为精神的不平等。

一个人的一生，只能经历自己拥有的那一份欣悦，那一份苦难，也许再加上他亲自闻知的那一些，关于自身以外的经历和经验。然而，人们通过阅读，却能进入不同时空的诸多他人的世界。这样，具有阅读能力的人，无形间获得了超越有限生命的无限可能性。阅读不仅使他认识了草木虫鱼之名，而且可以上溯远古下及未来，饱览存在的与非存在的奇风异俗。

更为重要的是，读书加惠于人们的不仅是知识的增广，而且还在于精神的感化与陶冶。人们从读书学做人，从那些往哲先贤以及当代才俊的著述中学得他们的人格。人们从《论语》中学得智慧的思考，从《史记》中学得严肃的历史精神，从《正气歌》学得人格的刚烈，从马克思学得入世的激情，从鲁迅学得批判精神，从托尔斯泰学得道德的执著。歌德的诗句刻写着睿智的人生，拜伦的诗句呼唤着奋斗的热情。一个读书人，是一个有机会拥有超乎个人生命体验的幸运人。

一个人一旦与书结缘，极大可能是注定了与崇高追求和高尚情趣相联系的人。说“极大可能”，指的是不排除读书人中也有卑鄙和奸诈，况且，并非凡书皆好，在流传的书籍中，并非全是劝善之作，也有无价值的甚而起反面效果的。但我们所指读书，总是以其优良品质得以流传一类，这类书对人的影响总是良性的，我之所以常感到读书幸福，是从喜爱读书的亲身感受而发。笛卡儿说，“读一本好书，就是和许多高尚的人谈话”，这就是读书使人向善；雨果说，“各种蠢事，在每天阅读好书的影响下，仿佛烤在火上一样渐渐熔化”，这就是读书使人避恶。

所以，我说，读书人是幸福人。

➘ 思考

1）喜欢读书的你，能说说自己阅读的幸福感觉吗？

2）给同学推荐几本你读过的好书。

进入阅读犹如路过天堂

梁凤莲

这里说的阅读，不是赶考升学、求职升级的那种应试读书，而是增长见闻、陶冶性情、侍奉爱好的阅读。

阅读曾被视为一种有修养、有品位的爱好，是自身增值的筹码，是择偶交友的优势，是修身养性的最好方式，是逍遥梦想、抗衡压力的最佳选择。如今，阅读已经变了味儿。

在一次大中学生的阅读征文比赛中，一位获奖代表上台发言，她大胆地表白着自己的得奖感言，把阅读征文的得奖喻之为成功了，胜利了，为此她很自豪。在场的人都为她的勇敢和自信用力鼓掌的时候，我的掌声却不由得慢了下来，阅读的最终目的是为了成功？

另一位获奖的女生则在发言中说到，获奖让她更深地体会到，“书中自有黄金屋，书中自有颜如玉”，此说是从古至今的大道理，她要为此而努力。古人的功利之语，被她驾轻就熟地引用为阅读的目标和方向，我不无惊愕地看着她。

究竟什么在主导着年轻一代前行的路径，让他们一转身就走回到过去苦读功名的旧路上？也许，在时下的教育语境中，在时下的谋生竞争中，他们是对的。读书为了什么？不就是所谓好的前途？

轮到我发言时，我恳切地说，阅读不一定和直接的、功利的、赤裸裸的得失相关，它的终极目的只是和心灵相关，这就是阅读一生相伴，更为重要的所为。当阅读和精神质量相守，当阅读和情操品位相望，这样，面对人生的酸甜苦辣、得失兴败，才能真正地处之泰然。

阅读是一种远离和静守。当扰攘和繁杂在书内暂时屏蔽的时候，交流和沟通、对话和感悟、浮想联翩和触动情怀才会一点点地聚拢过来，内心的大门一旦打开了，通往生存经历之外的更广大的世界就被接通了，发现与开启就这样上路，这阅读，能让人去到更远的他方，能达到更开阔的高度。

阅读慢慢地改变着心灵的质地，它提供了最好的土壤，还有阳光，还有珍贵的雨露，让你把感悟的种子种下去，把爱好的花粉撒出去，把情愫蒲公英一般地迎风播散开来，在适宜的地方吐芽抽枝开花结果，长成让你自己怡然赏心自得其乐的植物，甚至是荫蔽你生存过日安身立命的植物。

阅读把千变万化的世界打开了一扇窗，让你得以探出头去，了解这个世道的光明与阴影。然后，把你的目光引向未知的世界，一点一点地刺激你的想象力，培养起你渴望了解的热情和向往。

然而，这都是形而上的意识形态的收获，它不一定是物质的，立竿见影，阅读的收获，不一定在现实世界里获得直接的交换实利和结果。它不一定和颜如玉与黄金屋有关，更不一定和成功与胜利有关。它的本质和要义只是关乎心灵，关乎你在生存时采取的姿态和立场、培养的心境与心态。

不一定谁都幸运，阅读却能练就你坚强的神经，书中的世界，抚平了人生很多的沟壑，安慰了很多的焦躁，肢解了很多真相，通达了很多情愫，这才是阅读的真情实意吧。而应试教育的功利阅读让人担忧，我们还能有宁静怡然的心境，面对匆匆来此一遭的人世吗？

热爱阅读，是人之皆有的权利，是获得充实心灵的通途，是抵达平稳状态的手段，即使你我仅仅是生命竞逐场上可有可无的旁观者，也足以心存坦然，领受欣然，也才是真正可以接近“挥挥手，不带走一片云彩”的境界，有了这种心理素质，才能乐观和宽容，才能好好过自己的日子。

我信奉一句话，阅读就是天堂，从那里归来，人间百态百般滋味尽收眼底，了然心中。回到阅读吧，把门外心外的尘俗暂时放下，进入阅读，便犹如路过天堂。

➘ 思考

1）你有哪些阅读的方法可以介绍给大家呢？

2）学会做“读书笔记”。

学会科学的读书的方法

教育学认为，人类学习的过程，就是了解前人已经获得的经验和规律的特殊认识过程，而学习最基本的方法就是读书。读书可以快捷地积累知识，可以提高分析问题和解决问题的能力，读书是不断走向发展创新的正确有效途径。因此，要掌握科学的读书方法，学会积累资料的本领。读书需遵循一定的程序的步骤，要系统、完整、循序渐进。通常程序或读书法程序分为五个步骤，即看、读、问、背、习。

看：即翻看。自学首先要看很多参考书、教材与资料。那么，拿到一本书，应先翻看一遍，走马观花地浏览全貌，粗略了解内容梗概，考虑深浅适度情况，是否符合自学所需，很快决定取舍，以免因为过深或过浅而陷入误读。

读：即阅读。对需要阅读之书，要先用较快速度粗读全文，了解内容概要及主要论点，然后再认真细读，深入思考研究，了解全书重点，理解重要内容。粗读时难点、疑点可以作下记号，暂且放过，如果内容好，价值高，有精读研究的必要，再另作安排，无必要重读，也已经获取了大量知识。

问：即设问、质疑。对指定自学计划内的书，或决定重读的好书，要认真对待，审慎阅读。对书中的每个重点、论点或问题作认真思考、比较、分析，看它们之间有何异同，要从无疑处寻找疑处，再从有疑中想法释疑，最后达到疑问全解为止。这是一个独立思考研究问题的重要环节。

背：即背诵。背诵是巩固读书效果的可靠方法，也是古今学者自学成功的一诀窍，通过背诵、记忆，再经过联想、想象，才发展成为创造推新。所以，自学程序离不开读书背诵的工夫。

习：即温习。从学习、温故到发展创新，是条学习规律，任何自学者都必须遵循。古人云："读书百遍，其义自见。"这是对复习、温习书本知识的好处的经验概括。

框架式读书法。从系统论角度来看，不同学科都有一个系统性、科学性的内在逻辑联系，都是由一定的知识结构序列所组成，呈现出一定的带有规律性的框架形式。所以要求读书过程中随时遇到的内容，分别纳入到对应的"框架"之内，这样做，不但能加强理解，有利记忆，而且能思路明确，层次结构鲜明。用这种方法读书，就叫做"框架式"读书法。

博览式读书法，就是提倡自学者不专看一家之书，不只看本专业的书，不只看自己同观点的书，不专看本国书；而是要广泛猎取，多方吸收，日久天长，方可臻善臻美，精深博大。

出入式读书法。这种读书法就是做到既能"钻进去"，又能"出得来"；既能"意会"，又能"言传"。这一进一出就能"去尽皮，方见肉；去尽肉，方见骨；去尽骨，方见髓"。层层剥去，领会精神，才能见分晓。

整体读书法。这种读书法是从整体上把握全书基本结构，然后理清条理，最后细致分析，作出札记。

专题读书法。整体读书法简化到专题上使用，就是专题读书法。

标记读书法。边读边用不同符号做标记，也是一种简明、便于理解记忆、易于检查的好的读书法。

协调读书法。这种读书法就是使感知、记忆、思维想象等各种心理活动协调起来，从提高感知功能，增强记忆，锻炼思维，发挥想象，培养兴趣等方面，加强联系，密切配合，强化读书效果，达到提高读书功效的作用。

创造性阅读法。这种方法是以对原书内容的深化和再创造为主。用科学的眼光去观察问题，凭科学的思维去分析问题，对原书内容吸收理解后而进行发展创新。其全部过程是：阅读—思考—钻研—创新。

任务四　欣赏四种文学样式的方法

任务阐述

初步掌握欣赏散文、诗歌、小说、戏剧的方法，品味文学作品人物的形象、情感、语言。通过口头或书面表达自己的理解、体验或感悟。

对号入座

读一读，笑一笑，想一想

抽 象 画

向美术教师交作业时，一位学生只交了一张白纸。老师问："画呢？"学生答："这儿。"他指着白纸说。老师："你画的是什么？"学生："牛吃草。"老师："草呢？"学生："牛吃光了。"老师："牛呢？"学生："草吃光了，牛还站在那里干什么？"

文艺批评家和部长

部长："您看施普罗塔新创作的小说怎么样？"评论家："我认为是好的。"部长摇了摇头。评论家："我是说，从某种意义上讲是好的。"部长又摇了摇头。"我说的'某种意义上讲'是针对咖啡馆里那些庸俗的知识分子。"

部长再次摇头。评论家："确切地说，部长先生，这是一部坏小说。"部长还是摇头。评论家："当然，也不能全盘否定。"

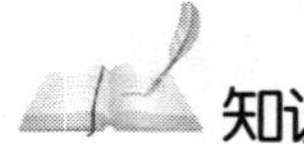

知识云梯

欣赏四种文学样式的方法

一、为什么要欣赏四种文学样式

1．为什么要欣赏散文

提起散文的欣赏，我们一般想到的都是"形散而神不散"这个被认为是散文的最大特点的形象说法，然而我们不禁要问，难道只有散文要求这样么？于是我们发现，一切艺术几乎都要追求形散神聚的艺术境界。

形散，是谓题材以及随之而来的思维视野要尽可能拓宽，从而形成具有无限审美张力的横向空间；神聚，是谓主题要尽可能集中于某一点，从而形成有形的纵向精神实体。两者结合，即是将有形与无形统一起来，以有限暗示无限，能做到这一点的艺术，便谓之有意境。明代有位造园学家名叫计成，他有一部书叫《园冶》，其中有一段话："轩楹高爽，窗户虚邻，纳千顷之汪洋，收四时之烂漫。"这段话说得非常好。中国园林中的建筑物，为什么柱子这么高、窗户这么大？就是为了"纳千顷之汪洋，收四时之烂漫"，也就是使游览者把外界无限的时间、空间的景色都"收"、"纳"进这有限的空间里来。由此可见，欣赏散文，就是去探寻作者处理这个有限与无限的机制并以此创造意境的属于散文的独特的方法。

2．为什么要欣赏诗歌

朱光潜先生在《谈读诗与趣味的培养》一文中指出："诗比别类文学较严谨，较纯粹，较精微。如果对于诗没有兴趣，对于小说、戏剧当然也是知之肤浅了。人们在小说和戏剧中大半只能见到文学作品最粗浅的一部分，这就是故事。所以他们看小说和戏剧，不问它们的艺术技巧，只求作品里面有着有趣的故事。”他还说：“第一流的小说家，不尽是会讲故事的人，第一流小说中的故事大半只像枯树搭成的画架，用处只在撑持住一园锦绣灿烂、生气蓬勃的葛藤花卉。这些故事以外的东西就是小说中的诗。读小说只见到故事而没有见到它的诗，就像看到花架而忘记架上的花。”因此要养成纯正的文学趣味，我们最好从诗入手。能欣赏诗，自然就能欣赏小说、戏剧及其他种类文学了。

3．为什么要欣赏小说

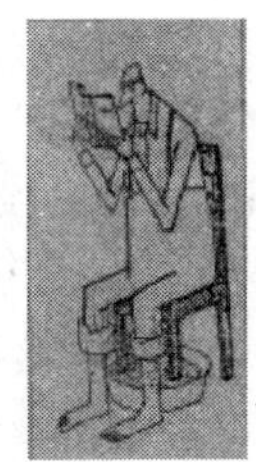

小说是以刻画人物形象为中心，通过完整的故事情节和具体的环境描写来反映社会生活的文学样式。人物、故事情节和环境是其三要素。塑造人物形象是小说反映社会生活的主要手段。小说塑造人物的手段多种多样，外貌、心理、行动、语言描写是作者刻画人物的重要手段。小说通过故事情节来展示人物性格，表现中心思想，作者往往根据人物性格的发展，人物与人物之间的关系，来选择或虚构事件，组成作品完整的故事情节。欣赏小说，可以相应地分为三个方面，即欣赏小说的故事情节、人物形象和环境描写，体味其思想内容、生活情趣和艺术特色。欣赏小说，能让我们透过故事情节的表象，更深入地理解小说地主旨，更深刻地感受作者对情景的描写。

4．为什么要欣赏戏剧

在人类文化发展史上，戏剧有着悠久的历史。它在诞生、发展的进程中，吸取了文学、雕塑、绘画、建筑、音乐、舞蹈等艺术门类的营养，成为一门与它们并肩而行的“第七艺术”。

中西戏剧观众的心态视角存在着很大差异。中国戏曲观众采用的是俯视角，西方戏剧观众采用的是仰视角。不同的戏剧，二者的侧重点不同。一是以观众为中心，一是以演出为中心。观演关系中的观众中心制是指观众处在中心地位，在演出时间、演出长度、演出内容上具有较大的决定权，观看时也有较大的自由度。演出中心制则相反，演出者具有较大的自主性，演出时间、剧目内容由演出者决定，观众在观看演出时有较大的限制。西方戏剧的观演关系倾向于演出中心制，中国戏曲的观演关系倾向于观众中心制。中西戏剧观众心态视角差异的根本原因在于二者的起源和形成过程不同。这种形成渊源上的差异，造成了中西戏剧从业人员的社会地位的差异，造成了戏剧在正统文艺中地位的差异，这些都加强了观众的心态视角的差异。欣赏戏剧，能让我们从多角度、多层次上欣赏到该戏剧，更全面地体会该戏剧。

二、如何欣赏四种文学样式

（一）如何欣赏散文

1．欣赏散文的语言美

散文作品的语言不管是热情如火的还是平淡朴实的，含蓄冷峻的还是疏朗明快的，“浓妆”的还是“淡抹”的，它们都是根据作者的个性和情感的需要倾泻而出的。语言的真实自然、畅达、简练与立意的新颖、深刻、高远是相互辉映的。

2．欣赏散文的意境美

散文的立意必须是新颖、深刻、高远的，要求读者鉴赏时不能停留在事物或生活的表象上，而要挖掘出其深层的意义。

3．寻找散文贯穿全文的线索

散文是最为多姿多彩的一种文体。选材上具有广泛性，思绪上最为自由洒脱。尽管散文的结构变化多端，形形色色，但是总是形散而神不散的。散文构思一般采用以情为线索，以理由为线索，以物为线索几种。在鉴赏散文时，把握了贯穿作品的线索，也就把握了作者的构思脉络。

（二）如何欣赏诗歌

1. 欣赏诗歌的意境

意境是诗歌独擅的艺术范畴，是情、理、形、神的统一。它是客观景物与主观情感融合而成的艺术境界。中国古典美学曾指出“诗有三境”，即物境、情境和意境。它们表明艺术作品客观审美属性的高低层次，也表明鉴赏者主观鉴赏心理的高低层次。“物境”如镜中像，仅得形似；“情境”指欣赏进入情感体验阶段，比物境高一层；“意境”则是欣赏超越形象的外在形式和一般性的情感体验，达到审美的高级阶段。它要求欣赏的目光不被物象的外表所限制，而能透过审美形式深入生命节奏的核心，体味万物的神韵，表现深远的情趣。

2. 感受诗歌的炼字之妙

古今中外，很多诗歌佳作优雅、玲珑，意境高远。有时因妙用一字，竟能创出深邃迷人的意境，给作品带来经久不衰的生命活力。因此，欣赏诗歌，就不能不对诗歌中“闪亮”的语言加以回味。

（三）如何欣赏小说

1. 欣赏小说的人物

小说塑造人物的手段可以是概括介绍，可以是具体的描写，可以写人物的外貌，也可以刻画人物的心理活动；既可以描写人物的行动对话，也可以适当插入作者的议论；既可以正面起笔，也可以侧面烘托。

2. 欣赏小说的故事情节

小说主要是通过故事情节来展现人物性格，表现中心的。故事来源于生活，但它通过整理、提炼和安排，就比现实生活中发生的真事更集中，更完整，更具有代表性。

3. 欣赏小说的环境描写

小说的环境描写和人物的塑造与中心思想有极其重要的关系。在环境描写中，社会环境是重点，它揭示了种种复杂的社会关系，如人物的身份、地位、成长的历史背景等。自然环境包括人物活动的地点、时间、季节、气候以及景物等。自然环境描写对表达人物的心情、渲染气氛都有不小的作用。

（四）如何欣赏戏剧

1）首先要了解戏剧所展示的戏剧冲突，冲突是怎样造成的，冲突的性质是什么，进而弄清冲突发展的过程，从而完整地把握剧本的情节。

戏剧冲突，主要指剧本中所展示的人物之间、人物自身以及人与环境之间的矛盾冲突，其中主要表现为剧中人物的性格冲突。比如《雷雨》第二幕，最初，冲突的双方是周朴园与鲁四凤，两人又各有自己内心的矛盾斗争；鲁大海上场后，冲突又集中到周朴园与鲁大海之间，进而又有周萍与鲁大海、鲁侍萍与周萍之间的冲突。这些冲突表面看来是家庭内部的冲突，实际上可以将鲁侍萍与周朴园之间的冲突上升为下层劳动人民与地主阶级之间的矛盾冲突；将周朴园与鲁大海之间的冲突上升为资本家与工人阶级之间的矛盾冲突。这些冲突既是社会矛盾的反映，同时也是人物性格发展的必然。

2）其次要把握戏剧语言。语言是构成剧本的基础。戏剧语言包括人物语言和舞台说明。人物语言也叫台词，包括对白、独白、旁白等。剧作家通过人物语言来展开戏剧冲突，塑造人物形象，揭示戏剧主题，表达自己对生活的认识。舞台说明是一种叙述语言，用来说明人物的动作、心理、布景、环境等，直接展示人物的性格和戏剧的情节。第一，要品味个性化的人物语言。所谓个性化，是指受人物的年龄、身份、经历、教养、环境等影响而形成的个性特点。第二，要品味富有动作性的人物语言。动作性包括外部动作和内部动作（内心活动），像周萍打鲁大海，他们之间表现为外部动作；鲁侍萍看见周萍打鲁大海后那种痛苦的心情，是内部动作。第三，要品味人物语言中蕴涵的丰富的潜台词。好的潜台词总是以最少的语言表达最丰富的内容，给人以品味、想象的空间。比如《雷雨》中，鲁侍萍听周朴园“沉吟”，“无锡是个好地方”的时候，鲁侍萍虽然顺着周的话语说“哦，好地方”，但却包含着丰富的潜台词。

3）再次要学会欣赏戏剧人物形象。第一，要抓住人物的主要特征。第二，要注意人物的语言。第三，要随着剧情的发展，弄清人物性格的发展变化。

范文学习

一 猫

郑振铎

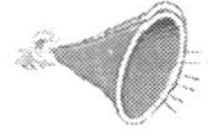

阅读提示

郑振铎（1898—1958），现代作家、文学评论家、文学史家、考古学家。笔名西谛、CT、郭源新等。历任文物局局长、考古研究所所长、文学研究所所长、文化部副部长、中国民间研究会副主席等职。曾创办《儿童世界》、《民主周刊》、《文艺复兴》等刊物，曾在复旦大学、暨南大学、清华大学、燕京大学等多家名校讲学。1958 年 10 月 18 日，在率中国文化代表团出国访问途中，因飞机失事殉难，终年 60 岁。本文是一篇语言朴实但内容丰美的文章。欢乐与辛酸、关切与愤恨、厌恶与内疚，随着三只猫的故事无形无声地在字里行间流淌，直流到读者心里，潜移默化地感染着读者。质朴的笔墨和平淡的叙事让学生能够顺利进入课文，但解读文章的深层意蕴，还需要老师的点拨。本课教学可从文学欣赏的角度，创设一个让学生的思维相互碰撞发散的情境，从而去思考人生，学习做人。

我家养了好几次猫，结局总是失踪或死亡。三妹是最喜欢猫的，她常在课后回家时，逗着猫玩。有一次，从隔壁要了一只新生的猫来。花白的毛，很活泼，常如带着泥土的白雪球似的，在廊前太阳光里滚来滚去。三妹常常地，取了一条红带，或一根绳子，在它面前来回地拖摇着，它便扑过来抢，又扑过去抢。我坐在藤椅上看着他们，可以微笑着消耗过一二小时的光阴，那时太阳光暖暖地照着，心上感着生命的新鲜与快乐。后来这只猫不知怎地忽然消瘦了，也不肯吃东西，光泽的毛也污涩了，终日躺在厅上的椅下，不肯出来。三妹想着种种方法逗它，它都不理会。我们都很替它忧郁。三妹特地买了一个很小很小的铜铃，用红绫带穿了，挂在它颈下，但只显得不相称，它只是毫无生意地，懒惰地，郁闷地躺着。有一天中午，我从编译所回来，三妹很难过地说道：“哥哥，小猫死了！”

我心里也感着一缕的辛酸，可怜这两月来相伴的小侣！当时只得安慰着三妹道：“不要紧，我再向别处要一只来给你。”

隔了几天，二妹从虹口舅舅家里回来，她道，舅舅那里有三四只小猫，很有趣，正要送给人家。三妹便怂恿着她去拿一只来。礼拜天，母亲回来了，却带了一只浑身黄色的小猫同来。立刻三妹一部分的注意，又被这只黄色小猫吸引去了。这只小猫较第一只更有趣、更活泼。它在园中乱跑，又会爬树，有时蝴蝶安详地飞过时，它也会扑过去捉。它似乎太活泼了，一点也不怕生人，有时由树上跃到墙上，又跑到街上，在那里晒太阳。我们都很为它提心吊胆，一天都要“小猫呢？

小猫呢？”查问得好几次。每次总要寻找了一回，方才寻到。三妹常指它笑着骂道：“你这小猫呀，要被乞丐捉去后才不会乱跑呢！”我回家吃中饭，总看见它坐在铁门外边，一见我进门，便飞也似地跑进去了。饭后的娱乐，是看它在爬树。隐身在阳光隐约里的绿叶中，好像在等待着要捉捕什么似的。把它抱了下来。一放手，又极快地爬上去了。过了二三个月，它会捉鼠了。有一次，居然捉到一只很肥大的鼠，自此，夜间便不再听见讨厌的吱吱的声了。

某一日清晨，我起床来，披了衣下楼，没有看见小猫，在小园里找了一遍，也不见。心里便有些亡失的预警。

“三妹，小猫呢？”

她慌忙地跑下楼来，答道：“我刚才也寻了一遍，没有看见。”

家里的人都忙乱地在寻找，但终于不见。

李嫂道：“我一早起来开门，还见它在厅上。烧饭时，才不见了它。”

大家都不高兴，好像亡失了一个亲爱的同伴，连向来不大喜欢它的张婶也说：“可惜，可惜，这样好的一只小猫。”

我心里还有一线希望，以为它偶然跑到远处去，也许会认得归途的。

午饭时，张婶诉说道：“刚才遇到隔壁周家的丫头，她说，早上看见我家的小猫在门外，被一个过路的人捉去了。”

于是这个亡失证实了。三妹很不高兴地，咕噜着道：“他们看见了，为什么不出来阻止？他们明晓得它是我家的！”

我也怅然地，愤恨地，在诅骂着那个不知名的夺去我们所爱的东西的人。

自此，我家好久不养猫。

冬天的早晨，门口蜷伏着一只很可怜的小猫。毛色是花白，但并不好看，又很瘦。它伏着不去。我们如不取来留养，至少也要为冬寒与饥饿所杀。张婶把它拾了进来，每天给它饭吃。但大家都不大喜欢它，它不活泼，也不像别的小猫之喜欢顽游，好像是具着天生的忧郁性似的，连三妹那样爱猫的，对于它也不加注意。如此地，过了几个月，它在我家仍是一只若有若无的动物。它渐渐地肥胖了，但仍不活泼。大家在廊前晒太阳闲谈着时，它也常来蜷伏在母亲或三妹的足下。三妹有时也逗着它玩，但没有对于前几只小猫那样感兴趣。有一天，它因夜里冷，钻到火炉底下去，毛被烧脱好几块，更觉得难看了。

春天来了，它成了一只壮猫了，却仍不改它的忧郁性，也不去捉鼠，终日懒惰地伏着，吃得胖胖的。

这时，妻买了一对黄色的芙蓉鸟来，挂在廊前，叫得很好听。妻常常叮嘱着张婶换水，加鸟粮，洗刷笼子。那只花白猫对于这一对黄鸟，似乎也特别注意，常常跳在桌上，对鸟笼凝望着。

妻道：“张婶，留心猫，它会吃鸟呢。”

张婶便跑来把猫捉了去。隔一会，它又跳上桌子对鸟笼凝望着了。

一天，我下楼时，听见张婶在叫道：“鸟死了一只，一条腿被咬去了，笼板上都是血。是什么东西把它咬死的？”

我匆匆跑下去看，果然一只鸟是死了，羽毛松散着，好像它曾与它的敌人挣扎了许久。

我很愤怒，叫道：“一定是猫，一定是猫！”于是立刻便去找它。

妻听见了，也匆匆地跑下来，看了死鸟，很难过，便道：“不是这猫咬死的还有谁？它常常对鸟笼望着，我早就叫张婶要小心了。张婶！你为什么不小心？”

张婶默默无言，不能有什么话来辩护。

于是猫的罪状证实了。大家都去找这可厌的猫，想给它以一顿惩戒。找了半天，却没找到。我以为它真是“畏罪潜逃”了。

三妹在楼上叫道：“猫在这里了。”

它躺在露台板上晒太阳，态度很安详，嘴里好像还在吃着什么。我想，它一定是在吃着这可怜的鸟的腿了，一时怒气冲天，拿起楼门旁倚着的一根木棒，追过去打了一下。它很悲楚地叫了一声"咪呜!"便逃到屋瓦上了。

我心里还愤愤的，以为惩戒得还没有快意。

隔了几天，李嫂在楼下叫道："猫，猫？又来吃鸟了。"同时我看见一只黑猫飞快地逃过露台，嘴里衔着一只黄鸟。我开始觉得我是错了！

我心里十分地难过，真的，我的良心受伤了，我没有判断明白，便妄下断语，冤苦了一只不能说话辩诉的动物。想到它的无抵抗的逃避，益使我感到我的暴怒，我的虐待，都是针，刺我的良心的针！

我很想补救我的过失，但它是不能说话的，我将怎样地对它表白我的误解呢？

两个月后，我们的猫忽然死在邻家的屋脊上。我对于它的亡失，比以前的两只猫的亡失，更难过得多。

我永无改正我的过失的机会了！

自此，我家永不养猫。

1925年11月7日于上海

➘ 思考

1）怎样理解"自此，我家永不养猫"这一句话的内涵？

2）你做过与作者类似的事情吗？请说说当时的情景，并谈谈你现在的感受。

二 再别康桥

徐志摩

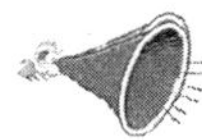

阅读提示

全诗以"轻轻的""走""来""招手""作别云彩"起笔，接着用虚实相间的手法，描绘了一幅幅流动的画面，构成了一处处美妙的意境，细致入微地将诗人对康桥的爱恋，对往昔生活的憧憬，对眼前的无可奈何的离愁，表现得真挚、浓郁、隽永。这首诗表现出诗人高度的艺术技巧。诗人闻一多20年代曾提倡现代诗歌的"音乐的美"、"绘画的美"、"建筑的美"，《再别康桥》一诗，可以说是"三美"具备，堪称徐志摩诗作中的绝唱。

轻轻的我走了，
正如我轻轻的来；
我轻轻的招手，
作别西天的云彩。

那河畔的金柳，
是夕阳中的新娘。
波光里的艳影，
在我的心头荡漾。
软泥上的青荇，
油油的在水底招摇；
在康河你的柔波里，

我甘心做一条水草。
那树荫下的一潭，
不是清泉，是天上虹。
揉碎在浮藻间，
沉淀着彩虹似的梦 。

寻梦？撑一支长篙，
向青草更青处漫溯，
满载一船星辉，
在星辉斑斓里放歌。
但我不能放歌，
悄悄是别离的笙箫；
夏虫也为我沉默，
沉默是今晚的康桥！
悄悄的我走了，
正如我悄悄的来；
我挥一挥衣袖，
不带走一片云彩。

➘ 思考

1）体会作品的景中有情，情中有景，试举例说明。
2）反复诵读作品，细细体味其美妙的意境和高超的艺术技巧。
3）分析作品的语言美。

三　再见，爸爸

约翰·契佛

阅读提示

约翰·契佛（1912—1982），美国现代重要的小说家，生于马萨诸塞州昆西市，读大学预科时因叛逆被学校开除。1930 年发表第一篇小说《被开除》，从此一发不可收拾。1957 年发表第一篇长篇小说《华普肖一家》，之后发表《华肖丑闻》、《弹丸山庄》。自选集《约翰·契佛短篇小说集》于 1977 出版，获得了 1978 年全国图书奖和普利策小说奖，1977 年，长篇小说《猎鹰者监狱》问世。契佛一生著述丰富，尤以短篇见长，有“美国郊外契诃夫”之誉。本文由邹海仑翻译。

母亲 3 年前和父亲离了婚，从那以后我就离开了他。可当我有机会和他在一起时，没想到他……

我最后一次看见父亲，是在中央车站。当时我正要离开在阿迪朗达克斯的姥姥家，到母亲在科德角租好的一栋房子去。我写信给父亲，告诉他，在转车的时候，我要在纽约待上一个半小时，不知我们是否能一起吃顿午饭。他的秘书写信告诉我，父亲中午将在车站问讯处见我。12 点整，我看见他穿过人群向我走来。在我看来他简直就是个陌生人——母亲 3 年前就和他离了婚，从那以后我就离开了他——但是我一看见他，就感觉到他就是我的父亲，我是他的亲骨肉，他是我的未来，我的宿命。我知道自己长大成人以后，会成为和他差不多的人，我将不得不在他的各种局限范围之内规划我的人生之路。他是个身材高大、相貌英俊的男人，又看见他，我真是高兴极了。他拍拍我的后背，和我握着手。“嗨，查理，”他招呼我说，“嗨，儿子。我本来想带你到我的俱乐部去，不过既然你要早点儿赶火车，我想咱们最好还是就在这附近吃点儿什么。”他用胳膊搂着我，我则深深地嗅着父亲身上的气味，就像母亲嗅着一朵玫瑰花那样。那是一种威士忌、刮脸香波、皮鞋油、毛织品和成年男人身上特有气味的丰富混合物。我希望这时候有人能看见我们在一块儿。我但愿有人能给我们照相。我想要拥有我们在一起的某种记录。

我们走出车站，走上一条通往一家饭店的小街。时间还早，饭店里空空的。吧台侍者正在和一个端盘子的小厮吵架，一个穿着红外衣的挺老挺老的侍者立在厨房门口。我们坐下，父亲开始大声朝那个侍者招呼：“Kellner!（德文：招待！）”他喊道，“Gar on！Cameriere！（法文：小厮！侍者！）叫你呢！”他吵吵嚷嚷的声音在这个空荡荡的饭店里显得很不合拍。“在这儿有能为我们服务的没有！”他喊道，“快快快！”他边喊边拍起了巴掌。这引起了那个侍者的注意，他拖着步子来到我们的桌旁。

“你是对我拍巴掌吗？”他气咻咻地问道。

“平静一下，平静一下，sommelier（法文：饮食总管），”我父亲说道，“也许叫你并不过分——也许我招呼你并没有超出让你尽责的限度，我们想要两份吉布森式烧牛肉。”

“我不喜欢人家对我拍巴掌。”那个侍者说道。

“我真该带上我的口哨，”我父亲说，“我有一个口哨，只有老招待的耳朵听得见。现在，拿出你的小本本和铅笔头，看看你能不能一下把这记下来：两份吉布森式烧牛肉。跟我重复一遍：两份吉布森式烧牛肉。”

“我想，您最好还是到别处去。”那个侍者平静地说道。

“这个，”我父亲说道，“是我历来听到的最出色的建议之一。来吧，查理，咱们离开这个该死的地方。”

我跟着父亲走出这家饭店，进了另一家饭店。这次他没有那么吵吵嚷嚷的了。我们的饮料上来了，他盘问起我这个赛季的垒球情况。这时，他用餐刀敲着喝空的杯子边儿，又开始喊起来。“Gar on！Kellner！叫你呢！麻烦你再给我们来同样的两杯。”

“这孩子有多大了？”侍者问道。

“这个，”我父亲说，“不关你他妈的事儿。”

“很抱歉，先生，”那个侍者说道，“不过我不会再给这个孩子一份酒了。”

“好啊，我有个消息要告诉你，”我父亲说道，“我有个很有趣的消息要告诉你。这事儿不是发生在纽约唯一的一家饭店里。他们在拐角那儿还开着另外一家饭店。来吧，查理。”

他付了账，我跟着他出了那家饭店，进了另一家。在这里侍者们穿着粉色的夹克，很像猎装外套，墙上钉着很多马头钉。我们坐下来，我父亲又开始嚷起来。“猎狗之主！嘀嘀！全套的狩猎家伙。我们就是喜欢这种热闹的东西。这么说吧，来吉布森式烧牛肉。”

“两份吉布森式烧牛肉？”侍者微笑着问道。

“你他妈的对我要什么知道得很，”我父亲怒气冲冲地说，“我要两份吉布森式烧牛肉，做得嫩点儿。在快乐的英格兰所有的事情都变了。我的公爵朋友就这么告诉我。让咱们瞧瞧英格兰的鸡尾酒能出什么花样。”

“这儿不是英格兰。”侍者说道。

“别跟我犟嘴，”我父亲说道，“照吩咐你的去做。”

“我只是想，也许您喜欢知道您这是在哪儿。”侍者说道。

“我最不能容忍的，”我父亲说道，“就是我们美国人的无礼。走，查理。”

我们到的第四个地方是一家意大利饭店。“Buongiorno，（意大利文：你好，）”我父亲说道，“Perfavore，possiamoavereduecocktailamericani，forti，forti.Moltogin，pocovermute.（意大利文：

劳驾，我们要两份美式鸡尾酒，要有劲儿的，有劲儿的。金酒多一点，味美思少一点。)”

“我不懂意大利文。”侍者说道。

“噢，住嘴，”我父亲说道，“你懂得意大利文，你他妈的完全知道你懂意大利文。Vogliamoduecocktailamericani，Subito.（意大利文：我们要两份美式鸡尾酒。快上。)”

那个侍者离开我们，去和领班说话，领班来到我们的桌前，说道：“我很抱歉，先生，这张桌子有人预订了。”

“好吧，”我父亲说道，“给我们另换一张桌子。”

“所有的桌子都被人预订了，”领班说道。

“我明白了，”我父亲说道，“你们并不希望我们的光顾。是不是这么回事？好呀，见你的鬼。Vadaall'inferno.（意大利文：见你的鬼。）咱们走，查理。”

“我得去赶火车了。”我说道。

“我很抱歉，儿子，”我父亲说道，“我非常抱歉。”他用胳膊搂住我，把我紧紧搂在胸前。“我要和你一起走回车站。也许还有时间到我的俱乐部去。”

“好吧，爸爸。”我说。

“我要给你一份报纸，”他说，“我要给你一份报纸，你在火车上看。”

这时他走到一个报亭前面，他对那人说道：“好心的先生，您乐意给我拿一份他妈的差劲的、一毛钱一份的下午报吗？”报亭的职员转身把背对着他，兀自盯着一份杂志的封面。“我的要求过分吗，好心的先生？”我的父亲说道，“我要求你卖给我一份你们的令人作呕的黄色小报，难道这个要求过分了吗？”

“我必须走了，爸爸，”我说道，“时间不够了。”

“这会儿，只要等一秒钟，儿子，”他说道，“只要再等一秒钟，我想要修理修理这小子。”

“再见，爸爸。”我说道，我走下台阶，踏上了火车，这是我最后一次看见我的父亲。

思考

1）你觉得文中的爸爸是个怎样的人？请用三个形容词来概括他。

2）揣摩文中的我对爸爸的感情。请用三个形容词来概括。

你最欣赏这篇小说中的哪些描写？请指出并加以说明。

四 雷雨（节选）

曹禺

阅读提示

任何一部小说最耀眼的地方不外乎对人物形象的成功塑造，《雷雨》当然也不例外。专制伪善的周朴园、朴实坚忍的鲁侍萍、城府极深的周繁漪、深沉忧郁的周萍、单纯善良的鲁四凤、天真热情的周冲，还有正直无畏的鲁大海、谄媚卑下的鲁贵。但是《雷雨》中一些人物是一言半语很难概括的——曹禺对他们精当准确的描绘把人性中正与邪并存的事实通过这些人物告知我们——他们的性格上既有着邪恶阴暗的一面，又有着和善真诚的瞬间。曹禺（1910—1996），中国现代杰出的戏剧家，著有《雷雨》、《日出》、《原野》、《北京人》等著名作品。曹禺祖籍湖北潜江。清宣统二年八月二十一日（1910年9月24日）生于天津，原名万家宝，字小石。在清华读书时有“小宝贝儿”的绰号。

“曹禺”是他在1926年发表小说时第一次使用的笔名(姓氏“万”的繁体字的“草”字头谐音“曹”)。曹禺是“文明戏的观众，爱美剧的业余演员，左翼剧动影响下的剧作家”(孙庆升:《曹禺论》，北京大学出版社，1986 年)。这句话，大致概括了曹禺的戏剧人生。曹禺的妻子李玉茹是著名京剧旦角演员。

景——周宅客厅内。半夜两点钟的光景。

开幕时，周朴园一人坐在沙发上，读文件；旁边燃着一个立灯，四周是黑暗的。外面还隐隐滚着雷声，雨声淅沥可闻，窗前帷幕垂了下来，中间的门紧紧地掩了，由门上玻璃望出去，花园的景物都掩埋在黑暗里，除了偶尔天空闪过一片耀目的电光，蓝森森地看见树同电线杆，一瞬又是黑漆漆的。

朴　（放下文件，呵欠，疲倦地伸一伸腰）来人啦!（取眼镜，擦目，声略高）来人!（擦眼镜，走到左边饭厅门口，又恢复平常的声调）这儿有人么?（外面闪电，停，走到右边柜前，按铃。无意中又望见侍萍的相片，拿起，戴上眼镜看。）

仆人上。

仆　老爷!

朴　我叫了你半天。

仆　外面下雨，听不见。

朴　（指钟）钟怎么停了?

仆　（解释地）每次总是四凤上的，今天她走了，这件事就忘了。

朴　什么时候了?

仆　嗯，——大概有两点钟了。

朴　刚才我叫账房汇一笔钱到济南去，他们弄清楚没有?

仆　您说寄给济南一个，一个姓鲁的，是么?

朴　嗯。

仆　预备好了。

外面闪电，朴园回头望花园。

朴　藤萝架那边的电线，太太叫人来修理了么?

仆　叫了，电灯匠说下着大雨不好修理，明天再来。

朴　那不危险么?

朴　可不是么?刚才大少爷的狗走过那儿，碰着那根电线，就给电死了。现在那儿已经用绳子圈起来，没有人走那儿。

朴　哦。——什么，现在几点了?

仆　两点多了。老爷要睡觉么?

朴　你请太太下来。

仆　太太睡觉了。

朴　（无意地）二少爷呢?

仆　早睡了。

朴　那么，你看看大少爷。

仆　大少爷吃完饭出去，还没有回来。

沉默半晌。

朴　（走回沙发坐下，寂寞地）怎么这屋子一个人也没有?

仆　是，老爷，一个人也没有。

朴　今天早上没有一个客来。

仆　是，老爷。外面下着很大的雨，有家的都在家里呆着。

朴　（呵欠，感到更深的空洞）家里的人也只有我一个人还在醒着。

仆　是，差不多都睡了。

朴　好，你去吧。

仆　您不要什么东西么？

朴　我不要什么。

仆人由中门下，朴园站起来，在厅中来回沉闷地踱着，又停在右边柜前，拿起侍萍的相片。开了中间的灯。

冲由饭厅上。

冲　（没想到父亲在这儿）爸！

朴　（露喜色）你——你没有睡？

冲　嗯。

朴　找我么？

冲　不，我以为母亲在这儿。

朴　（失望）哦——你母亲在楼上。

冲　没有吧，我在她的门上敲了半天，她的门锁着。——是的，那也许。——爸，我走了。

朴　冲儿，（冲立）不要走。

冲　爸，您有事？

朴　没有。（慈爱地）你现在怎么还不睡？

冲　（服从地）是，爸，我睡晚了，我就睡。

朴　你今天吃完饭把克大夫给的药吃了么？

冲　吃了。

朴　打了球没有？

冲　嗯。

朴　快活么？

冲　嗯。

朴　（立起，拉起他的手）为什么，你怕我么？

冲　是，爸爸。

朴　（干涩地）你像是有点不满意我，是么？

冲　（窘迫）我，我说不出来，爸。

半晌。

朴园走回沙发，坐下叹一口气。招冲来，冲走近。

朴　（寂寞地）今天——呃，爸爸有一点觉得自己老了。（停）你知道么？

冲　（冷淡地）不，不知道，爸。

朴　（忽然）你怕你爸爸有一天死了，没有人照拂你，你不怕么？

冲　（无表情地）嗯，怕。

朴　（想自己的儿子亲近他，可亲地）你今天早上说要拿你的学费帮一个人，你说说看，我也许答应你。

冲　（悔怨地）那是我糊涂，以后我不会这样说话了。

半晌。

朴　（恳求地）后天我们就搬新房子，你不喜欢么？

冲　嗯。

半晌。

朴　（责备地望着冲）你对我说话很少。

冲　（无神地）嗯，我——我说不出，您平时总像不愿意见我们似的。（嗫嚅地）您今天有点奇怪，我——我——

朴　（不愿他向下说）嗯，你去吧！

冲　是，爸爸。

冲由饭厅下。

朴园失望地看着他儿子下去，立起，拿起侍萍的相片，寂寞地呆望着四周。关上立灯，面对书房。

繁漪由中门上。不做声地走进来，雨衣上的水还在往下滴，发鬓有些湿。颜色是很惨白，整个面都像石膏的塑像。高而白的鼻梁，薄而红的嘴唇死死地刻在脸上，如刻在一个严峻的假面上，整个脸庞是无表情的。只有她的眼睛烧着心内疯狂的火，然而也是冷酷的，爱和恨烧尽了女人一切的仪态，她像是厌弃了一切，只有计算着如何报复的心念在心中起伏。

她看见朴园，他惊愕地望着她。

繁　（毫不奇怪地）还没睡么？（立在中门前，不动。）

朴　你？（走近她，粗而低的声音）你上哪儿去了？（望着她，停）冲儿找你一个晚上。

繁　（平常地）我出去走走。

朴　这样大的雨，你出去走？

繁　嗯，——（忽然报复地）我有神经病。

朴　我问你，你刚才在哪儿？

繁　（厌恶地）你不用管。

朴　（打量她）你的衣服都湿了，还不脱了它。

繁　（冷冷地，有意义地）我心里发热，我要在外面冰一冰。

朴　（不耐烦地）不要胡言乱话的，你刚才究竟上哪儿去了？

繁　（无神地望着他，清楚地）在你的家里！

朴　（烦恶地）在我的家里？

繁　（觉得报复的快感，微笑）嗯，在花园里赏雨。

朴　一夜晚。

繁　（快意地）嗯，淋了一夜晚。

半晌，朴园惊疑地望着她，繁漪像一座石像似地仍站在门前。

朴　繁漪，我看你上楼去歇一歇吧。

繁　（冷冷地）不，不，（忽然）你拿的什么？（轻蔑地）哼，又是那个女人的相片！（伸手拿）。

朴　你可以不看，萍儿的母亲的。

繁　（抢过去了，前走了两步，就向灯下看）萍儿的母亲很好看。

朴园没有理她，在沙发上坐下。

繁　我问你，是不是？

朴　嗯。

繁　样子很温存的。

朴　（眼睛望着前面）

繁　她很聪明。

朴　（冥想）嗯。

繁　（高兴地）真年轻。

朴　（不自觉地）不，老了。

繁　（想起）她不是早死了么？

朴　嗯，对了，她早死了。

繁　（放下相片）奇怪，我像是在哪儿见过似的。

朴　（抬起头，疑惑地）不，不会吧。——你在哪儿见过她吗？

繁　（忽然）她的名字很雅致，侍萍，侍萍，就是有点丫头气。

朴　好，我看不如睡去吧。（立起，把相片拿起来。）

繁　拿这个做什么？

朴　后天搬家，我怕掉了。

繁　不，不，（从他手中取过来）放在这儿一晚上，（怪样地笑）不会掉的，我替你守着她。（放在桌上）

朴　不要装疯！你现在有点胡闹！

繁　我是疯了。请你不用管我。

朴　（愠怒）好，你上楼去吧，我要一个人在这儿歇一歇。

繁　不，我要一个人在这儿歇一歇，我要你给我出去。

朴　（严厉地）繁漪，你走，我叫你上楼去！

繁　（轻蔑地）不，我不愿意。我告诉你（暴躁地）我不愿意！

半晌。

朴　（低声）你要注意这儿，（指头）记着克大夫的话，他要你静静地，少说话。明天克大夫还来，我已经替你请好了。

繁　谢谢你！（望着前面）明天？哼！

萍低头由饭厅走出，神色忧郁，走向书房。

朴　萍儿。

萍　（抬头，惊讶）爸！您还没有睡。

朴　（责备地）怎么，现在才回来。

萍　不，爸，我早回来，我出去买东西去了。

朴　你现在做什么？

萍　我到书房，看看爸写的介绍信在那儿没有。

朴　你不是明天早车走么？

萍　我忽然想起今天夜晚两点半钟有一趟车，我预备现在就走。

繁　（忽然）现在？

萍　嗯。

繁　（有意义地）心里就这样急么？

萍　是，母亲。

朴　（慈爱地）外面下着大雨，半夜走不大方便吧？

萍　这时走，明天一早到，找人方便些。

朴　信就在书房桌上，你要现在走也好。（萍点头，走向书房）你不用去！（向繁漪）你到书房把信替他拿来。

繁　（看朴园，不信任地）嗯！

繁漪进书房。

朴　（望繁出，谨慎地）她不愿上楼，回头你先陪她到楼上去，叫底下人伺候她睡觉。

萍　（无法地）是，爸爸。

朴　（更小心）你过来！（萍走近，低声）告诉底下人，叫他们小心点，（烦恶地）我看她的病更重，刚才她忽然一个人出去了。

萍　出去了？

朴　嗯。（严厉地）在外面淋了一夜晚的雨，说话也非常奇怪，我怕这不是好现象。——（觉得恶兆来了似的）我老了，我愿意家里平平安安地……

萍　（不安地）我想爸爸只要把事不看得太严重了，事情就会过去的。

朴　（畏缩地）不，不，有些事简直是想不到的。天意很——有点古怪；今天一天叫我忽然悟到为人太——太冒险，太——太荒唐；（疲倦地）我累得很。（如释重负）今天大概是过去了。（自慰地）我想以后——不该，再有什么风波。（不寒而栗地）不，不该！

繁漪持信上。

繁　（嫌恶地）信在这儿！

朴　（如梦初醒，向萍）好，你走吧，我也想睡了。（振起喜色）嗯！后天我们一定搬新房子，你好好地休息两天。

繁　（盼望他走）嗯，好。

朴园由书房下。

繁　（见朴园走出，阴沉地）这么说你是一定要走了。

萍　（声略带愤）嗯。

繁　（忽然急躁地）刚才你父亲对你说什么？

萍　（闪避地）他说要我陪你上楼去，请你睡觉。

繁　（冷笑）他应当叫几个人把我拉上去，关起来。

萍　（故意装做不明白）你这是什么意思？

繁　（迸发）你不用骗我。我知道。我知道，（辛酸地）他说我是神经病。疯子，我知道他，要你这样看我，他要什么人都这样看我。

萍　（心悸）不，你不要这样想。

繁　（奇怪的神色）你？你也骗我？（低声，阴郁地）我从你们的眼神看出来，你们父子都愿我快成疯子！（刻毒地）你们——父亲同儿子——偷偷在我背后说冷话，说我，笑我，在我背后算计着我。

萍　（镇静自己）你不要神经过敏，我送你上楼去。

繁　（突然地，高声）我不要你送，走开！（抑制着，恨恶地，低声）我还用不着你父亲偷偷地，背着我，叫你小心，送一个疯子上楼。

萍　（抑制着自己的烦嫌）那么，你把信给我，让我自己走吧。

繁　（不明白地）你上哪儿？

萍　（不得已地）我要走，我要收拾我的东西。

繁　（忽然冷静地）我问你，你今天晚上上哪儿去了？

萍　（敌对地）你不用问，你自己知道。

繁　（低声，恐吓地）到底你还是到她那儿去了。

半晌，繁漪望萍，萍低头。

萍　（断然，阴沉地）嗯，我去了，我去了，（挑战地）你要怎么样？

繁　（软下来）不怎么样。（强笑）今天下午的话我说错了，你不要怪我。我只问你走了以后，你预备把她怎么样？

萍　以后？——（冒然地）我娶她！

繁　（突如其来地）娶她？

萍　（决定地）嗯。

繁　（刺心地）父亲呢？

萍　（淡然）以后再说。

繁　（神秘地）萍，我现在给你一个机会。

萍　（不明白）什么？

繁　（劝诱他）如果今天你不走，你父亲那儿我可以替你想法子。

萍　不必，这件事我认为光明正大，我可以跟任何人谈。——她——她不过就是穷点。

繁　（愤然）你现在说话很像你的弟弟。——（忧郁地）萍！

萍　干什么？

繁　（阴郁地）你知道你走了以后，我会怎么样？

萍　不知道。

繁　（恐惧地）你看看你的父亲，你难道想象不出？

萍　我不明白你的话。

繁　（指自己的头）就在这儿，你不知道么？

萍　（似懂非懂地）怎么讲？

繁　（好像在叙述别人的事情）第一，那位专家，克大夫免不了会天天来的，要我吃药，逼着我吃药，吃药，吃药，吃药！渐渐伺候着我的人一定多，守着我，像个怪物似的守着我。他们——

萍　（烦）我劝你，不要这样胡想，好不好？

繁　（不顾地）他们渐渐学会了你父亲的话，“小心，小心点，她有点疯病！”到处都偷偷地在我背后低着声音说话。叽咕着，慢慢地无论谁都要小心点，不敢见我，最后铁链子锁着我，那我真成了疯子。

萍　（无办法）唉！（看表）不早了，给我信吧，我还要收拾东西呢。

繁　（恳求地）萍，这不是不可能的。（乞怜地）萍，你想一想，你就一点——就一点无动于衷么？

萍　你——（故意恶狠地）你自己要走这一条路，我有什么办法？

繁　（愤怒地）什么，你忘记你自己的母亲也被你父亲气死的么？

萍　（一了百了，更狠毒地激惹她）我母亲不像你，她懂得爱！她爱自己的儿子，她没有对不起我父亲。

繁　（爆发，眼睛射出疯狂的火）你有权利说这种话么？你忘了就在这屋子，三年前的你么？你忘了你自己才是个罪人；你忘了，我们——（突然，压制自己，冷笑）哦，这是过去的事，我不提了。（萍低头，身发颤，坐沙发上，悔恨抓着他的心，面上筋肉成不自然的拘挛。她转向他，哭声，失望地说着。）哦，萍，好了。这一次我求你，最后一次求你。我从来不肯对人这样低声下气说话，现在我求你可怜可怜我，这家我再也忍受不住了。（哀婉地诉出）今天这一天我受的罪过你都看见了，这样子以后不是一天，是整月，整年地，以至到我死，才算完。他厌恶我，你的父亲：他知道我明白他的底细，他怕我。他愿意人人看我是怪物，是疯子，萍！——

萍　（心乱）你，你别说了。

繁　（急迫地）萍，我没有亲戚，没有朋友，没有一个可信的人，我现在求你，你先不要走——

萍　（躲闪地）不，不成。

繁　（恳求地）即使你要走，你带我也离开这儿——

萍　（恐惧地）什么。你简直胡说！

繁　（恳求地）不，不，你带我走，——带我离开这儿，（不顾一切地）日后，甚至于你要把四凤接来——一块儿住，我都可以，只要，只要（热烈地），只要你不离开我。

萍　（惊惧地望着她，退后，半晌，颤声）我——我怕你真疯了！

繁　（安慰地）不，你不要这样说话。只有我明白你，我知道你的弱点，你也知道我的。你什么我都清楚。（诱惑地笑，向萍奇怪地招着手，更诱惑地笑）你过来，你——你怕什么？

萍　（望着她，忍不住地狂喊出来）哦，我不要你这样笑！（更重）不要你这样对我笑！（苦恼地打着自己的头）哦，我恨我自己，我恨，我恨我为什么要活着。

繁　（酸楚地）我这样累你么？然而你知道我活不到几年了。

萍　（痛苦地）你难道不知道这种关系谁听着都厌恶么？你明白我每天喝酒胡闹就因为自己恨，——恨我自己么？

繁　（冷冷地）我跟你说过多少遍，我不这样看，我的良心不是这样做的。（郑重地）萍，今天我做错了，如果你现在听我的话，不离开家；我可以再叫四凤回来的。

萍　什么？

繁　（清清楚楚地）叫她回来还来得及。

萍　（走到她面前，声沉重，慢说）你跟我滚开！

繁　（顿，又缓缓地）什么？

萍　你现在不像明白人，你上楼睡觉去吧。

繁　（明白自己的命运）那么，完了。

萍　（疲惫地）嗯，你去吧。

繁　（绝望，沉郁地）刚才我在鲁家看见你同四凤。

萍　（惊）什么，你刚才是到鲁家去了？

繁　（坐下）嗯，我在他们家附近站了半天。

萍　（悔惧）什么时候你在那里？

繁　（低头）我看着你从窗户进去。

萍　（急切）你呢？

繁　（无神地望着前面）就走到窗户前面站着。

萍　那么有一个女人叹气的声音是你么？

繁　嗯。

萍　后来，你又在那里站多半天？

繁　（慢而清朗地）大概是直等到你走。

萍　哦！（走到她身后，低声）那窗户是你关上的，是么？

繁　（更低的声音，阴沉地）嗯，我。

萍　（恨极，恶毒地）你是我想不到的一个怪物！

繁　（抬起头）什么？

萍　（暴烈地）你真是一个疯子！

繁　（无表情地望着他）你要怎么样？

萍　（狠恶地）我要你死！再见吧！

萍由饭厅急走下，门猝然地关上。

➘ 思考

从某种意义上说，戏剧是语言的艺术，展示冲突、刻画人物都离不开戏剧语言，它是戏剧的基本构件。

1）阅读时请认真理解戏剧语言在剧作中的作用，从而达到能从整体上把握全剧主旨的效果。你认为哪些人物对话能深刻体现人物性格？

2）戏剧冲突的表现形态主要有三种：人与人的冲突、人物内心冲突和人物与环境的冲突。

细读课文，尝试把握住作品三种形态的冲突，体味戏剧的艺术感染力。

3）戏剧的情节结构是展示人物性格、表现作品主题的重要艺术手段。阅读课文，弄清整个事件的发展过程，主要是人物之间性格撞击的起伏过程，认识作者选取中心事件的意图，辨别人物的各种关系的社会含义。

4）课外欣赏电影或话剧《雷雨》，并谈谈观后感。

小链接　　亲情美文欣赏

一个令医生手心出汗、目瞪口呆的孩子

男孩与他的妹妹相依为命。父母早逝，她是他唯一的亲人。所以男孩爱妹妹胜过爱自己。然而灾难再一次降临在这两个不幸的孩子身上。妹妹染上重病，需要输血。但医院的血液太昂贵，男孩没有钱支付任何费用，尽管医院已免去了手术费，但不输血妹妹仍会死去。

作为妹妹唯一的亲人，男孩的血型和妹妹相符。医生问男孩是否勇敢，是否有勇气承受抽血时的疼痛。男孩开始犹豫，10 岁的大脑经过一番思考，终于点了点头。

抽血时，男孩安静地不发出一丝声响，只是向着邻床上的妹妹微笑。抽血完毕后，男孩声音颤抖地问："医生，我还能活多长时间？"

医生正想笑男孩的无知，但转念间又被男孩的勇敢震撼了：在男孩 10 岁的大脑中，他认为输血会失去生命，但他仍然肯输血给妹妹。在那一瞬间，男孩所作出的决定是付出了一生的勇敢，并下定了死亡的决心。

医生的手心渗出汗，他紧握着男孩的手说："放心吧，你不会死的。输血不会丢掉生命。"

男孩眼中放出了光彩："真的？那我还能活多少年？"

医生微笑着，充满爱心地说："你能活到 100 岁，小伙子，你很健康！"男孩高兴得又蹦又跳。他确认自己真的没事时，就又挽起胳膊——刚才被抽血的胳膊，昂起头，郑重其事地对医生说："那就把我的血抽一半给妹妹吧，我们两个每人活 50 年！"

所有的人都震惊了，这不是孩子无心的承诺，这是人类最无私最纯真的诺言。

你留意过自己的父母吗

如果你在一个平凡的家庭长大，
如果你的父母还健在，不管你有没有和他们同住——
如果有一天，你发现妈妈的厨房不再像以前那么干净；
如果有一天，你发现家中的碗筷好像没洗干净；
如果有一天，你发现母亲的锅子不再雪亮；
如果有一天，你发现父亲的花草树木已渐荒废；
如果有一天，你发现家中的地板衣柜经常沾满灰尘；
如果有一天，你发现母亲煮的菜太咸太难吃；
如果有一天，你发现父母经常忘记关瓦斯；
如果有一天，你发现老父老母的一些习惯不再是习惯时，就像他们不再想要天天洗澡时；
如果有一天，你发现父母不再爱吃青脆的蔬果；
如果有一天，你发现父母爱吃煮得烂烂的菜；
如果有一天，你发现父母喜欢吃稀饭；

如果有一天，你发现他们过马路行动反应都慢了；

如果有一天，你发现在吃饭时间他们老是咳个不停，千万别误以为他们感冒或着凉（那是吞咽神经老化的现象）；

如果有一天，你发觉他们不再爱出门……

如果有这么一天，我要告诉你，你要警觉父母真的已经老了，器官已经退化到需要别人照料了。

如果你不能照料，请你替他们找人照料，并请你请你千万千万要常常探望，不要让他们觉得被遗弃了。

每个人都会老，父母比我们先老，我们要用角色互换的心情去照料他，才会有耐心、才不会有怨言，当父母不能照顾自己的时候，为人子女要警觉，他们可能会大小便失禁、可能会很多事都做不好，如果房间有异味，可能他们自己也闻不到，请不要嫌他脏或嫌他臭，为人子女的只能帮他清理，并请维持他们的"自尊心"。

当他们不再爱洗澡时，请抽空定期帮他们洗身体，因为纵使他们自己洗也可能洗不干净。当我们在享受食物的时候，请替他们准备一份大小适当、容易咀嚼的一小碗，因为他们不爱吃可能是牙齿咬不动了。

从我们出生开始，喂奶换尿布、生病的不眠不休照料、教我们生活基本能力、供给读书、吃喝玩乐和补习，关心和行动永远都不停歇。如果有一天，他们真的动不了了，角色互换不也是应该的吗？

为人子女者要切记，看父母就是看自己的未来，孝顺要及时。

树欲静而风不止，子欲养而亲不在——你留意过自己的父母吗？

（载自美文采撷网）

任务五　欣赏文言文作品

任务阐述

借助释义和工具书，读懂文言课文的基本内容，了解课文中常见文言实词的含义、常见文言虚词的用法以及与现代汉语不同的文言句式。结合教材中的古代诗文了解相关的文化常识，丰富文化积累。

对号入座

读一读，笑一笑，想一想

★ 一人留客饭，只豆腐一味，自言："豆腐是我性命，觉他味不及也。"异日至客家，客记其食性所好，乃以鱼肉中各和豆腐。其人只择鱼肉大啖，客问曰："汝曰'豆腐是性命'，今日如何不吃？"答曰："见了鱼肉，性命都不要了。"

——（明）浮白主人辑《笑林》

★ 一人新育女，有以二岁儿来作媒者，其人怒曰："我女一岁，汝儿二岁；若吾女十岁，汝儿二十岁矣。安得许此老婿？"妻闻之曰："汝误矣，吾女今年一岁，明年便与彼儿同庚，如何不许？”

——（明）冯梦龙辑《广笑府卷八》

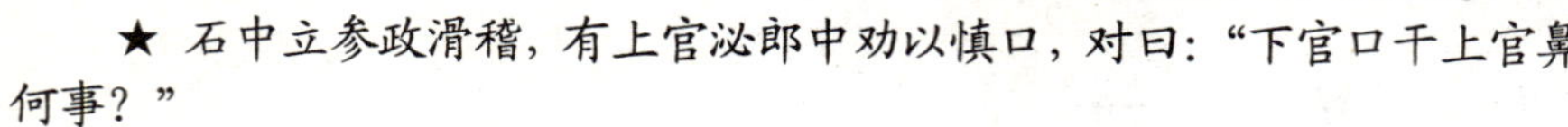

★ 石中立参政滑稽，有上官泌郎中劝以慎口，对曰：“下官口干上官鼻何事？”

——（明）潘埙辑《楮记室》

★ 北人生而不识菱者，仕于南方，席上啖菱，并壳入口。或曰：“啖菱须去壳。”其人自护所短，曰：“我非不知，并壳者，欲以清热也。”问者曰：“北土亦有此物否？”答曰：“前山后山，何地不有！”

——（明）江盈科《雪涛小说》

★ 昔有医人，自媒能治背驼，曰：“如弓者，如虾者，如曲环者，延吾治，可朝治而夕如矢。”一人信焉，而使治驼。乃索板二片，以一置地下，卧驼者其上，又以一压焉，而即屣焉。驼者随直。亦复随死。其子欲鸣诸官。医人曰：“我业治驼，但管人直，那管人死！”

——（明）江盈科《雪涛小说》

★ 工之侨得良桐焉，斫而为琴，弦而鼓之，金声而玉应。自以为天下之美也，献之太常。使国工视之，曰：“弗古。”还之。工之侨以归，谋诸漆工，作断纹焉；又谋诸篆工，作古窾焉。匣而埋诸土，期年出之，抱以适市。贵人过而见之，易之以百金，献诸朝。乐官传视，皆曰：“希世之珍也。”工之侨闻之，叹曰：“悲哉世也！岂独一琴哉？莫不然矣。”

——（明）刘基《郁离子》

知识云梯

欣赏文言文作品

一、什么是文言文

与“白话文”相对而言，我们一般将 1919 年五四运动前用古汉语书面语言写成的文章称为文言文。

二、文言实词的特点

文言实词即有实在意义，能单独充当句子成分的词，与现代汉语一样，可分为名词、动词、形容词、数词、量词和代词。

文言实词常常是一词多义。由于历史发展、社会变迁，实词的使用由单音字向双音节词转化，词义、词性也常常随之变化。你能举出其他的例子吗？

特　征	例　词	例　文	释　义
一词多义	道	会天大雨，道不通。（《陈涉世家》）	道路
		伐无道，诛暴秦。（《陈涉世家》）	道义
		策之不以其道。（《马说》）	方法
		不足为外人道也。（《桃花源记》）	说、讲

特征	表现	例文	古义	今义
词义变化	词义缩小	臣所以去亲戚而事君者，徒慕君之高义也。（《史记·廉颇蔺相如列传》）	父母兄弟，统指家里亲人	旁系亲属
	词义扩大	河内凶，则移其民于河东。（《寡人之于国也》）	专指黄河	泛指河流
	词义弱化	缪公之怨此三人入于骨髓。（《史记·秦本纪》）	恨	不满意、责备
	词义转移	屠自后断其股，亦毙之。（《狼》）	大腿	屁股
	感情色彩转换	牺牲玉帛，弗敢专也。（《曹刿论战》）	中性词 祭祀用的猪牛羊等祭品	褒义词 为正义而舍弃生命

特征	常见表现	例文	活用义
词的活用	名词活用为动词	二月草已芽　（《采草药》）	发芽
	动词活用为名词	前人之述备矣（《岳阳楼记》）	记述的文字
	形容词活用为名词	此皆良实（《出师表》）	善良老实的人
	形容词活用为动词	香远益清　（《爱莲说》）	远播

三、文言虚词的特点

在文言文学习中，我们常将那些不表示实在意义，不能充当句子成分，只表示语法意义的词称为虚词，它们常在句子中起指代、组合、连接的作用。

文言虚词有哪些？

之乎者也若，夫且何哉耶（邪），所矣焉耳欤，其诸而乃然。

文言虚词	词性及其常见语法意义
之	①代词 指代人或物；②动词 指“往”或“到……去”；③助词 表“的”或取消句子独立性
乎	①语气助词 表疑问，或表感叹；②介词；③助词 表停顿；④作词尾，表“……的样子”
者	①代词 指人、物、事等；②助词 表停顿或判断
也	①助词 句末表判断、肯定、疑问、感叹、祈使，句中表停顿；②副词 表反复
若	①代词 表对称或近指；②连词 表假设或选择；③动词 表“像”
夫	①代词 表近指与远指；②助词 句子开头为发语词，句末表感叹
且	①连词 表递进、让步、并列；②副词 表“将要”、“暂且”、“况且”等
何	①疑问代词 表疑问或诘问；②副词 表反问或程度
哉	语气助词 表感叹、疑问或反诘

（续）

文言虚词	词性及其常见语法意义
耶（邪）	语气助词 表询问语气、反诘语气或揣测语气
所	①名词 表处所；②助词 表示“所……的人”、“所……的事”、“所……的情况”等
矣	语气助词 表陈述语气、感叹语气、命令或祈使语气
焉	①语气助词 表肯定；②兼词 可译为“在这里”；③疑问代词 相当于“哪里”；④连词 相当于“如”、“乃”、“则”等
耳	①语气助词 表限制或肯定；②连词 表转折
欤	语气助词 表疑问或感叹
其	①代词 代人称或指示；②副词 可译为“可”、“或许”、“难道”；③连词 表选择或假设；④助词 起调音节的作用
诸	语气助词 相当于“之于”，无实在意义
而	①连词 表并列、递进、承接、转折、假设、因果、目的；②代词 表“你的”；③ 通“如”，可译为“好像”、“如同”
乃	①副词 表顺承或转折，可译为“却”、“反而”、“仅”、“是”；②代词 表人称代词或指示代词
然	①连词 表转折或承接；②代词 表“这样”、“如此”；③助词 相当于“……的”，可表“一般”、赞同之意

文言虚词的用法比较复杂，依据不同的语言环境有不同的变化。此外，我们可以通过句子的大概意思、上下文及句子的结构等方式推断文言虚词的词性。

四、常见的文言句式

句式是一个句子按照一定规则组织的模式。读懂文言文，必须了解常见的文言句式。

（一）判断句

判断句，即对事物有所否定或有所肯定的句子。文言中的判断句常常是名词性词语充当谓语，表明事物是什么或不是什么。文言中的判断句也有其标志词或常见格式。

（1）……也　如“操虽托名汉相，其实汉贼也”（《资治通鉴》）中的“也”即表判断。

（2）……为（乃、是）……　如“项燕为楚将”（《陈涉世家》）中的“为”是判断标志词。

（3）“……者也”或“……者……也”　如“陈涉者，阳城人也”（《陈涉世家》）中的“者”表示停顿，“也”表示肯定的判断或解说。

（4）用否定词“非”、“莫”、“无”等表示否定的判断　如“是非真能好古也，特与庸俗人同好而已”。

（二）被动句

即主语为受动者的句子。文言文中的被动句主要有有标志的被动句与意念被动句两类。意念被动句是没有标志的被动句，可依据上下文或句子意义来判断。

1．有标志的被动句

（1）“……为……”或“为……所”　如“吴广素爱人，士卒多为用者”（《陈涉世家》）中的“为”引出动作的主动者。

（2）“于”、“受……于……”或“见……于……”　如“六艺经传皆通习之，不拘于时，学于余”（《师说》）中的“于”表被动。

2．意念被动句

蔓草犹不可除，况君之宠弟乎？（《左传·郑伯克段于鄢》）中无标志词，但从句子意思不难看出“蔓草”为受动者。

（三）省略句

省略句，即文言中为使句子在结构上更紧凑而省掉部分成分，但不影响整个句子表意。省略句中常常省略的成分有主语、谓语、宾语及介词。如，“一鼓作气，再而衰，三而竭”即承前省谓语。

（四）倒装句

现代汉语中，句子成分的顺序一般为主语、谓语、宾语。定语常出现在主语中心语和宾语中心语之前，状语常出现在谓语中心语之前，补语常在谓语中心语之后。例如：

1）（一张简陋的）大竹床铺着（厚厚的）稻草。

2）我【独自一人】游荡〈在田野里〉。

倒装句，即句子成分的顺序出现前后颠倒的文言句式。常见的倒装句式有主谓倒装、宾语前置、定语后置和介宾结构后置四种。

1．主谓倒装

主谓倒装常发生在感叹句或疑问句中，为强调语气而将谓语提到主语之前或句首。例如，“甚矣，汝之不惠。”

2．宾语前置

宾语前置常发生在以下几种情况：

1）疑问代词（谁、何、奚、胡、恶、安、焉等）做宾语时，宾语前置。如“大王来何操”。

2）宾语为代词的否定句中，宾语前置。如“然而不王者，未之有也”。

3）宾语前有介词形成介宾短语或方位词、时间词作宾语的句子中，宾语常常前置。如“将子无怒，秋以为期”、“沛公北向坐；张良西向坐”。

4）为突出宾语，古汉语中常以“之”、“是”为标志，将宾语前置。如“句读之不知，惑之不解”、“不私于物，唯善是与”、“吾向之隐忍而不之杀者，为其有仓卒一旦之用也”。

5）指示性副词“相”、“见”做宾语，宾语前置。如“杂然相许”、“生孩六月，慈父见背”。

3．定语后置

定语后置常常为修饰、限制中心词。

1）“中心词、定语、者”的形式。如“群臣吏民能面刺寡人者”、“楚人有涉江者”。

2）“中心词、之、定语、者”的形式。如“石之铿然有声者，所在皆是也”、“僧之富者不能至”。

3）“中心语、而、定语、者”的形式。如“缙绅而能不易其志者，四海之大，有几人与”。

4）“中心语、之、定语”的形式。如“带长铗之陆离兮，冠切云之崔嵬”、“居庙堂之高则忧其民，处江湖之远则忧其君”。

5）“中心词、表修饰关系的数量词”的形式。如“以乘韦先，牛十二犒师”。

4．介宾结构（状语）后置

介宾结构做补语的句子中，常常称为介宾后置。常见介宾结构后置的形式有：

1）“动词、以、宾语”的形式。如“饰以篆文山龟鸟兽之形”、“覆之以掌”。

2）“动词、于或乎、宾语”的形式。如“门前植槐一株，枝叶扶疏，时作糜哺饿者于其下”、“能谤讥于市朝”、“生乎吾前”。

3）“形容词、于、宾语”的形式。如“青，取之于蓝，而青于蓝”、“虽才高于世，而无骄尚之情”。

（五）固定结构句式

常见的文言固定句式常表示一定的语气，如疑问、反问、设问、感叹、揣测、选择等。下面作部分举例。

1．表疑问

1）奈何，可译为“怎么办、怎么、为什么”。如“今者出，未辞也，为之奈何”。

2）何如，可译为“怎么、怎么样、怎么办”。如“求，尔何如”。

3）何以，可译为“根据什么、凭什么、为什么、怎么会”。如“一旦山陵崩，长安君何以自托于赵”。

2．表反问

1）何……之有，可译为“有什么……呢、怎么能……呢”。如勾践曰：“苟得闻子大夫之言，何后之有”。

2）安……哉（乎），可译为“哪里……呢、怎么……呢”。如“燕雀安知鸿鹄之志哉”。

3）……非……欤，可译为“……不是……吗”。如“子非三闾大夫欤”。

3．表设问

何者、何则，可译为“为什么呢”。如“百仞之山，任负车登焉。何则？陵迟故也”。

4．表感叹

1）何其，可译为“为什么那么、怎么这样、多么”。如“至于誓天断发，泣下沾襟，何其衰也”。

2）亦……哉，可译为“也……啊”。如“呜呼，亦盛矣哉”。

5．表揣测

无乃……乎，可译为“恐怕……吧、只怕……吧”。如“今君王既栖于会稽之上，然后乃求谋臣，无乃后乎”。

6．表选择

与其……孰若……，可译为“与其……，不如……”。如“与其有乐于身，孰若无忧于其心”。

范文学习

一躬身入局

曾国藩

阅读提示

曾国藩（1811—1872）初名子城，字伯函，号涤生，谥文正，湖南湘乡人。晚清散文“湘乡派”创立人。官至两江总督、直隶总督、武英殿大学士，封一等毅勇侯。

一老翁请客，晨起派儿置办果蔬，时已过巳，儿仍不归。老翁心慌，遂亲往村口看望。见儿子挑菜担与一挑京货单的汉子于水畦上对峙，水畦窄，两人无法同时通过，互不想让。

老翁婉言，家中有客，请汉子于水田稍避，两人均可过，岂不两便。

汉子曰，为何不让汝子于水田稍避？

老翁答曰，儿身材矮小，立于水田，恐担浸湿，坏其食物，而汉身长，故请避让。

汉子曰，汝子担内不过果蔬，浸湿无妨，吾担内京广贵货，浸湿一文不值，安能避让？

老翁见状无奈，乃挺身就近曰，然则如此，吾下水，汝将担交于吾顶于头，待汝空身而过，则返汝，何如？即解衣脱履。

汉子见此，甚过意不去，乃曰，既老丈如此，我即下水，汝子担过去便是，当即下田避让，争执就此消散。

——节选自《挺经》

思考

1）提炼选文的主要内容（不超过20字）。

2）说说作者写这个故事的意图。

二 诫 子 篇

诸葛亮

阅读提示

诸葛亮，字孔明，号卧龙，三国时期杰出的政治家、战略军事家。

夫君子之行，静以修身，俭以养德，非淡泊无以明志，非宁静无以致远。夫学须静也，才须学也，非学无以广才，非志无以成学。淫慢则不能励精，险躁则不能治性。年与时驰，意与日去，遂成枯落，多不接世，悲守穷庐，将复何及！

——节选自《诸葛亮集》

思考

1）《诫子篇》体现了智者诸葛亮怎样的思想？

2）你如何理解“非淡泊无以明志，非宁静无以致远”？

三 小 石 潭 记

柳宗元

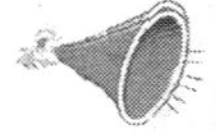

阅读提示

柳宗元（773—819），字子厚，曾与王安石倡导唐代古文运动，与韩愈、欧阳修、苏洵、苏轼、苏辙、王安石、曾巩被称为“唐宋八大家”。本篇作于元和四年（809），又名《至小丘西小石潭记》。

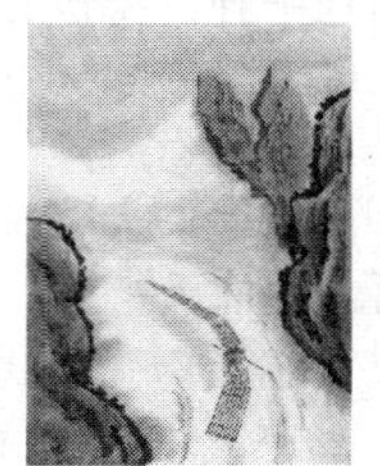

从小丘[①]西行百二十步，隔篁竹[②]闻水声，如鸣珮环[③]，心乐之。伐竹取道，下见小潭，水尤清冽。全石以为底[④]，近岸，卷石底以出[⑤]，为坻为屿，为嵁为岩。青树翠蔓，蒙络摇缀，参差披拂[⑥]。

潭中鱼可百许头，皆若空游无所依，日光下澈，影布石上[⑦]。佁然不动，俶尔远逝，往来翕忽，似与游者相乐。

潭西南而望，斗折蛇行，明灭可见。其岸势犬牙差互，不可知其源。

坐潭上，四面竹树环合，寂寥无人，凄神寒骨，悄怆幽邃[⑧]。以其境过清，不可久居，乃记之而去。

同游者：吴武陵，龚古，余弟宗玄。隶而从者，崔氏二小生：曰恕己，曰奉壹。

【释义】

①[小丘] 在小石潭东面。西，向西（名词作状语）。

②[篁（huáng）竹] 竹林。

③[如鸣珮环] 好像人身上佩带的玉环、玉珮相互碰击发出的声音。鸣，使动用法。

④[全石以为底]（潭）以整块石头为底。以，用。为，作为。

⑤[卷（quán）石底以出] 石底有些部分翻卷过来露出水面。以，连词，表承接，相当于“而”。

⑥ [蒙络摇缀，参（cēn）差（cī）披拂] 意思是（树枝藤蔓）遮掩缠绕，摇动下垂，参差不齐，随风飘拂。

⑦[日光下澈，影布石上] 阳光照到水底，鱼的影子映在水底的石上。澈，深透。

⑧[悄（qiǎo）怆（chuàng）幽邃] 幽静深远，弥漫着忧伤的气息。悄怆，寂静得使人感到忧伤。

思考

1）找出文中你最欣赏的句子，说说你的理由。

2）用一句话描绘“如鸣珮环”、“蒙络摇缀”、“参差披拂”、“ 悄怆幽邃”所表达的内容。

小链接

中国古代文化知识知多少

1）“三纲”是指“君为臣纲，父为子纲，夫为妻纲”，是由汉代董仲舒提出。

2）旧时婚嫁的六礼即纳采、问名、纳吉、纳徵、请期、亲迎。

3）战国后期，秦国蜀守李冰在成都附近的岷江上组织修建了都江堰，使成都平原成为“水旱从人，不知饥馑”的天府之国。

4）世界现存最早的标有确切年代的雕版印刷品是 868 年刻印的《金刚经》。

5）东晋王羲之的书法作品《兰亭序》被称为“天下第一行书”。

6）“五谷”，古代有多种不同说法，最主要的有两种：一种指稻、黍、稷、麦、菽，另一种指麻、黍、稷、麦、菽。

7）莫高窟石窟，又称“千佛洞”，至今保存着北朝、隋唐、宋元等时期的近 500 个洞窟，其中大部分是唐朝时期开凿的。窟中有大量精美生动的彩色塑像和壁画，是世界上现存最大的石窟之一。

8）五声也称“五音”，即我国古代五声音阶中的宫、商、角、徵、羽五个音级。

9）东晋著名画家顾恺之擅长画人物画，他的《女史箴图》和《洛神赋图》，是我国古代绘画宝库中的珍品。

10）四书即《大学》、《中庸》、《论语》、《孟子》的合称。

11）明代解缙等二千余人奉明成祖之命辑录《永乐大典》。该书广泛搜集当时能见到的图书七八千种，辑成二万二千八百七十七卷，另凡例、目录六十卷，共装订一万一千零九十五册，约三亿七千万字，是我国古代最大的一部类书。

12）《尔雅》是我国最早的释问专著，也是世界上第一部成体系的词典。

13）四大书院是指江西庐山的白鹿书院、湖南长沙的岳麓书院、河南嵩山的嵩阳书院和河南商丘的应天书院。

14）四大名瓷窑即河北的瓷州窑、浙江的龙泉窑、江西的景德镇窑和福建的德化窑。

15）中国传统文化的最高价值原则为中庸。

任务六　欣赏动漫作品

任务阐述

了解动漫基本知识，掌握欣赏动漫作品的基本方法。

知识云梯

欣赏动漫作品

一、什么是动漫

“动漫”，简单地说就是动画和漫画的一个缩略称谓。动画和漫画是分属于两种不同的艺术形式的。但由于当前日本动画和漫画对中国观众和读者的影响，使得“动漫”一词常常被独立使用而带有特定的意味。

现代汉语中，动画是“以绘画或其他造型艺术形式作为人物造型和环境空间造型的主要手段的艺术”的正式称谓，是电影艺术的一个分支。狭义的“动画片”指的是“以绘画形式作为人物造型和环境空间造型的主要表现手段，运用逐格拍摄的方法把绘制的人物动作逐一拍摄下来，通过连续放映而形成的活动影像”。

漫画一词源出中国北宋，后被日本人引用，20 世纪又先后两次被引进我国。传统理解为“用简单而夸张的手法来描绘生活和时事的图画。一般运用变形、比拟、象征的手法，构成幽默、诙谐的画面，以取得讽刺或歌颂的效果”。

二、漫画的种类

漫画可分为以下几类：

1）四格漫画。四格漫画就是以四个画面分格来完成一个小故事或一个创意点子的表现形式。四格漫画短短几格涵盖了一个事件的发生、情节转折及幽默的结局，着重点子创意，画面不需很复杂，角色也不要太多，对白精简，让人容易轻松阅读。

2）故事漫画。用数量不受限制的连续画格表述有主题有情节的故事，可以是短片、中篇，也可以是长篇，甚至多达几十卷、上百卷的宏篇巨著。故事漫画的范围很大，读者面十分广泛。

3）学习漫画。主要是用于辅助中小学生学习的，既有故事又有文字解说，力求提高学生的读书兴趣，加深对课业的理解，还可以着重表明某些学习要领，以巩固记忆，增强学习效果。此外也有供成年人使用的。

4）解说漫画。解说漫画是学习漫画的延伸，主要是以成人读者为对象，用以阐述某些著作、学说、理念、准则，传播诸如安全、保健、法律、金融、交通以及各种生活知识等。也可以用于产品说明、商业广告。

三、漫画的要素

漫画由故事、绘画和漫画语言三个要素构成。

1）故事。漫画不但要有主题，还要有故事情节，即便是四格漫画，也少不了简短的情节。

2）绘画。漫画的画是由数量不等的画格组成的，每一个画格可以是表达某种故事情节的独立画面，也可以只是显示人或事物的某个局部、某种过程或某个瞬间的非独立画面。

3）漫画语言。用特定的绘画规律、规则、技法、技巧，通过一个个画格，把故事情节恰如其分地表达、表述出来，就是漫画语言。其中也包括漫画中的对话和通用符号。

故事是基础，绘画是手段，漫画语言则是把故事和绘画巧妙地结合到一起的关键。

四、漫画的特点

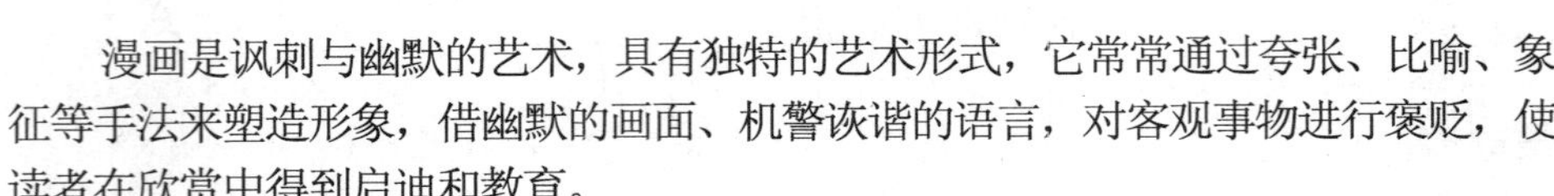

漫画是讽刺与幽默的艺术，具有独特的艺术形式，它常常通过夸张、比喻、象征等手法来塑造形象，借幽默的画面、机警诙谐的语言，对客观事物进行褒贬，使读者在欣赏中得到启迪和教育。

1. 漫画的幽默性

漫画要具有幽默感，无论哪种形式的漫画作品都要追求幽默感，漫画家在创作时，所极力追求的也是幽默感。当然，漫画的幽默感不能太做作，更不能无聊、低级、庸俗。漫画的幽默感应该是积极的、自然的、健康的、高雅的。

2. 漫画的评议性

表面上，漫画具有戏谑轻佻的形式，但本质上，漫画大都是严肃的、庄重的、说理的。漫画的议论、说理，就是漫画的评议性。所谓评议，就是批评、议论。评议的方式很多，例如批评、讽刺、歌颂等。漫画评议性在讽刺漫画中表现最突出。我们有时说漫画是“匕首”、是“投枪”，就是形容讽刺漫画富于评议性。漫画的评议性在有些种类的漫画中表现并不突出，例如幽默漫画、肖像漫画等，有些作品甚至根本就没有评议性。但并不能因为一些漫画作品没有评议性，而不把评议性列为漫画特点，毕竟评议性在绝大多数漫画作品中是存在的。

漫画采用幽默手法来实现评议性，所以发挥好漫画的评议性必须处理好幽默技巧，才会使评议的力度更强。幽默能使主体突出，能充分发挥漫画的寓庄于谐的艺术性。

另外，漫画的评议性是以理服人。俗话说，话有三说，巧说为上。说话讲求艺术、技巧，漫画也是如此。不讲分寸、不讲艺术、不讲次序、不讲条理的胡评乱说是收不到好的效果的。

3. 漫画的夸张性

夸张能产生奇巧的效果，所以夸张便成为艺术上构建滑稽的通用手法。在文学作品中，例如小说、剧本等，作者常常采用夸张的文笔来塑造描写人物。人们常常称这种写法为“ 漫画式”。这说明，漫画中的夸张是为大家所共识的。漫画的夸张也是漫画创作中使用最多、最广的一种手法，相对于文学作品中的夸张而言，漫画的夸张幅度更大。漫画中的夸张主要体现在漫画的形象、情节安排两方面。

漫画的夸张表面看来似乎很随意，但并非无所顾忌。夸张幅度应以不改变问题实质为准则。鲁迅先生讲的“漫画虽然有夸张，却还要诚实”，就是这个道理。

4. 图像与文字的协调性

漫画还有一个非常明显的特点，即可以使用文字配合图像来表现主题，从而能更直观更深刻地揭示出主题。通过图中的文字，可以揭示出人物的思想活动，增强画面的表现效果，另外，对情节也可起到补充说明的作用。当然，漫画中的文字应当简练，不宜过于烦琐。要知道，漫画首先是画，画面中文字太多，容易给人造成喧宾夺主的感觉，那样便破坏了画面的美感。

范文学习

一 宫崎骏动画电影中的男孩

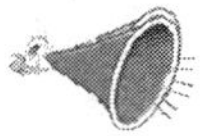

阅读提示

本文主要评析了宫崎骏动画电影中男孩子的性格特点，角色的丰满和率真使其性格更具有真实性，更为观众所喜欢。

在宫崎骏的影片中，男孩子大多是以配角的形式出现，而早期的一些角色的性格也并不太鲜明。但随着时间的推移，宫崎骏影片之中的男孩子的个性也越发地鲜明起来。相对于越来越“归璞化”的女孩角色而言，男性角色所代表的血统越来越高贵，能力也越来越强。这些孩子们随着身份与能力的“高端化”，他们的缺点也越来越多，问题亦越来越严重。

宫崎骏之所以喜欢让男孩子们的性格充满了缺点，这不仅因为这一点可以让角色变得更加丰满，以此达到贴近观众的目的，而且也可能缘于宫崎骏自身男性自省的角度。对于一名男性动画导演而言，女性角色可能会相对好写一些，因为当提起笔来构建男性角色的时候，男性身上的种种缺点却最先暴露于笔下，而身为男性却可以很容易地发现女性身上所具有的优点。并且随着导演年纪的增长，阅历的增加，他更加明白了男性在社会上的作用，以及在压力之下，心理对于一种慰藉的渴望。因而宫崎骏动画之中这些男孩们随着能力的增加而变大的缺点，也可能正是出于一种对于自我的重新认识。

《魔女宅急便》中的汤宝就是一个充满好奇心的小公子哥，虽然为人热情，但却也在某些时候做事不加考量，最后在陷入危机的时候被琪琪救下。

《天空之城》中的巴鲁在遇到希达之前，仅仅是一个不懂事的毛头小子，在天真与率性之中，却不乏冲动与倔犟，他在空盗们的帮助下，不仅救出了希达、粉碎了邪恶大佐的野心，也找到了父亲当年所见证的“天空之城”拉普达。

《红猪》中的卡斯基虽然以成人的形象出现，但他的本质仍是一个大男孩。他天真率性，虽然与红猪为敌，但却并不是坏人，而他与红猪的赌注也并非单纯的金钱，而是爱情，这种阳光大男孩的形象使他虽然也为反派，但并不招观众的讨厌。

《幽灵公主》中的阿席达卡不仅武艺高强，而且也带有上古部族的贵族血统，但对于自己的信念左右摆动，常常为正义的归属而苦恼，最后一步一步地与小桑解开了自己身上的诅咒。

➘ 思考

1）你喜欢宫崎骏的动画电影吗？请谈谈你对宫崎骏动画电影的个人感受。

2）介绍一部你喜欢的动画电影给大家，并说明喜欢的原因。

二　城市里的风信子——评《千与千寻》

阅读提示

本文从多个角度详细地解说了《千与千寻》得奖的原因，同时也告诉了同学们一个深刻的道理，学习时注意体会。

以一部动画片荣获第 52 届柏林电影节金熊奖以及本届奥斯卡“最佳长篇动画片”奖的《千与千寻》曾一度轰动，最近，该片又获得了安妮奖的四项大奖。但是我个人认为，最能反映该片成功的不是这众多的奖项，而是无数被打动的人们。而我写这篇评论的目的也正是想感动、想唤醒更多生活在混乱、盲目和无奈中的人。

首先要说明的是，《千与千寻》是一部电影，它的制作动机绝不是一味地讨好孩子，也绝不是纯粹想凭借 3D 特效赚足票房。因此，该片是要与普通的日本卡通片以及简单依靠感官享受而卖座的商业片划清界限的。只看该片的制作方式和故事情节并不能作为衡量一部影片立意、价值的标准。从我的角度看，《千与千寻》的成功不仅仅局限于它给人们带来的视觉冲击。

焦点一：故事情节、表现手法和场景运用

关于争议颇多的故事情节和结尾的设计，说它“敷衍”也好，说它“胡编”也好，我想只要你是抱着净化心灵的目的去看这部片子的，就不必在意这些评价，因为该片的成功之处绝不在此。有人说纷繁华丽的场景、神神鬼鬼的荒诞情节导致了观众的失望，本人认为像这样不符合宫崎骏大师一贯风格的做法之所以得大奖乃是源于其 3D 的动画特效。其实，正因有了这些迷惑人的表面现象，才更能加强对比的力度，反衬出生活中的那种可贵的纯真和质朴。一方面，影片中除了多处小小的悬念，还有很多条线索交替贯穿其中，表现事情发展的全过程，同时也给观众以暗示，提供他们思考的空间；另一方面，宫崎骏大师运用了大量细节性的景物——诸如笑容诡秘的石像、隧道里的彩色玻璃窗以及盛开在汤屋后花园的绣球花等——和贯穿全片的音乐渲染气氛，提示观众。在当今社会中要想轻易打开别人的心扉那根本是不现实的，于是宫崎骏大师才会运用这样一种表现手法，让观众学会自己去发现、去体会、去感悟生活中点点滴滴的真挚情感。而关于汤屋这一场景的设计破坏了影片本应带给观众的精致但干净的感觉，这还只是属于次要问题。如果你够宽宏大量的话，就可以理解大师想以调色板一般的大环境衬托千寻和小白善良单纯的内心的用意；如果你目光挑剔那也没关系，因为无处不在的音乐和导演精心处理的细节一定可以打动你。比如碧青碧青的天空、从水下驶过的列车、钱婆婆精心打理的小屋，这些场景与汤屋华丽气派的建筑风格形成鲜明对比，借着清新自然淳朴的画风无时无刻地提醒观众这是一部由漫画诗人创作导演的影片，暗喻了白龙就是曾救千寻一命的琥珀川的河神，以及千寻不知不觉中成功地重塑自己并救回父母的结局。

焦点二：人物设定

不要忘记，无论是背景还是情节，其本质还是围绕人物的，是为表现人物服务的。该片的另一特色便在于宫崎骏大师塑造的一个个颇具代表性的鲜活生动的人物，这些人物虽然奇怪却很亲切，不知不觉中便会发现，他们似乎就活在现实世界里，是日常生活中自己所熟悉的这个人或者那个人。我发现，片中的任何一个人物都有其特定的意义和价值。比如无面人，看似可有可无，但事实上观众却可从他的变化看到在平时生活中社会的环境对人的影响，足以体现大师的良苦用心。虽然这类细节对于导演想要诠释的道理没有直接的帮助，可影片一旦有了细节的点缀就会显得更为完整、真实、人性化。

焦点三：喜忧参半褒贬不一的一段

在宫崎骏的专访中，记者问起制作《千与千寻》的过程中最为重要的是哪一段时，大师答到："是千寻和无面人坐着火车去沼底的那一段。"原因是："我最喜欢那段。"我除了感慨大师的童心，还对他格外喜爱的那段情节颇有兴趣。这一段落可以说是整部片子中最为平淡但又是最有意境的，大师冒着不被观众理解的风险将其安排在高潮之前可谓用心良苦。有一些疲倦的、像是要步入黄昏的太阳，映衬在没过铁轨的水面上……远远地驶来一列两节的火车……还有，仿佛来自于内心深处的音乐，具有一种本能的忧郁味道。列车经过沼源的那站，导演颇费心思地营造出一种温馨而又莫名伤感的氛围：还留有最后一抹夕阳余晖的暗色天空、悬在车厢外的霓虹，还有倒映在车窗上的千寻的侧影，仿佛空气里弥漫着一阵花香。我时常感觉，此时静静端坐着的千寻在流动却又可能是凝固的空气里像一枝白色的风信子，尽管她不漂亮不出众，属于生活中最不起眼的类型，但我想，如果把她可贵的天真和单纯比做风信子浓郁而不甜腻的香气应该不算过分吧。

焦点四：简短却经典的高潮

关于该片的高潮部分，我敢说，白龙在找回自我时身体化为碎片的瞬间也一定是年轻观众心灵防线决堤的刹那。我感叹千寻在历经重重考验后从娇生惯养、胆小怯懦转变为一个规矩懂事、勇敢坚强的好孩子，感叹汤屋里一部分看似冷漠无情其实善良宽容的人们（如锅炉爷爷和小玲）在关键时刻给予别人恰到好处的心灵慰藉，更感叹小白和千寻之间超越时空的真挚情感。小白曾在关键时刻为千寻指点了一条在神明世界生存的道路，千寻也为挽回小白的生命而牺牲原本要救父母的河神丸子，两人的命运从此便紧紧联系在一起。随着剧情的发展，他们的关系也日益明朗。在高潮，也就是从钱婆婆那里飞回汤屋的途中，千寻面对脚下被淹没了铁轨的水面忽然流畅且平静地念出了小白的全名。我清楚地记得当时千寻所说的话："小白，我妈妈对我说过，我小的时候曾掉落在河川里。后来那条河被填埋了，那上面也盖了房子。我一直不怎么记得，现在却想起来了，那条河叫做琥珀川，因此我想，你的名字也一定是琥珀川。"随着小白惊愕的眼神，他的龙身一下子散做漫天飞扬的碎片，在阳光的映衬下犹如洁白的碎瓷闪闪发亮。一个面庞英俊的男孩握住千寻的手，他们一同从高空坠落下来，那个男孩神采奕奕地说："谢谢你，千寻，我的全名是赈早见琥珀主。我想起千寻你掉到我里面时还试图去找回你的鞋子……""是啊，正是琥珀主将我推上堤岸的。"他们就那样握着手淌着泪水，一边追忆着过去，然后降落的。至此，全片最初带来的悬念得到了最完整最具想象力的解释。

至于将这一段作为高潮的原因，有两点：其一，这一部分直接道出了千寻同琥珀主之间无形但又亲密的关系和渊源；其二，也是更为重要的原因，"名字"也是《千与千寻》众多的线索之一。利欲熏心的汤婆婆为了主宰他人控制他人，随意夺走他人的名字，而一心想学法术的白龙——琥珀川的河神，正如汤婆婆的姐姐钱婆婆所说，"龙都是善良而愚蠢的"，不惜自己的名字最终却受了骗，成了汤婆婆的心腹和龙小偷，干着自己极不情愿的勾当。先前千寻也一度被工作合约上的名字"小千"所迷惑，是琥珀主还给她自己的衣服，并且提醒她"隐藏好自己的真实身份，不要忘记了自己的名字"。他还说过自己无论如何也想不起原先的名字，却唯独记得"千寻"，我认为，这一方面是为高潮部分揭开谜底作铺垫，另一方面也是启发千寻珍惜自己、为自己的名字骄傲的一种方式。

看完全片后我还听了《千与千寻》的主题曲。想说的是，感谢荻野千寻，感谢琥珀主，感谢宫崎骏，是他们的真诚和童心打动了我，让我发掘出了自身的价值，了解了作为一个人的骄傲和自尊。我时常因为这个社会有太多的阴暗面而困惑不安。现在，童心未泯的宫崎骏和他的这部洋溢着浓浓人情味的作品却让我看到，有阳光的地方也就有阴影，但钢筋水泥铸就的城市里不是还有那么多的人喜爱种植风信子吗？

思考

1）这篇评论分别从哪些角度评析了《千与千寻》这部动画电影？

2）你对这部动画电影有自己的看法吗？请告诉大家。

小链接

中国动画片可从《功夫熊猫》中学到什么

梦工厂出品的《功夫熊猫》的热播引发了人们极大的关注与争论。这部动画片的成功，不用说，是好莱坞先进的数码技术发挥了举足轻重的作用。但其成功的原因，远不止技术领先这么简单，其实修行之功在功外，这部动画片在想象力、构思、定位、做工、文化等诸多的方面都值得我国数码动画界借鉴。《功夫熊猫》具有丰富的想象力，把中国功夫几种最具代表性的虎拳、豹拳、猴拳、蛇拳、鹤拳、螳螂拳，由六种不同的动物大侠，形象地展示出来，设计的各种武打动作变幻莫测，如果由人类演员出演的话，再高明的武功，也难以达到动画的效果。在关键场景设计上，让熊猫突然出现在比武大会的乌龟大师面前，本是一个难题，想象力却轻易地解决了问题。影片独具匠心地让熊猫坐着焰火突然降临，颇具喜剧性，同时呼应了影片中的神话传说。特别是结尾处，熊猫大侠阿宝使用传说中的神功拈花一笑，出现了原子弹爆炸般的效果，将作恶多端的大龙打得灰飞烟灭，将这一最高武功用极具夸张的手法表现出来，着实是颇具想象力。试想，这个场面如果不是用动画，而是用胶片电影拍的话，其布景加特技要达到如此的境界，将不知耗费多少人力、物力！想象力，是人类思维中最美丽的花朵，也是动画片中最具欣赏价值的宝贵元素，不仅利于极大地满足审美情趣和娱乐需求，达到“心悟八极，余游万仞”的效果，还能很好地启迪观众的智慧，促进催生社会发明的创造性思维的生长。有如此重要意义的想象力，当前却正是我国许多影视作品，包括动画片，重视不够甚至忽视的元素。好莱坞影片为何大受全世界观众的欢迎？其重要原因，就是极具想象力，如经典的《猫和老鼠》、《米老鼠和唐老鸭》等，一分钟内可能会数十个镜头奇妙地变幻，主角一会儿可以压扁为一张纸，飘飘悠悠地掉到地上，一会儿又可以被挤压成碎片，一块一块地化掉……手法十分夸张而具想象力。在剧情设计上，好莱坞的动画片也常常令人耳目一新。例如，对于《灰姑娘》这个经典剧情，其续集《灰姑娘 II》的剧情主要是，假如时光倒流，灰姑娘没有魔法帮助会怎么样；《灰姑娘 III》的剧情又陡然变为：灰姑娘为何非嫁王子不可，王子要是昏聩无能的话，那么嫁给善良、能干的洗碗工岂不是更好吗？

其次，《功夫熊猫》一如好莱坞的诸多动画片一样，表现出一种贴心的人文关怀，一则是坚持，再坚持，永不放弃的精神；二则是小人物通过努力也能成就大事业。追求人文价值的教育意义，相信比任何直白的灌输式教育强。国产的动画片问题却往往是：宣扬小孩英雄主义，教育使命太重，小孩说成人话，给小主角赋予的形象过于高大全，过于理想化，希望在动画片中硬性灌输的教育成分太多。

我想动画片是否应遵循潜移默化、寓教于乐的原则呢？人文关怀，到底关怀谁？这就与观众的定位紧密相关。要想让动画片有巨额的票房，显然仅将观众定位为儿童是不够的。可惜的是，在我国，人们往往有意无意地认为动画片只是给儿童看的，这就给国产动画片的观念定位带来了不少的麻烦。事实上，国外的《铁甲威龙》、《钢铁侠》等著名的成人大片，都是由动画片改编而来。动画片，无非是用不到每分钟 25 祯画面播放的绘画影片，只是一种不同风格的电影表现形式而已，何必都把这种极具视听表现力的形式仅留给儿童欣赏呢？动画片相对于传统的电影有着不少优势：不需要出资天价来聘大腕影星；不需要复杂的道具；不需要演员某种矫揉造作的表演；可轻松地跨越时间、空间，轻松转换场景，轻易地实现星际旅行视觉，达到梦幻般的效果。将观众定位扩大到成人，不仅意味着更多的票房，还意味着更多的产品，以及动画产业可持续的良性发展。

再次，《功夫熊猫》有十分精致的做工，背景很美，融入了不少国画的元素，主角着墨精细，表情十分丰富，熊猫阿宝通过考试的情节，画工非常复杂，环环相扣；“盛怒五杰”同反叛的大龙在桥上的打斗颇有斯皮尔伯格《夺宝奇兵》中的风格，惊心动魄、跌宕起伏。反观为何我们的国产动画片难以形成气候？我们缺少技术吗？其实不然，我感到做工上缺少的是足够的细腻和创意。大凡成功的动画片，都与细腻的做工分不开。如宫崎骏的动画片，显示出精美的自然主义画面，水、天、草地、动物、云朵，都给人清新、舒畅的和谐感觉，有诗一般的意境。好莱坞的动画片往往耗资可与一些胶片电影相比美，《埃及王子》耗费上亿美元，请了民俗学家、考古学家帮忙，由著名歌唱家演唱主题歌，这样精心打造的作品还具有丰厚的文化内涵。

我想，面对《功夫熊猫》等外来动画的冲击，我们不是消极地抵制，而是主动地学习，做出令中西方都喜闻乐见的动画大片来，走向世界，用至美的效果来打动和征服国内外的观众。

中国动画之最

1）中国第一部在国外获奖的科教动画片《遗传工程初探》(1985 年)。
2）中国第一部系列动画片《葫芦兄弟》(1987 年)。
3）第一届中国电影“金鸡奖”最佳美术片奖获奖影片《三个和尚》(1980 年)。
4）中国第一部水墨剪纸片《长在屋里的竹笋》(1976 年)。
5）中国第一部彩色宽银幕动画片《哪吒闹海》(1979 年)。

6）中国第一部彩色木偶长片《孔雀公主》(1963 年)。
7）中国第一部折纸片《聪明的鸭子》(1960 年)。
8）中国第一部水墨动画片《小蝌蚪找妈妈》(1960 年)。
9）中国第一部立体电影木偶片《大奖章》(1960 年)。
10）中国第一部彩色动画长片《大闹天宫》(1961 年、1964 年)。
11）中国第一部彩色剪纸片《猪八戒吃西瓜》(1958 年)。
12）第一届《大众电影》“百花奖”最佳美术片奖获奖影片《小鲤鱼跳龙门》(1958 年)。
13）中国第一部彩色动画片《乌鸦为什么是黑的》(1955 年)。
14）中国第一部大型动画片《铁扇公主》(1941 年)。
15）中国第一部有声动画片《骆驼献舞》(1935 年)。
16）中国第一部动画片《大闹画室》(1926 年)。

任务书

A. 基础模块任务书

☆ 任务一　认读和运用汉语字词句

☆ 任务二　掌握普通话朗读方法

☆ 任务三　辨识常见修辞手法

☆ 任务四　掌握一般阅读方式（一）

☆ 任务五　掌握一般阅读方式（二）

☆ 任务六　了解四种文学样式的特点

☆ 任务七　诵读文言文作品

任务一　认读和运用汉语字词句

实训工场

你能在日常生活、工作中运用所学来解决实际问题吗？

任务书 1

班别________　组别______　人数____　完成时间__________　流水号______

任　务	要　求	得　分	组员姓名	任务分工
词语接龙	教师说出“龙头词语”，各组代表以其最后的字（可同音）为开头字说出另外的词语，以此类推，在规定时间内得分高的组胜		A:	作为代表参加全班互动游戏
			B:	作为备选代表
			C:	观察、评价其他组的优点
			D:	文字记录及资料整理
教师提示	接着说下去！			

任务书 2

班别________　组别______　人数____　完成时间__________　流水号______

任　务	要　求	得　分	组员姓名	任务分工
神秘礼物大派送	设计送给父母或老师的神秘礼物，并选派代表详细介绍。全班评选最佳表达奖三名		A:	作为代表参加全班的互动游戏
			B:	组织组员讨论设计本组方案
			C:	观察、评价其他组的优点
			D:	文字记录及资料整理
教师提示				

任务书 3

班别________ 组别______ 人数____ 完成时间__________ 流水号______

任　　务	要　　求	得　　分	组 员 姓 名	任 务 分 工
谈父母关爱自己的细节	小组代表发言，所得分数为小组共有。发言用普通话，内容浓缩在30个字以内，要真实、有感染力		A:	作为代表参加全班的互动游戏
			B:	组织组员讨论设计本组方案
			C:	观察、评价其他组的优点
			D:	文字记录及资料整理
教 师 提 示				

任务二　掌握普通话朗读方法

实训工场

你能在日常生活、工作中运用所学来解决实际问题吗？

任务书 1

班别________ 组别______ 人数____ 完成时间__________ 流水号______

任　　务	要　　求	组 员 姓 名	任 务 分 工	得　　分
找“朋友”	在下列词语中，找出加点字的读音全都相同的组合，所得分数为小组共有	A:	代表小组发言	
		B:	作为备选代表协助 A	
		C:	观察、评价其他组的表现	
		D:	文字记录及资料整理	
师 生 总 结				

1）剥削　削减　瘦削　日削月割

2）脑壳　躯壳　甲壳　金蝉脱壳

3）落差　着落　落色　丢三落四

4）阻塞　瓶塞　要塞　敷衍塞责

5）假借　假设　假以辞色　假日经济

6）模型　模压　模棱两可　装模作样

7）剥离　剥落　生吞活剥　剥夺权利

8）提防　提取　提心吊胆　耳提面命

9）数落　数控　数典忘祖　数见不鲜

10）抹布　抹杀　拐弯抹角　淡妆浓抹

11）号叫　哀号　狂风怒号　号啕大哭

12）蒙古　蒙骗　蒙头转向　蒙混过关

13）丧假　丧钟　闻风丧胆　丧权辱国

14）落第　落价　丢三落四　大大落落

15）卡通　卡车　重重关卡　突然卡壳

16）散漫　散落　散兵游勇　零零散散

任务书 2

班别________ 组别______ 人数____ 完成时间__________ 流水号______

任　务	要　求	组员姓名	任务分工	得　分
我口说我心	小组代表发言，谈谈你对敬业爱岗精神的认识，所得分数为小组共有。发言用普通话，约2分钟，要真实、有感染力	A：	代表小组发言	
		B：	作为备选代表协助 A	
		C：	观察、评价其他组的表现	
		D：	文字记录及资料整理	
师生总结				

任务书 3

班别________ 组别______ 人数____ 完成时间__________ 流水号______

任　务	要　求	组员姓名	任务分工	得　分
K 歌大赛	小组代表上台唱一首普通话歌曲，所得分数为小组共有	A：	代表小组演唱	
		B：	作为备选代表协助 A	
		C：	观察、评价其他组的表现	
		D：	文字记录及资料整理	
师生总结				

任务三　辨识常见修辞手法

实训工场

你能在日常生活、工作中运用所学来解决实际问题吗？

任务书 1

班别________ 组别______ 人数____ 完成时间__________ 流水号_______

<table>
<tr><th>任　务</th><th>要　求</th><th>组员姓名</th><th>任务分工</th><th>得　分</th></tr>
<tr><td rowspan="4">说修辞</td><td rowspan="4">各小组抢答例句所用的修辞手法，回答正确得分，总分最高的组为胜</td><td>A:</td><td>代表小组发言</td><td rowspan="4"></td></tr>
<tr><td>B:</td><td>作为备选代表协助 A</td></tr>
<tr><td>C:</td><td>观察、评价其他组的表现</td></tr>
<tr><td>D:</td><td>文字记录及资料整理</td></tr>
<tr><td>师生总结</td><td colspan="4">我来试试吧</td></tr>
</table>

1. 远远的街灯明了，好像夜空中闪着无数的明星。
2. 休闲是人生一枚甘甜的果实。
3. 春天的脚步近了。
4. 头顶上盘着大辫子，顶得学生制帽的顶上高高耸起，形成一座富士山。
5. 嫩生生的荠菜，在微风中挥动它们绿色的手掌，招呼我，欢迎我。
6. 今年收成不好，地里仅长了几颗粮食。
7. 在这时代的主旋律中，也偶尔有几声不和谐的音符。
8. 红的像火，粉的像霞，白的像雪。
9. 你永远和我们在一起——在一起，在一起，在一起。
10. 谁是我们最可爱的人呢？我们的战士，他们是最可爱的人。
11. 桃树、杏树、梨树，你不让我，我不让你，都开满了花赶趟儿。
12. 我觉得我简直诧异得要爆炸了，这样残酷无情的诬蔑！
13. 每一个舞姿都充满了力量。每一个舞姿都呼呼作响。每一个舞姿都是光和影的匆匆变幻。
14. 像这样的教师，我们能够不喜欢她，不愿意和她亲近吗？
15. 通往山村的小路，弯弯曲曲，黑线一般。

任务书 2

班别________ 组别______ 人数____ 完成时间__________ 流水号_______

<table>
<tr><th>任　务</th><th>要　求</th><th>组员姓名</th><th>任务分工</th><th>得　分</th></tr>
<tr><td rowspan="4">超级模仿秀</td><td rowspan="4">各小组根据要求仿写句子，造句符合要求的得分，总分最高的组为胜。</td><td>A:</td><td>代表小组发言</td><td rowspan="4"></td></tr>
<tr><td>B:</td><td>作为备选代表协助 A</td></tr>
<tr><td>C:</td><td>观察、评价其他组的表现</td></tr>
<tr><td>D:</td><td>文字记录及资料整理</td></tr>
<tr><td>师生总结</td><td colspan="4">我知道</td></tr>
</table>

1．仿造下面句式，以“兴趣”开头，写一段话。

热爱是什么？热爱是风，热爱是雨。因为热爱，我们甘于淡泊宁静的日子；也因为热爱，我们敢于金戈铁马去，马革裹尸还。

兴趣是什么？兴趣是______，兴趣是______。因为兴趣，我们____________________；也因为兴趣，我们敢于________________________，________________________。

2．请以“诚信”为话题，按照下面的文字进行仿写。

生活是一部大百科全书，包罗万象；生活是一把六弦琴，弹奏出多重美妙的旋律；生活是一座飞马牌大钟，上紧发条，便会使人获得浓缩的生命。

诚信是____。

3．仿造下面句式，写上两个与前面意思一样的连贯的句子。

让自己的生命为别人开一朵花：一次无偿的献血是一朵花，一句关怀的问候是一朵花，一次善意的批评是一朵花，______________________，______________________……能为别人开花的心是善良的心，能为别人生活绚丽而付出的人是不寻常的人。

4．仿造下面“不是”和“如同”的句子，各造一个句子，表达你对承诺的理解。

承诺不是蓝天上的一片白云，逍遥飘逸。承诺不是______________________________；承诺如同珍珠，它的莹润是河蚌痛苦的代价，也是河蚌的荣耀；承诺如同____。

5．模仿下面句子的格式，另写一个句子。

遗忘是心的缝隙，漏掉了多少珍贵的昨天？（比喻+疑问）

____

如果没有理想，人生就像一艘无舵的航船，飘飘荡荡，没有方向。

任务书 3

班别________　组别______　人数____　完成时间__________　流水号________

任　务	要　求	组 员 姓 名	任 务 分 工	得　分
讲 故 事	小组代表发言，所得分数为小组共有。发言用普通话，内容浓缩在 150 个字以内，要真实、有感染力	A：	代表小组发言	
		B：	作为备选代表协助 A	
		C：	观察、评价其他组的表现	
		D：	文字记录及资料整理	
师 生 总 结				

任务四　掌握一般阅读方式（一）

实训工场

你能在日常生活、工作中运用所学来解决实际问题吗？

任务书 1

班别________ 组别______ 人数____ 完成时间__________ 流水号______

任 务	要 求	组员姓名	任务分工	得 分
阅读回答	全班分 3 个小组，根据教师所出示的阅读材料，分别回答 3 道不同的问题。（问题设计为精读题，问题后附）	A:	代表小组发言	
		B:	作为备选代表协助 A	
		C:	观察、评价其他组的表现	
		D:	文字记录及资料整理	
师生总结				

“吃醋”的榕树

不仅宠物会给主人捣乱，连家里养的植物也会使坏。植物“报复”并非罕见的现象。同我们人类一样，植物也懂得喜悦、惊恐、同情、反感。土豆被削皮时，会发出叫喊声，只不过其音频人耳无法接收到。

英国生物学家迈森就遇到过植物的“报复”。他的屋里有一棵榕树，他每天精心照料，一连好几年。结婚时，他已不年轻了。对这棵榕树来说，迈森夫人是屋里的第三者。没过多久。她就得了以前从未得过的好几种怪病，怀孕后，她得了严重的中毒症，大夫费尽心机也没能保住胎儿。幸好迈森隐隐约约地猜到了原委，把榕树移到温室里，果然夫人的病很快就好了，还生了个大胖儿子。

这是有文字记载的植物“吃醋”的例子。榕树容不得主人分心，就释放出只对女主人起作用的毒素。

俄罗斯谚语说：屋里养花，男人离家。这也有一定道理，因为家里给花草浇水施肥的，一般是女主人，花草就把她同积极因子联系在一起。而男人对花草一般不感兴趣，有时还祸害它们，在花根上摁起烟头，把花盆当烟灰缸使，引起花草的反感。它们当然不会骂你打你，但释放有害化合物是它们的拿手好戏。

有几种仙人掌会释放出生物碱，而人的大脑对生物碱会有反应，产生嗜酒念头，因此这些仙人掌可能使贪杯者变成不可救药的酒鬼。西红柿可能成为你失眠的原因，如果你把西红柿植物放在卧室里过夜，又忘了给它浇水，它就会释放“清醒剂”，提醒你它渴了。

在居室植物中，对男子最不利的是常春藤，容易加剧失眠的有虎尾兰、常春藤和玫瑰，容易使人心绪平静的有天竺葵和老鹳草。

养植物就跟养宠物一样，既然你对它承担了责任，就要照料爱护它，经常对它说些亲切问候的话，让它心绪良好，它也会投桃报李，令你心旷神怡。

从精读的角度回答以下问题：

第 1 组的问题：本文的说明对象是什么？

第 2 组的问题：植物对人类进行“报复”的主要方式是什么？

第 3 组的问题：请说说本文的语言特点。

任务书 2

班别________ 组别______ 人数____ 完成时间__________ 流水号______

任　　务	要　　求	组 员 姓 名	任 务 分 工	得　　分
阅 读 回 答	全班分 3 个小组，根据教师所出示的阅读材料，抢答相同的问题，最快且回答正确的小组获胜。（问题设计为略读题，问题后附）	A:	代表小组发言	
		B:	作为备选代表协助 A	
		C:	观察、评价其他组的表现	
		D:	文字记录及资料整理	
师 生 总 结				

给计算机打个“补丁”

随着计算机在现实生活中的广泛应用，与之相关的词汇不仅越来越多，也越来越为大众所熟悉。不久前，一位“菜鸟”问笔者：“听人说得给计算机打‘补丁’，这是怎么回事呀？”是呀，计算机又不是衣服。怎么和“补丁”扯上了？但此“补丁”非彼补丁，正如计算机病毒之于生物意义上的病毒，完全是两码事。

计算机领域的补丁，是计算机程序，从某种意义上讲，也是程序的一个“怪胎”。简言之，作为程序的“补丁”的出现，主要基于原程序的漏洞，而原程序的漏洞又是人的思维的漏洞的必然反应，是遗憾，更是无奈。

我们知道，程序设计是一项复杂的脑力劳动。简单的程序倒也罢了，复杂一些的程序，程序员要做的工作就非常庞杂了。至于像操作系统那样的“特大”程序，就不是一两个人的力量所能完成的了，而是需要集合集体的智慧。“人非圣贤，孰能无过？”何况是许多人共同完成的一项工作。于是，思维上的漏洞体现在程序设计中就成了程序的漏洞。程序有漏洞，计算机用户在使用过程中就会出问题。在当今互联网时代，程序上的漏洞又会给网络黑客以可乘之机。

给计算机打“补丁”，其实就是安装补丁程序，借此改正原程序设计中的错误，堵住程序漏洞。计算机程序越复杂，漏洞往往越多，正如一部长篇巨著中出现的语法、文字和标点符号等方面的错误往往会远远多于一篇短文所出现的。所以，我们常常能看到微软公布的“Windows 操作系统的漏洞及相关的补丁程序”。

遗憾的是，许多计算机用户并不了解补丁程序是怎么一回事，也有一些用户虽然对此有所了解，但由于懒惰或疏忽大意，没能及时去打“补丁”，致使一些别有用心的网络破坏者，利用微软公布的漏洞兴风作浪。例如，2003 年 7 月下旬，微软公布了其 Windows 操作系统中广泛存在着 RPC 漏洞及补丁程序。结果，仅二十多天之后，针对这一漏洞的病毒，就开始在互联网上传播开来。很快，全球就有二千多万台计算机被感染。所以有人说，微软的好心带来了恶果。不过，这也说明，对于微软将“漏洞”和“补丁”的“公之于众”，倒是那些黑客更为关注，而大多数计算机用户却不甚关心。

计算机“补丁”，除了专门堵漏洞，还有一些具有其他功能，如汉化补丁、游戏补丁、增强型补丁等。

从略读的角度抢答以下问题：

问题 1：根据文章内容说说标题中“补丁”的含义。

问题 2：为什么要给计算机打“补丁”？

问题 3：计算机程序漏洞产生的原因是什么？

任务书 3

班别________ 组别______ 人数____ 完成时间__________ 流水号______

任　务	要　求	组员姓名	任务分工	得　分
复述阅读	全班分 3 个小组，浏览自备的报纸或杂志。小组派代表口述其中一篇文章的内容	A:	代表小组发言	
		B:	作为备选代表协助 A	
		C:	观察、评价其他组的表现	
		D:	文字记录及资料整理	
师生总结				

推荐的报纸、杂志：《广州日报》、《羊城晚报》、《青年文摘》、《读者》、《意林》

任务五　掌握一般阅读方式（二）

实训工场

你能在日常生活、工作中运用所学来解决实际问题吗？

任务书 1

班别________ 组别______ 人数____ 完成时间__________ 流水号______

任　务	要　求	组员姓名	任务分工	得　分
阅读材料	阅读教师所出示的材料，分组列出阅读材料的提纲。最先列出且正确的小组获胜	A:	代表小组发言	
		B:	作为备选代表协助 A	
		C:	观察、评价其他组表现	
		D:	文字记录及资料整理	
师生总结				

止痛药对女性作用弱于男性

美国乔治亚州州立大学神经科学研究所和行为神经科学中心的研究人员首次发现了镇痛药对女性的作用弱于男性的原因。这一发现对有效治疗女性持续疼痛向前迈出了一大步。

“鸦片类麻醉药（如吗啡）被广泛用来缓解持续疼痛。但我们更加清楚，吗啡对女性的镇痛效果明显不如对男性那样强。造成这种现象的原因目前仍不清楚。”该大学神经学教授安妮•墨菲说。

在12月出版的神经学杂志上发表的研究结果揭开了这个不解之谜。研究显示，过去所报道的吗啡阻滞疼痛的效果在男性和女性之间不同的原因，很可能是由于大脑中导水管周围灰质（PAG）区域的mu型鸦片受体存在性别差异。

位于中脑的PAG涵盖了大量表达mu型鸦片受体的神经元，该区域在疼痛调节中起着主要作用。吗啡和类似的药物就像锁和钥匙的关系一样与这些mu鸦片受体结合，结合后就会通知大脑停止对来自神经细胞的疼痛信号产生反应，其结果会降低疼痛感。

通过系列的解剖和行为研究发现，雄性小鼠在大脑PAG区域有比雌性小鼠明显多的mu鸦片受体。如此多的受体使得吗啡对于男性有更强的作用，因为要激活足够的受体来减轻疼痛只需很少的吗啡。当利用植物中提取的毒素将mu鸦片受体从PAG中去除后，吗啡就不会再起作用，说明这个区域是鸦片类药物发挥止疼作用所需要的。

进一步研究发现，雌性小鼠对吗啡的反应在性周期不同阶段效果不同。这一发现说明，类固醇激素可影响PAG区域中mu鸦片受体的水平，也说明了吗啡的作用有性周期依赖性。

“有趣的是，性别不是影响药物作用的唯一因素。最近的研究报道，年龄和种族对药物的作用也会产生影响。”墨菲说，“尽管鸦片类药物在治疗持续性疼痛方面有限性的证据不断增多，但这类药物仍然是疼痛治疗的主要手段。我们还需要进一步来研究在治疗妇女持续性疼痛方面更有效的方法。”

任务书 2

班别________ 组别______ 人数____ 完成时间__________ 流水号______

任　务	要　求	组员姓名	任务分工	得　分
制作剪贴报	全班分若干小组，给予不同的主题（如“祖国名胜介绍”、“春节民俗知多少”、“中国八大菜系介绍”等）分别制作剪贴报	A:	代表小组发言	
		B:	作为备选代表协助A	
		C:	观察、评价其他组表现	
		D:	文字记录及资料整理	
师生总结				

任务书 3

班别________ 组别______ 人数____ 完成时间__________ 流水号______

任　务	要　求	组员姓名	任务分工	得　分
名句大比拼	确定某个主题，如描写秋天景色的句子和成语，全班分组收集相关句子，在课堂上朗诵，以收集最多的小组获胜	A:	代表小组发言	
		B:	作为备选代表协助A	
		C:	观察、评价其他组表现	
		D:	文字记录及资料整理	
师生总结				

任务六　了解四种文学样式的特点

实训工场

你能在日常生活、工作中运用所学来解决实际问题吗？

任务书 1

班别________　组别______　人数____　完成时间__________　流水号______

任　务	要　求	组 员 姓 名	任 务 分 工	得　分
探 讨 主 题	分组派代表分析、说明寓言故事的寓意	A:	代表小组发言	
		B:	作为备选代表协助 A	
		C:	观察、评价其他组的表现	
		D:	文字记录及资料整理	
师 生 总 结	接着说下去！			

狐狸吃葡萄

有一只狐狸来到一个葡萄架下，看见葡萄藤上结了很多串葡萄，于是就使劲儿地往上跳，想咬下一串来。

但是葡萄架很高，狐狸第一次试跳没有咬到葡萄。狐狸想，这串葡萄不好，瞧它长的那个样子，外面看着挺好，里面肯定是去年的陈馅。

狐狸瞄准另外一串葡萄跳了上去，可惜这次又没扑着。狐狸想，这串葡萄也不好，肯定使用过化肥，绝对不是绿色食品，要不然就是注水葡萄。幸亏没吃着，否则吃了我还得去医院看病。

第三次试跳依然没有成功，不知从哪传来了稀稀拉拉的掌声，原来是树上落着几只前来看热闹的乌鸦。狐狸只好向它们鞠躬还礼，表示感谢。

狐狸有点累儿了，蹲下来呼哧、呼哧地喘气。它心想，这时候要是有个教练递给我一瓶矿泉水，再给我讲讲动作要领，布置一下战术，那该有多好啊！一生能有几回搏？让我最后再跳一次，我就不信跳不过这个破葡萄架。狐狸转动着狡猾的眼睛，四下寻找，终于找到了一根长竹竿。狐狸抓住竹竿，后退了几步，举手向周围示意，请乌鸦们给予掌声鼓励。

狐狸提竿快步向葡萄藤奔去，竹竿头准确地插入了地面，竹竿将狐狸高高荡起，然后是漂亮的抛竿动作，自由下坠，狐狸成功地跃过了高高的葡萄架，安全地落到了松软的草地上。

这时候，一只年轻的母乌鸦从树上飞了下来，向狐狸献上了一束野花。狐狸手捧着野花，心情非常激动，多少年的期盼，多少代狐狸的努力，终于迎来了这胜利的时光！

但是狐狸很快就冷静下来了，心想，葡萄在哪呢？我这不是白跳了吗？

提问：1.《狐狸吃葡萄》的故事有什么寓意？

2.《狐狸吃葡萄》里的狐狸表现出了什么样的性格特点？

3.《狐狸吃葡萄》的故事给了我们什么样的启示？

任务书 2

班别________ 组别______ 人数____ 完成时间__________ 流水号______

任　务	要　求	组 员 姓 名	任 务 分 工	得　分
探 讨 主 题	分组派代表从不同角度分析寓言故事的寓意	A:	代表小组发言	
		B:	作为备选代表协助 A	
		C:	观察、评价其他组的表现	
		D:	文字记录及资料整理	
师 生 总 结	接着说下去！			

骆 驼 跳 舞

骆驼决心成为一名芭蕾舞演员。

她说："要使每个动作高雅完美，这是我唯一的欲望。"

她一次又一次练习足尖旋转，反复用足尖支立身体，单腿站立，伸前臂，抬后脚，每天上百次地重复这五个基本姿势。在沙漠炎热的骄阳下，她一直练了好几个月，脚起了泡，浑身酸疼不已，但是她从未想过停下不练。

终于，骆驼说："现在我是一名舞蹈演员了。"她举行了一个表演会，在邀请来的朋友和评论家面前翩翩起舞。跳完后，她深深地鞠了一躬向大家致谢。

观众没有一个鼓掌。

其中有一位发言说："作为一名评论家和这群伙伴的代言人，我必须坦率地对你说，你的动作笨拙难看，你的背部弯弓，圆滚滚的凹凸不平。你跟我们一样，生来是骆驼，成不了芭蕾舞演员，将来也成不了！"观众中有的悄悄地讪笑着，有的大声嘲讽着。就这样，他们穿过沙漠离去了。

"他们这样认为可就错了。我刻苦地进行训练，毫无疑问，我已经成为一名出色的芭蕾舞演员了。我跳舞只图自己快活，所以我要坚持不懈地跳下去。"

她真的这样做了，这使她愉快了好些年。

——知足者常乐。

提问：1.《骆驼跳舞》的故事有什么寓意？

2.《骆驼跳舞》里的骆驼表现出了什么样的性格特点？

3.《骆驼跳舞》的故事让我们得到什么启示？

任务书 3

班别________ 组别______ 人数____ 完成时间__________ 流水号______

任　务	要　求	组 员 姓 名	任 务 分 工	得　分
探 讨 主 题	从分析人物性格入手，分析寓言故事的寓意	A:	代表小组发言	
		B:	作为备选代表协助 A	
		C:	观察、评价其他组的表现	
		D:	文字记录及资料整理	
师 生 总 结	接着说下去！			

鱼竿和鱼

从前，有两个饥饿的人得到了一位长者的恩赐：一根鱼竿和一篓鲜活硕大的鱼。其中一个人要了一篓鱼，另一个人要了一根鱼竿，于是他们分道扬镳了。得到鱼的人原地就用干柴搭起篝火煮起了鱼，他狼吞虎咽，还没有品出鲜鱼的肉香，转瞬间，连鱼带汤就被他吃了个精光，不久，他便饿死在空空的鱼篓旁。另一个人则提着鱼竿继续忍饥挨饿，一步步艰难地向海边走去，可当他已经看到不远处那片蔚蓝色的海洋时，他浑身的最后一点力气也使完了，他也只能眼巴巴地带着无尽的遗憾撒手人间。

又有两个饥饿的人，他们同样得到了长者恩赐的一根鱼竿和一篓鱼。只是他们并没有各奔东西，而是商定共同去找寻大海，他俩每次只煮一条鱼，他们经过遥远的跋涉，来到了海边，从此，两人开始了捕鱼为生的日子。几年后，他们盖起了房子，有了各自的家庭、子女，有了自己建造的渔船，过上了幸福安康的生活。

一个人只顾眼前的利益，得到的终将是短暂的欢愉；一个人目标高远，但也要面对现实的生活。只有把理想和现实有机结合起来，才有可能成为一个成功之人。有时候，一个简单的道理，却足以给人意味深长的生命启示。

提问：1.《鱼竿和鱼》的故事有什么寓意？

2.《鱼竿和鱼》里两对人不同的性格特点分别是怎样的？

3.《鱼竿和鱼》的故事让我们得到什么启示？

任务七　诵读文言文作品

实训工场

你能在日常生活、工作中运用所学来解决实际问题吗？

任务书 1

班别________　组别______　人数____　完成时间__________　流水号______

任　务	要　求	组员姓名	任务分工	得　分
诵读我最行	各小组用不同的诵读方法诵读诗文选段	A:	诵读	
		B:	诵读	
		C:	观察、评价其他组的表现	
		D:	文字记录及资料整理	
师生总结				

1）孔雀东南飞，五里一徘徊。十三能织素，十四学裁衣，十五弹箜篌，十六诵诗书。十七为君妇，心中常苦悲。君既为府吏，守节情不移，贱妾留空房，相见常日稀。鸡鸣入机织，夜夜不得息。三日断五匹，大人故嫌迟。非为织作迟，君家妇难为！妾不堪驱使，徒留无所施，便可白公姥，及时相遣归。

2）浔阳江头夜送客，枫叶荻花秋瑟瑟。主人下马客在船，举酒欲饮无管弦。醉不成欢惨将别，别时茫茫江浸月。忽闻水上琵琶声，主人忘归客不发。寻声暗问弹者谁？琵琶声停欲语迟。移船相近邀相见，添酒回灯重开宴。千呼万唤始出来，犹抱琵琶半遮面。

3）壬（rén）戌（xū）之秋，七月既望，苏子与客泛舟游于赤壁之下。清风徐来，水波不兴。举酒属（zhǔ）客，诵明月之诗，歌窈窕之章。少（shǎo）焉，月出于东山之上，徘徊于斗（dǒu）牛之间。白露横江，水光接天。纵一苇之所如，凌万顷之茫然。浩浩乎如冯(píng)虚御风，而不知其所止；飘飘乎如遗世独立，羽化而登仙。

任务书 2

班别________ 组别______ 人数____ 完成时间__________ 流水号______

任　务	要　求	组员姓名	任务分工	得　分
文学风格与时代背景	各小组选取自己在中国古代文学史上最感兴趣的文人、文学团体或文学流派，总结他们的文学风格及其与时代背景的关系	A:	整理资料	
		B:	发言	
		C:	观察、评价其他组的表现	
		D:	文字记录及资料整理	
师生总结				

任务书 2 参考内容：建安七子、初唐四杰、边塞诗派、山水田园派、花间词派、江西诗派、南唐二主、前后七子

任务书 3

班别________ 组别______ 人数____ 完成时间__________ 流水号______

任　务	要　求	组员姓名	任务分工	得　分
古今翻译	尝试将 10 句具有现代汉语表达习惯的问候语翻译成文言文	A:	代表小组发言	
		B:	作为备选代表协助 A	
		C:	观察、评价其他组的表现	
		D:	文字记录及资料整理	
师生总结				

您好；大家好；早上好；身体还好么；工作顺利吗；好久不见啊；最近好吗；别来无恙；生意好吗；一切都好吗，没事吧……

自我盘点

任务完成得怎样？看看你的自我评价与老师、同学的评语是否一致。

任务完成评价表

____班______号_______　　　　____年__月__日

1．我新学了____________________； 不懂的地方是____________________。
2．我最感兴趣的地方是____________________， 我表现最棒的地方是____________________。
3．我进步的地方是____________________。
4．在与同学的协作、讨论中，我对小组的最大贡献是____________________。
5．老师和其他同学给我的评语是____________________。
6．关于这节课，我有自己的想法，希望老师知道的是____________________。 ____。

B. 拓展模块任务书

☆ *任务一　理解和使用成语*

☆ *任务二　进一步掌握阅读方法*

☆ *任务三　提高阅读理解的能力*

☆ *任务四　欣赏四种文学样式的方法*

☆ *任务五　欣赏文言文作品*

任务一　理解和使用成语

实训工场

你能在日常生活、工作中运用所学来解决实际问题吗？

任务书 1

班别________　组别______　人数____　完成时间__________　流水号______

任　　务	要　　求	得　　分	组员姓名	任务分工
检查成语库存量	全班分为 4 大组，按要求分别派代表在黑板上写成语。比一比哪组写得多、写得准		A:	代表小组写成语
			B:	作为备选代表协助 A
			C:	观察、评价其他组的优点
			D:	文字记录及资料整理
师生总结	接着说下去！			

要求：请写出描写爱国的成语、形容人多的成语、表示亲密的成语、包含运动的成语……

任务书 2

班别________　组别______　人数____　完成时间__________　流水号______

任　　务	要　　求	得　　分	组员姓名	任务分工
连缀成文	用 10 个以上的成语构成一篇优美的短文，内容自定。比一比哪组的成语用得又多又好		A:	代表小组发言
			B:	作为备选代表协助 A
			C:	观察、评价其他组的优点
			D:	文字记录及资料整理
师生总结				

参考短文：

一只蜻蜓款款飞来，停在它久盼的夏天上。静静的西湖旁，山峦连绵起伏，郁郁葱葱。山上野花遍开，万紫千红，争奇斗艳。一个孩子蹑手蹑脚地走过，因为在他心里：一朵野花一座天堂，他不愿意惊扰这美丽的天堂。一朵云悠悠飘过，望着这宛如仙境般的景色，我不禁心旷神怡！

任务书 3

班别________ 组别______ 人数____ 完成时间__________ 流水号______

<table>
<tr><th>任　务</th><th>要　求</th><th>得　分</th><th>组 员 姓 名</th><th>任 务 分 工</th></tr>
<tr><td rowspan="4">介绍成语典故</td><td rowspan="4">全班分为 4 个大组，各选派代表上台为大家边板书成语边解说其典故。比一比哪组选手说得多、说得准。</td><td rowspan="4"></td><td>A:</td><td>代表小组发言</td></tr>
<tr><td>B:</td><td>作为备选代表协助 A</td></tr>
<tr><td>C:</td><td>观察、评价其他组的优点</td></tr>
<tr><td>D:</td><td>文字记录及资料整理</td></tr>
<tr><td>师 生 总 结</td><td colspan="4"></td></tr>
</table>

任务书 4

班别________ 组别______ 人数____ 完成时间__________ 流水号______

<table>
<tr><th>任　务</th><th>要　求</th><th>得　分</th><th>组 员 姓 名</th><th>任 务 分 工</th></tr>
<tr><td rowspan="4">成 语 改 错</td><td rowspan="4">下面的几个句子中有成语错用的现象；全班分为 4 个大组，各选派代表上台为大家纠错。比一比哪组选手说得多、说得准。</td><td rowspan="4"></td><td>A:</td><td>代表小组发言</td></tr>
<tr><td>B:</td><td>作为备选代表协助 A</td></tr>
<tr><td>C:</td><td>观察、评价其他组的优点</td></tr>
<tr><td>D:</td><td>文字记录及资料整理</td></tr>
<tr><td>师 生 总 结</td><td colspan="4"></td></tr>
</table>

1）这个孤陋寡闻的孤家寡人不反躬自省地面壁思过来表明自己弃暗投明的诚意，反而盛气凌人地数落对他仁至义尽的组织，千方百计地抹黑我们，用顽固不化来形容他实在是恰如其分！

2）十四届亚运会女子 100 米蛙泳比赛中，名将罗雪娟不孚众望，以 1 分 06 秒 84 的成绩刷新了亚洲纪录，并且为中国队再添一金。

3）这次商品博览会，聚集了全国各地各种各样的新产品，真可谓浩如烟海、应有尽有。

4）两位阔别多年的老友意外地在一条小巷里狭路相逢，两人又是握手又是拥抱，别提多高兴了。

5）近一段时间来，巴以暴力流血冲突持续加剧，巴以和平面临空前绝后的威胁。

6）运动会上，他借的一身衣服很不合身，真是捉襟见肘。

7）这人一贯爱占便宜，碰到对自己有好处的事情，总是当仁不让，所以大伙都不怎么喜欢他。

8）听说这位气功大师能够功发疾消，今天会了他一下，果不其然，他没有那么大的能耐。

9）他妄自菲薄别人，在班里很孤立，大家都认为他是一个自负的人。

10）一美国男子在中国多次撒野动粗，近日在公交车上将女司机打得鲜血直流。对这种不可思议的洋流氓，必须依照中国法律严惩不贷。

任务二　进一步掌握阅读方法

实训工场

你能在日常生活、工作中运用所学来解决实际问题吗？

任务书 1

班别________　组别______　人数____　完成时间__________　流水号______

任　务	要　求	组员姓名	任务分工	得　分
绘图表	阅读教师所展示的材料，全班分 3 大组，各自完成任务。（问题附后）	A：	代表小组发言	
		B：	作为备选代表协助 A	
		C：	观察、评价其他组的表现	
		D：	文字记录及资料整理	
师生总结	我来试试吧			

朋友，你挑食吗？也许你因为食物不香；也许你因为肚子很饱；也许你因为饭菜没有很好的色泽。但不论怎样，挑食都是不良的习惯。所以，朋友——别挑食，因为每种食物中都有人体不可缺少的营养！

人体所需的营养大致可分为五类：维生素、蛋白质、脂肪、碳水化合物和矿物质。维生素在过去叫做维他命，顾名思义，维生素就是维持生命的元素。维生素的种类很多，已知的已有 20 余种，包括维生素 A、B、C、D、K 等。每个人需的维生素量很小，但它对人体却发挥着不可取代的作用。人体一旦缺乏了维生素，生长发育就要受到影响，有时还会引起一些疾病。例如缺乏维生素 A，会引起儿童发育不良、夜盲症、皮肤粗糙等，这时就要补充一些动物肝脏、鱼类、玉米、萝卜等；缺乏维生素 B，就会患脚气病、神经炎、糙皮病等，可吃豆类、蔬菜、肉类；还有我们常说的维生素 C，缺少它会得坏血病，抵抗力也会下降，患维生素 C 缺乏症的人应多吃蔬菜和水果；缺乏维生素 D 便引起佝偻病、软骨病，应多吃鱼类、蛋类和肉类；还有维生素 K，缺乏它会导致出血现象，这时就应多吃绿色蔬菜。

蛋白质是构成人体细胞的基本物质，我们的生长发育、组织更新及提供能量，都少不了它。蛋白质主要来源于鱼类、牛奶、肉类、干果仁、豆类等。

脂肪也是为人体提供能量的物质，一般来说，脂肪只贮存在体内，主要来源于油、蛋、鱼、肉、奶、豆类、芝麻。

能为人体提供能量的还有碳水化合物，人体的活动所需的能量主要来源于它，它还是构成细胞的一部分。含碳水化合物较多的食物如：面食、米食、马铃薯和糖等。

矿物质在体内的含量不多，但也很重要，常见的如：钙、锌、铁、镁、磷等。这些都是不可缺少的，其中钙、镁、磷是骨骼和牙齿的主要成分。矿物质主要存在于奶类、蛋类、肉类、鱼类、蟹类中。

总之，人体需要上述多种营养。这些营养都要从食物中摄取。所以你要使自己身体健康，就听我的忠告：朋友，别挑食！

第1组的任务是：用列图表的方式列出人体所需要的五类营养的名称、作用。

第2组的任务是：用列图表的方式列出人体所需要的五类营养的名称及分别来源于什么食物。

第3组的任务是：用列图表的方式列出人体缺乏维生素会导致什么疾病，补充什么食物可以改善。

任务书2

班别________ 组别______ 人数____ 完成时间__________ 流水号______

任　务	要　求	组员姓名	任务分工	得　分
批注展览	全班同学分组展示阅读课外读物的批注笔记，从中挑选优秀作品，加分鼓励。	A：	代表小组发言	
		B：	作为备选代表协助A	
		C：	观察、评价其他组的表现	
		D：	文字记录及资料整理	
师生总结				

课外阅读书目：《屋顶上的蒲公英》、《近新静心》、《老人与海》、《欧·亨利短篇小说精选》、《雷雨》、《契诃夫短篇小说精选》、《朱自清散文精选》、《谈美书简》、《鲁迅杂文选》、《泰戈尔诗选》

任务书3

班别________ 组别______ 人数____ 完成时间__________ 流水号______

任　务	要　求	组员姓名	任务分工	得　分
写读后感	分组规定若干阅读书目，要求写读后感，评选出优秀作品展示。	A：	代表小组发言	
		B：	作为备选代表协助A	
		C：	观察、评价其他组的表现	
		D：	文字记录及资料整理	
师生总结				

课外阅读书目：《屋顶上的蒲公英》、《近新静心》、《老人与海》、《欧·亨利短篇小说精选》、《雷雨》、《契诃夫短篇小说精选》、《朱自清散文精选》、《谈美书简》、《鲁迅杂文选》、《泰戈尔诗选》

任务三　提高阅读理解的能力

实训工场

你能在日常生活、工作中运用所学来解决实际问题吗？

任务书 1

班别________　组别______　人数____　完成时间__________　流水号______

任　务	要　求	组员姓名	任务分工	得　分
读一读 悟一悟	分组阅读下面的文段，找出中心句，概括出中心意思。选派代表发言。	A：	代表小组发言	
		B：	作为备选代表协助 A	
		C：	观察、评价其他组的表现	
		D：	文字记录及资料整理	
师生总结	接着说下去！			

微笑是对生活的一种态度，跟贫富、地位、处境没有必然的联系。一个富翁可能整天忧心忡忡，而一个穷人可能心情舒畅；一位残疾人可能坦然乐观；一位处境顺利的人可能会愁眉不展，一位身处逆境的人可能会面带微笑……

上面这段话的中心意思是：____

任务书 2

班别________　组别______　人数____　完成时间__________　流水号______

任　务	要　求	组员姓名	任务分工	得　分
读寓言 明主旨	分组阅读寓言《蘑菇与橡实》，并讨论、理解其主旨。选派代表发言。	A：	代表小组发言	
		B：	作为备选代表协助 A	
		C：	观察、评价其他组的表现	
		D：	文字记录及资料整理	
师生总结	接着说下去！			

蘑菇与橡实

一粒橡实从一棵老橡树顶上掉下来，不幸落在橡树下昂然生长的蘑菇头上。蘑菇被砸伤了，便抱怨橡实无礼。“无耻的暴发户，”橡实回敬道，“为什么你常常这样厚着脸皮凑近你的上司？难道粪堆里出生的不成器的后代，也胆敢在我历代祖先使之高尚的地方抬起头来吗？”

蘑菇回答说：“我无意争论你的出身是否高尚，也无意拿自己的出身跟你比高低。相反，我必须承认，我不大清楚自己是从什么地方长出来的。但是，可以肯定的是，要得到真正有眼光的人的赞赏，靠的是优点和长处，而不仅是出身。我固然没有什么可以夸耀的；但是，你这个出言侮辱我的东西，也决没有什么可吹嘘的。我使人类一饱口福，为他们最名贵的菜色加添美味；而你呢，虽然系出名门，却只适宜喂猪而已。”

用一句话概括这篇寓言的主旨：（不超过 30 字）________________________________

任务书 3

班别________　组别______　人数____　完成时间__________　流水号______

任　务	要　求	组员姓名	任务分工	得　分
读短文，学道理	分组阅读许地山的短文《面具》，完成相关练习。选派代表发言。	A:	代表小组发言	
		B:	作为备选代表协助 A	
		C:	观察、评价其他组的表现	
		D:	文字记录及资料整理	
师生总结	接着说下去！			

面　具

许地山

人面原不如那纸制的面具哟！你看那红的，黑的，白的，青的，喜笑的，悲哀的，目眦怒得欲裂的面容，无论你怎样褒奖，怎样嫌弃，他们一点也不改变。红的还是红，白的还是白，目眦欲裂的还是目眦欲裂。

人面呢？颜色比寻纸制的小玩意儿好而且活动，带着生气。可是你褒奖他的时候，他虽是很高兴，脸上却装出很不愿意的样子；你指责他的时候，他虽是懊恼，脸上偏显出勇于纳言的颜色。

人面到底是靠不住呀！我们要学面具，但不要戴它，因为面具后头让它空着才好。

思考并回答：

1）用自己的话解释面具。

2）介绍一个简单面具的制作方法。

3）作者发现人面不如面具的地方有哪些？

4）文章最后一句话表达出作者怎样的生活态度？

任务四　欣赏四种文学样式的方法

实训工场

你能在日常生活、工作中运用所学来解决实际问题吗？

任务书1

班别________ 组别______ 人数____ 完成时间__________ 流水号______

任　务	要　求	组员姓名	任务分工	得　分
仿写句子	分组仿写句子，所仿写的句子要意思连贯，与例句的修辞手法要一致。	A:	代表小组发言	
		B:	作为备选代表协助A	
		C:	观察、评价其他组的表现	
		D:	文字记录及资料整理	
师生总结				

按要求仿写恰当的句子：

悲观者说："希望是地平线，就算看得见，永远走不到。"

乐观者说："希望是启明星，即使摘不到，也能告诉人们曙光就在前头。"

乐观者说："希望是帆的伙伴，能把你送到胜利的彼岸。"

悲观者说："希望是浪的帮凶，把你埋葬在大海的深处。"

任务书2

班别________ 组别______ 人数____ 完成时间__________ 流水号______

任　务	要　求	组员姓名	任务分工	得　分
判断修辞方法	分组讨论，判断下列句子所用修辞方法有哪些，并进行分析。	A:	代表小组发言	
		B:	作为备选代表协助A	
		C:	观察、评价其他组的表现	
		D:	文字记录及资料整理	
师生总结	接着说下去！			

古人形容泰山，说"泰山岩岩"。注解人告诉你："岩岩，即石貌。"的确这样，越往山顶越发给你这种感觉。

有的石头像莲花瓣，有的像大象，有的像老人，有的像卧虎，有的错落成桥，有的兀立如柱，有的侧身探海，有的怒目相向，有的什么也不像，黑乎乎的，一动不动，堵着你的去路。

（1）比喻　（2）比拟　（3）引用　（4）夸张　（5）排比　（6）对偶

任务书 3

班别________ 组别______ 人数____ 完成时间__________ 流水号______

<table>
<tr><th>任　务</th><th>要　求</th><th>组 员 姓 名</th><th>任 务 分 工</th><th>得　分</th></tr>
<tr><td rowspan="4">分析人物性格</td><td rowspan="4">分组讨论，派代表以下面三个句子为例，说明作者人物描写的成功。</td><td>A:</td><td>代表小组发言</td><td rowspan="4"></td></tr>
<tr><td>B:</td><td>作为备选代表协助 A</td></tr>
<tr><td>C:</td><td>观察、评价其他组的表现</td></tr>
<tr><td>D:</td><td>文字记录及资料整理</td></tr>
<tr><td>师 生 总 结</td><td colspan="4">接着说下去!</td></tr>
</table>

1）她陶醉于自己的美貌胜过一切女宾，陶醉于成功的光荣，陶醉在人们对她赞美和羡妒所形成的幸福的云雾里，陶醉在妇女们认为最美满最甜蜜的胜利里。

2）“叫我发愁的是一粒珍珠、一块宝石都没有，没有什么戴的。我处处带着穷酸气，很想不去参加这个夜会。”

3）忽然她在一个青缎子盒子里发现一挂精美的钻石项链，她高兴得心也跳起来了。她双手拿着那项链发抖。她把项链绕着脖子挂在她长长的高领上，站在镜前对着自己的影子出神好半天。

任务书 4

班别________ 组别______ 人数____ 完成时间__________ 流水号______

<table>
<tr><th>任务</th><th>要求</th><th>组员姓名</th><th>任务分工</th><th>得分</th></tr>
<tr><td rowspan="4">设计冲突</td><td rowspan="4">分组讨论，设计出一个发生在校园里的小冲突，要能体现正确的主题。</td><td>A:</td><td>代表小组发言</td><td rowspan="4"></td></tr>
<tr><td>B:</td><td>作为备选代表协助 A</td></tr>
<tr><td>C:</td><td>观察、评价其他组的表现</td></tr>
<tr><td>D:</td><td>文字记录及资料整理</td></tr>
<tr><td>师生总结</td><td colspan="4">接着说下去!</td></tr>
</table>

任务五　欣赏文言文作品

实训工场

你能在日常生活、工作中运用所学来解决实际问题吗？

任务书 1

班别________ 组别______ 人数____ 完成时间__________ 流水号______

任　务	要　求	组员姓名	任务分工	得　分
中国文化知多少	分组抢答卡片上的问题	A:	代表小组发言	
		B:	作为备选代表协助A	
		C:	观察、评价其他组的表现	
		D:	文字记录及资料整理	
师生总结				

问题：

1. “横眉冷对千夫指，俯首甘为孺子牛”是哪一位现代作家的诗句？
2. 粤剧正场前常会演出“六国大封相”，剧中的“相”是指战国时哪一个人？
3. “旧巢共是衔泥燕，飞上枝头变凤凰”，是清朝哪一位诗人的名句？
4. 中国佛教宗派“禅宗”，或者称为“佛心宗”，是由哪一个人传入中国的？
5. 在四川成都市内的武侯祠，主要是供奉三国时代哪位名人？
6. 竹林七贤是阮籍、向秀、嵇康、山涛、阮咸、王戎和谁？
7. 中国上古传说中谁创造了文字？
8. “一支红艳露凝香，云雨巫山枉断肠”，是唐朝哪位诗人的诗句？
9. 当年与沈从文住在同一个院落的名作家是谁？
10. 传说中的门神，有一说是唐朝的秦琼和谁？
11. 地动仪是东汉哪一位科学家制作以测报地震的仪器？
12. “长恨此身非我有，何时忘却营营”是宋朝哪一位词人的名句？
13. 1912年上海泰东图书局出版的新诗集《女神》是谁的作品？

任务书 2

班别________ 组别______ 人数____ 完成时间__________ 流水号______

任　务	要　求	组员姓名	任务分工	得　分
古诗文的现代意义	各小组列举自己最认同的中国古代思想家的观点，说明自己的理由，并说说它的现实意义。	A:	代表小组发言	
		B:	作为备选代表协助A	
		C:	观察、评价其他组的表现	
		D:	文字记录及资料整理	
师生总结				

任务书 3

班别________ 组别______ 人数____ 完成时间_________ 流水号_________

任　务	要　求	组员姓名	任务分工	得　分
接　龙	教师规定须包含的字或主题，各组轮流承接，答出符合要求的成语或诗句。	A:	代表小组发言	
		B:	作为备选代表协助 A	
		C:	观察、评价其他组的表现	
		D:	文字记录及资料整理	
师生总结				

主题：春、秋、雪、花、月、叶、江、山、雨、风、水、火、土、木、石、鱼、马、灯

自我盘点

任务完成得怎样？看看你的自我评价与老师、同学的评语是否一致。

任务完成评价表

____班______号______　　　____年__月__日

1．我新学了________________________； 不懂的地方是________________________。
2．我最感兴趣的地方是________________________， 我表现最棒的地方是________________________。
3．我进步的地方是________________________。
4．在与同学的协作、讨论中，我对小组的最大贡献是________________________ ________________________。
5．老师和其他同学给我的评语是________________________。
6．关于这节课，我有自己的想法，希望老师知道的是________________________ ________________________。

参 考 文 献

[1] 邢捍国．普通话培训测试教程[M]．北京：北京大学出版社，2005．

[2] 艾德勒，范多伦．如何阅读一本书[M]．郝明义，朱衣，译．北京：商务印书馆，2004．

[3] 李红新．文言文基础知识大全[M]．北京：朝华出版社，2007．